庆祝中华人民共和国成立七十五周年书系

新中国史研究文丛

全球南方视角下中国脱贫减贫经验与分享路径研究

王 蕾 著

图书在版编目(CIP)数据

全球南方视角下中国脱贫减贫经验与分享路径研究 / 王蕾著 . -- 北京：当代中国出版社, 2024. 12. -- （新中国史研究文丛）. -- ISBN 978-7-5154-1495-9

Ⅰ . F126

中国国家版本馆 CIP 数据核字第 2024HV0952 号

出 版 人	蔡继辉
责任编辑	周显亮　柯琳娟
责任校对	贾云华　康　莹
印刷监制	刘艳平
封面设计	宋　涛　鲁　娟
出版发行	当代中国出版社
地　　址	北京市地安门西大街旌勇里 8 号
网　　址	http://www.ddzg.net
邮政编码	100009
编 辑 部	（010）66572180
市 场 部	（010）66572281　66572157
印　　刷	北京润田金辉印刷有限公司
开　　本	710 毫米×1000 毫米　1/16
印　　张	16 印张　1 插页　201 千字
版　　次	2024 年 12 月第 1 版
印　　次	2024 年 12 月第 1 次印刷
定　　价	88.00 元

版权所有，翻版必究；如有印装质量问题，请拨打（010）66572159 联系出版部调换。

新中国史研究文丛
编辑委员会

编 委 会

主　任：李正华

副主任：宋月红

编　委：（按姓氏笔画排序）

王巧荣　王爱云　刘　仓　刘维芳　杨凤城　杨明伟
吴　超　辛向阳　张金才　欧阳雪梅　周　进　钟　瑛
姚　力　蔡继辉

办 公 室

主　任：周　进

成　员：狄　飞　郑　珺　王　宇　王　敏

新中国史研究文丛
— 总 序 —

在新中国成立75周年之际,当代中国研究所组织编辑出版的《新中国史研究文丛》第一批成果终于与读者见面了。

当代中国研究所是中共中央批准成立的专门从事中华人民共和国史研究、编撰与宣传工作的科研机构,自1990年成立以来,编写出版了《中华人民共和国史稿》《中华人民共和国简史》《新中国70年》《中华人民共和国史编年》《中国式现代化简史》等国史基本著作。为迎接新中国成立75周年,当代中国研究所组织编写《中华人民共和国史》《新中国史事编年》等学术著作,不断推动新中国史研究事业繁荣发展。《新中国史研究文丛》,既是当代中国研究所肩负"修史、资政、育人、护国"职责使命,为庆祝新中国成立75周年献上的一份厚礼,也是对当代中国研究所成立30余年来科研成果的又一次检阅。

习近平总书记在致国史学会成立30周年贺信中强调，要坚持正确政治方向，坚持历史唯物主义，以马克思主义中国化时代化最新成果为指导，进一步团结全国广大国史研究工作者，牢牢把握国史的主题主线、主流本质，不断提高研究水平，创新宣传方式，加强教育引导，激励人们坚定历史自信、增强历史主动，更好凝聚团结奋斗的精神力量，为全面建设社会主义现代化国家、全面推进中华民族伟大复兴作出新贡献。这不仅为当代中国研究所、国史学会的发展指明了方向，也为我们在新时代新征程上全面推动新中国史研究事业高质量发展提供了根本遵循。

赓续历史文脉，谱写当代华章。习近平总书记指出："重视历史、研究历史、借鉴历史是中华民族5000多年文明史的一个优良传统。当代中国是历史中国的延续和发展。"深入研究新中国史，一方面是继承发扬中国源远流长的史学传统，另一方面可以从中深刻体悟中华文明具有突出的连续性、创新性、统一性、包容性和和平性。在新的起点上深化和拓展中国式现代化，更好担负起新的文化使命，就需要立足中华民族伟大历史实践和当代实践，用中国道理总结好中国经验。这是编辑出版《新中国史研究文丛》的重要使命。

激励人们坚定历史自信，增强历史主动。历史是最好的教科书，也是最好的营养剂。新中国史是中华民族发展史上的时代画卷，是世界社会主义发展史、人类文明发展史上的辉煌篇章。只有坚持以习近平新时代中国特色社会主义思想为指导，不断深化新中国史研究，拿出高质量的研究成果，并加强研究成果的宣传、推广，才能真正把历史智慧和历史经验进一步转化为全国各族人民团结奋斗的精神力量，充分发挥新中国史资政、育人、护国的作用。这是编辑出版《新中国史研究文丛》的重要目的。

推动新中国史"三大体系"建设，建构中国自主知识体系。加快构建中国特色哲学社会科学学科体系、学术体系、话语体系是习近平总书记在哲学社会科学工作座谈会上提出的新时代战略任务。新中国史伴随着新中国的发展而发展，是一个兼具政治性与学术性的新兴学科。经过几十年特别是新时代十余年以来的努力，新中国史"三大体系"建设已经取得了一定的成绩。但毋庸讳言，与其他成熟学科相比，新中国史还有很大进步空间。编辑出版《新中国史研究文丛》，是加快构建新中国史"三大体系"、建构中国自主知识体系的一个重要举措。

展示真实、立体、全面的当代中国，促进文明交流互鉴。习近平总书记强调，要"着力加强国际传播能力建设、促进文明交流互鉴"。新中国史研究在这方面具有独特作用和特殊优势。新中国成立75年来，取得了令世界刮目相看的伟大成就。如何记录好、总结好新中国的辉煌成就和宝贵经验，是时代赋予的重大课题。新中国史研究工作者有责任积极参与国际性的对话和交流，在世界舞台上讲好当代中国故事，传播好当代中国声音，展示一个真实、立体、全面的当代中国，不断增强中华文明传播力和影响力。编辑出版《新中国史研究文丛》，希望有助于发挥新中国史研究在讲好中国故事中的独特作用。

培育新中国史研究力量，壮大人才队伍。"千秋基业，人才为本。"近几十年来，新中国史研究逐步形成了一支政治素养高、专业能力强、学科门类齐的人才队伍。推进科教融合，建立了中共党史系、中华人民共和国国史系，编撰出版教材，注意培养新中国史研究新生力量。但同时也要看到，新中国史研究还面临着成果发表平台不足、方法有待完善等现实问题，很大程度制约了人才的成长与发展。编辑出版《新中国史研究文丛》，有助于"出人、出书、走正路"，不断壮大新中国史研究人才队伍。

我们将编辑出版《新中国史研究文丛》作为一个长期项目，为新中国史研究的优秀成果提供优质的出版服务。期望得到学界同仁的关心和支持，大家一起通过此项目，为新中国史研究事业这座巍峨大厦添砖增瓦，并推动它不断繁荣发展。

李正华

2024 年 5 月

目　录

第一章　中国式现代化道路视野下的中国脱贫事业及对南方国家的
　　　　经验意义 / 001

　　一、中国脱贫的路径选择及其重要内涵 / 003
　　二、中国式现代化道路视野下的中国脱贫事业 / 017

第二章　解决饥饿与粮食安全问题的中国经验及与南方国家
　　　　路径分享 / 033

　　一、中国解决饥饿和粮食安全问题的经验 / 035
　　二、中国对南方国家饥饿和粮食问题解决的帮助和路径分享 / 046
　　案例："国礼"辣木走向古巴 / 058

第三章　绿色脱贫的中国经验及与南方国家的合作分享路径 / 063

　　一、中国绿色脱贫的自身经验 / 064
　　二、中国对南方国家实现绿色脱贫提供的帮助和分享路径 / 077
　　案例一：对中国山水林田湖草沙一体化保护和修复工程入选
　　　　　　联合国首批十大"世界生态恢复旗舰项目"的调研 / 086

案例二：菌草技术的中国经验在南方国家的应用 / 089

第四章　妇女儿童脱贫减贫的中国经验及与南方国家路径分享 / 095

一、妇女儿童脱贫减贫的中国经验 / 096

二、中国妇女儿童脱贫减贫经验与南方国家的分享 / 105

案例一：培育边疆民族地区特色产业——敖鲁古雅鄂温克民族乡的经验 / 115

案例二：中国教育推动脱贫减贫的经验在南方国家的交流传播——发展职业教育培训 / 120

案例三：中国对摩洛哥半个世纪的医疗援助 / 123

第五章　"一带一路"倡议共建框架下中国与全球南方国家脱贫减贫的路径分享 / 127

一、"一带一路"倡议共建框架下中国与全球南方国家脱贫减贫的路径 / 128

二、"一带一路"倡议共建框架下中国与全球南方国家脱贫减贫路径的精神内核 / 133

案例一：应形成精准扶贫、乡村振兴与"一带一路"建设相互促进的格局——基于海南省琼海市博鳌、潭门、嘉积、中原、塔洋、会山六镇的考察 / 136

案例二：全域旅游促进产业转型升级的伊犁范例 / 141

第六章　南方国家分享中国脱贫减贫经验的国际舆论及应对 / 147

　　一、讲好中国脱贫故事的必要性和目标任务 / 148

　　二、应对国际舆论对中国与南方国家分享脱贫减贫经验的
　　　　疑问和质疑 / 151

　　三、从根本上打破西方对于反贫困的话语垄断 / 157

　　案例："一带一路"倡议话语影响舆论内容和发展方向的能力
　　　　培育 / 160

结语：开辟助力南方国家脱贫减贫的新范式 / 167

附录一　脱贫减贫的中国案例：江西上犹县 / 175

　　一、江西上犹县脱贫概况 / 176

　　二、上犹县脱贫攻坚的措施 / 179

　　三、上犹县脱贫的特色亮点 / 191

　　四、上犹县脱贫攻坚与乡村振兴的有效衔接 / 202

　　五、小结 / 206

　　六、上犹县脱贫攻坚的特色典型案例 / 208

附录二　调研札记 / 219

　　亚的斯亚贝巴的一日 / 220
　　暹粒的新年 / 226

云南调研记 / 231

富足村的"富足梦" / 236

扶贫莲 / 240

第一章

中国式现代化道路视野下的中国脱贫事业及对南方国家的经验意义[*]

---

[*] 本书为中国社会科学院妇女/性别研究中心课题"新时代中国妇女脱贫减贫的历史经验研究"(项目号:fnzx079-2023)的成果。

习近平总书记在庆祝中国共产党成立100周年大会上指出:"我们坚持和发展中国特色社会主义,推动物质文明、政治文明、精神文明、社会文明、生态文明协调发展,创造了中国式现代化新道路,创造了人类文明新形态。"[1]现代化的实现,促进了人类社会总体福祉的增加,是人类文明发展与进步的显著标志,而人类文明发展的历史,也是消除贫困、追求富足的历史。新中国成立以来,中国共产党带领全国人民英勇奋斗、顽强拼搏,创造了世所罕见的经济快速发展奇迹和社会长期稳定奇迹。其中,中国脱贫事业在实践淬炼下,解决贫困问题的方法和途径呈现出立体性、丰富性、多样性,从理论到实践都取得丰硕的成果。新中国成立时,中国绝对贫困发生率在80%以上,此后70年来居民人均可支配收入年均实际增长6.1%,恩格尔系数从80%以上下降到28.4%,绝大多数城乡居民过上了日益富足的生活。[2]到2020年底,中国如期完成新时代脱贫攻坚目标任务,现行标准下9899万农村贫困人口全部脱贫,832个贫困县全部摘帽,12.8万个贫困村全部出列,区域性整体贫困得到解决,完成消除绝对贫困的艰巨任务。研

---

[1] 习近平:《在庆祝中国共产党成立100周年大会上的讲话》,人民出版社2021年版,第13—14页。
[2] 王蕾:《中国脱贫攻坚的路径选择及其重要内涵》,《北京党史》2020年第5期。

究和总结中国脱贫的路径选择及其深刻内涵，对总结我国脱贫工作经验、实现脱贫后的乡村振兴有所助益。同时，作为世界上最大的发展中国家，中国进行的脱贫探索，既遵循现代化的普遍规律，又立足本国国情和发展实践，成为中国式现代化道路的具体范本之一。同时，中国式现代化道路视野下的脱贫事业以其脱贫的速度、规模和持续性，形成了鲜明的中国特色，彰显了独特的世界价值，为全球尤其是南方国家脱贫事业提供了经验与智慧。

一、中国脱贫的路径选择及其重要内涵

（一）中国脱贫的路径选择

70余年来，中国的脱贫有着独特的路径选择，即坚持"以人民为中心"的价值取向，逐步形成精准的渐进式道路，建立健全一整套脱贫攻坚的科学制度体系。

1. 坚持"以人民为中心"的价值取向

价值取向和价值追求是一个政党是否先进的重要体现。中国共产党在长期治国理政过程中，坚持以马克思主义为指导，牢固树立全心全意为人民服务的意识，形成了在本质上不同于西方国家的国家治理形式。中国共产党始终坚持为人民谋幸福的初心，几十年如一日地坚持消除贫困、改善民生，为实现共同富裕而奋斗，既是摆脱贫困的基础与前提，又为成功摆脱贫困提供了不竭的精神动力。中国共产党领导开展新民主主义革命，推翻"三座大山"，为的是让人民翻身解放、当家作主。社会主义革命时期实行"一化三改造"等，为的是建立社会主义制度并以此保障人民生活的改善；改革开放以来，将改革和发展成果与包括贫困人口在内的全民共享，为的是让人民尽快从温饱阶段向总体小康过渡。2012年11月，习近平总书记重要讲话指出："人

民对美好生活的向往，就是我们的奋斗目标。"[1]党的十九大报告进一步提出，我国社会主要矛盾已经转化为人民日益增长的美好生活需要和不平衡不充分的发展之间的矛盾。在2020年全面建成小康社会的收官之年，习近平总书记在全国两会期间再次强调脱贫攻坚的目标："到2020年确保我国现行标准下农村贫困人口实现脱贫、贫困县全部摘帽、解决区域性整体贫困问题，是我们党对人民、对历史的郑重承诺。"[2]这深刻体现了中国共产党人"以人民为中心"的价值传承和共同富裕的价值追求。

脱贫与人民意志具有密不可分的联系。正是根据人民对美好生活的向往，中国共产党连续出台有利于贫困地区、贫困人口发展的政策，强调脱真贫、真脱贫，真正把"决不能落下一个贫困地区、一个贫困群众"[3]的要求落到实处。截至2020年5月17日，在既有832个贫困县中，包括少数民族地区在内的四川、贵州、云南、西藏、新疆等22个省（区、市）的780个贫困县已宣布脱贫摘帽。[4]在党和人民共同努力下，我们达到了脱贫目标。人民获得感、幸福感、安全感更加充实。

2.坚持逐步精准的渐进式扶贫道路

中国脱贫经历了从保障式扶贫到开发式扶贫的演进。20世纪80年代中期以前，我国对于贫困地区和贫困人口主要实行生活用品给予和财政补贴的救济方式，即中央政府直接通过各地方政府把粮食、衣物或现金等分配给贫困户。1986年，开发式扶贫被确立为农村扶贫

---

[1] 习近平：《人民对美好生活的向往，就是我们的奋斗目标》（2012年11月15日），《十八大以来重要文献选编》（上），中央文献出版社2014年版，第69页。
[2]《习近平在看望参加政协会议的经济界委员时强调：坚持用全面辩证长远眼光分析经济形势　努力在危机中育新机于变局中开新局》，《人民日报》2020年5月24日。
[3]《习近平谈治国理政》第2卷，外文出版社2017年版，第84页。
[4]《全国已有780个贫困县脱贫摘帽》，《农民日报》2020年5月19日。

政策的核心，要求以经济建设为中心，支持、鼓励贫困地区农户改善生产条件，开发当地资源，发展商品生产，增强自我积累和自我发展能力。1994年4月国务院印发的《国家八七扶贫攻坚计划（1994—2000年）》对开发式扶贫作出具体规定：国家要扶持贫困户创造稳定解决温饱的基础条件，有条件的地方，人均建成半亩到一亩稳产高产的基本农田；户均一亩林果园，或一亩经济作物；户均向乡镇企业或发达地区转移一个劳动力；户均一项养殖业，或其他家庭副业；牧区户均一个围栏草场，或一个"草库仑"。[1]

确定重点扶持县，是我国扶贫开发区域瞄准的重要手段之一。与此同时，国家逐步打破区划限制，逐步明确重点扶贫地区和贫困县。将集中连片特殊困难地区作为扶贫开发的主战场，是党中央、国务院作出的重大战略举措。1986年，国家启动大规模脱贫计划，第一次确定贫困县。首次划定14片集中连片贫困地区和273个贫困县，这是中国脱贫攻坚实践的一个突破。1988年，又以此为基础进行增划和调整，把全国贫困地区划分为18片：努鲁尔虎山地区、太行山地区、吕梁山地区、陕甘黄土高原地区、陇西高原地区、西海固地区、秦巴山区、武陵山地区、乌蒙山地区、横断山地区、滇东南山地区、桂西山地区、九万大山地区、井冈山地区、武夷山地区、大别山地区、沂蒙山区、西藏地区。1994年，国家开始实施《国家八七扶贫攻坚计划（1994—2000年）》，对贫困发起攻坚战，按照1992年农民人均纯收入超过700元的县一律退出，低于400元的县全部纳入的方法，在全国范围内划定国家重点扶持的592个贫困县。2001年发布的《中国农村扶贫开发纲要（2001—2010年）》，对21世纪前10年的扶贫开

---

[1]《国务院关于印发国家八七扶贫攻坚计划的通知》（1994年4月15日），载于《1994年国务院文件（第6期）》，贵州省人民政府网。

发工作进行全面部署。《纲要》根据贫困人口主要集中于中西部、遍布全国各地农村的分布特点，再次调整和重新确定592个国家扶贫开发工作重点县，使脱贫攻坚更加具有指向性。同时，与以往重点县的调整方法不同，本次调整的最大特点是权力下放到省。各省根据实际情况，按"高出低进，出一进一，严格程序，总量不变"的原则进行调整，但不得将连片特困地区内重点县指标调到片区外使用。这次调整，原重点县共调出38个，原非重点县调进38个，全国重点县总数仍为592个。14个连片特困地区内的重点县数量，由调整前的431个增至440个，共增加9个；连片特困地区以外的重点县数量，由调整前的161个减至152个，共减少9个。重点县中存在的所谓百强县，已被全部调出。各省共确定14.8万个重点贫困村，使贫困人口覆盖率达到80%。这些重大战略规划和相关配套政策根据脱贫攻坚在各个时期突出问题提出，是一个逐步深化和细化的历史过程，为缓解中国的贫困产生了巨大的推动作用。

2011年，按照集中连片、突出重点、全国统筹、区划完整的原则，以2007—2009年3年的人均县域国内生产总值、人均县域财政一般预算性收入、县域农民人均纯收入等与贫困程度高度相关的指标为标准，这3项指标均低于同期西部平均水平的县（市、区），以及自然地理相连、气候环境相似、传统产业相同、文化习俗相通、致贫因素相近的县划分为连片特困地区。在划分过程中，对少数民族县、革命老区县和边境县采用了增加权重的办法予以倾斜照顾，在全国共划分出11个连片特困地区。这11个连片特困地区加上已经实施特殊扶持政策的西藏自治区、四省藏区、新疆南疆三地州，是扶贫攻坚的主战场。

党的十八大以来，以习近平同志为核心的党中央把脱贫攻坚摆到了治国理政的突出位置加以强调，作出一系列重大部署和安排，全面打响脱贫攻坚战。习近平总书记从战略全局的高度，深刻阐释了脱贫攻坚的一系列重大理论和现实问题，提出了一系列新思想、新观点、新举措、新要求，具有很强的思想性、战略性、针对性和可操作性。2013年11月，习近平总书记针对扶贫工作中存在的问题，在调研中首次提出"精准扶贫"理念。2015年6月，他又进一步强调扶贫工作要做到"六个精准"：扶持对象精准、项目安排精准、资金使用精准、措施到户精准、因村派人精准、脱贫成效精准。[1]同年11月，中央扶贫开发工作会议提出，确保到2020年所有贫困地区和贫困人口一道迈入全面小康社会。2017年10月，党的十九大明确把精准脱贫作为决胜全面建成小康社会必须打好的三大攻坚战之一，作出了新的部署。2018年6月印发的《中共中央 国务院关于打赢脱贫攻坚战三年行动的指导意见》，为推动脱贫攻坚工作更加有效开展，进一步完善顶层设计、强化政策措施、加强统筹协调。

正如习近平总书记指出的："扶贫开发推进到今天这样的程度，贵在精准，重在精准，成败之举在于精准。"[2]精准扶贫的提出，是脱贫攻坚历史演进的必然要求，成为全面打赢脱贫攻坚战的关键举措。党的十八大以来，党带领人民实施精准扶贫战略，脱贫攻坚取得决定性成就。到2020年底，我国已经全面脱贫。2020年至2021年初，21万多名普查人员对来自西部22省（区、市）开展了国家脱贫攻坚普查。普查结果显示：现行标准下农村贫困人口全面实现了脱贫。调查的事实根据，一是贫困人口全面实现了"两不愁三保障"及饮水安全有保

---

[1]《习近平在部分省区市党委主要负责同志座谈会上强调：谋划好"十三五"时期扶贫开发工作，确保农村贫困人口到2020年如期脱贫》，《人民日报》2015年6月20日。
[2] 转引自《让全体中国人民迈入全面小康》，《人民日报》2015年11月27日。

障。根据国家农村贫困检测调查，2020年国家贫困县农村居民人均可支配收入12588元，党的十八大以来年均增长11.6%。二是精准帮扶政策得到了有效落实，对贫困人口全面实现脱贫发挥了关键决定作用。三是贫困地区基础设施建设和基本公共服务水平显著提高。2020年12月16日，习近平总书记在中央经济工作会议发表重要讲话指出："经过8年持续奋斗，我们如期完成了新时代脱贫攻坚目标任务，现行标准下农村贫困人口全部脱贫，贫困县全部摘帽，消除了绝对贫困和区域性整体贫困，近1亿贫困人口实现脱贫，取得了令全世界刮目相看的重大胜利。"2021年2月25日，全国脱贫攻坚总结表彰大会在北京隆重举行。习近平总书记庄严宣告："我国脱贫攻坚战取得了全面胜利，现行标准下9899万农村贫困人口全部脱贫，832个贫困县全部摘帽，12.8万个贫困村全部出列，区域性整体贫困得到解决，完成了消除绝对贫困的艰巨任务，创造了又一个彪炳史册的人间奇迹！"

从脱贫的历史来看，由初期的区（片）到县，逐步推进到村，再全面推进到贫困家庭和贫困个体，扶贫地区日益聚焦，扶贫对象日益精准。事实证明，中国选择的渐进式脱贫道路完全符合国情，成就巨大。

3. 建立健全脱贫的科学制度体系

新中国成立后，制度建设贯穿着中国共产党领导社会主义建设的理论探索与实践发展的过程。党的十九届四中全会在总结中国国家制度和国家治理体系所具有的多方面显著优势时，提出的首要一条，就是"坚持党的集中统一领导，坚持党的科学理论，保持政治稳定，确保国家始终沿着社会主义方向前进"[1]。当代中国的社会治理史，可以说是制度形成、发展和规范的历史，脱贫攻坚工作也是如此。摆脱贫

---

[1]《中国共产党第十九届中央委员会第四次全体会议文件汇编》，人民出版社2019年版，第5页。

困、民生富裕，是近代以来无数仁人志士追求的"中国梦"之一。在中国共产党成立、夺取全国政权并建立社会主义制度后，实现这个"中国梦"才有了坚强的领导力量，由此不断开拓制度建设的可能和制度推进的空间。中国共产党探索并坚持中国特色扶贫开发道路，将脱贫作为国家总体发展战略，纳入国家五年发展规划，在党的全国代表大会上作为战略性任务进行部署，分阶段、有计划地集中力量开展大规模的专项扶贫行动，针对特定人群组织实施妇女儿童、残疾人、少数民族发展规划。中国共产党通过严密的组织安排保障脱贫的权威性和有效性，集中力量提高扶贫政策和各项保障措施贯彻落实的效率，推动脱贫的制度体系逐步建立健全起来，取得一系列卓越成果。

中国共产党和中国政府开展脱贫"扶持谁""谁来扶""怎么扶"等一系列问题，涉及政治、经济、文化等各个领域，深刻展示了各项制度在社会治理领域中的作用，是一个制度体系性的存在。中国共产党充分发挥"坚持全国一盘棋，调动各方面积极性，集中力量办大事的显著优势"[1]，从政策、资源、人力、项目、质量、动力、保障等多个方面不断创新，制定并实施因地制宜、各有特色的扶贫制度，形成定点扶贫、产业扶贫、驻村帮扶、行业扶贫、易地扶贫、金融扶贫、社会帮扶、建档立卡、东西协作等脱贫攻坚的范式。党的十八大后，中国特色社会主义进入新时代，脱贫制度又得到了有效的战略调整和政策创新，顶层设计更为系统化、科学化、精准化。正是依托于这些制度实践和方式探索，脱贫的制度体系逐步形成并加快完善，确保了脱贫攻坚的科学性和可持续性。

---

[1]《中国共产党第十九届中央委员会第四次全体会议文件汇编》，人民出版社2019年版，第5页。

(二)中国脱贫的多元路径

中国脱贫的持续深入推进,解决贫困问题的方法和途径越来越多元,有赖于中国共产党治理体系的逐步系统化和社会经济的持续创新发展。

1.脱贫路径选择,源自中国共产党治国理政理念与时俱进和生产力快速发展

时期不同、地区不同,贫困的发生原因和类型也各不相同。有因基本生存条件未能满足而产生的饥饿贫困,有因物资匮乏引致的收入贫困,也有因区域、流域发展不平衡导致的总体性的产业不平衡。在社会广泛进步后,脱贫又包含教育、文化、健康、可持续发展和环境保护等内核。这些内核,有的发生在不同的历史阶段,形成即期式的脱贫攻坚目标;有的发生在同一历史阶段的局部区域,导致脱贫攻坚总体上的非均衡性;有的需要前瞻眼光。比如,新中国成立后很长一段时间,贫困人口庞大,国家财力紧张,脱贫减贫的方式和手段都比较简单化,集中在小规模救济式扶贫,即依托自上而下的民政救济系统,对边远落后地区、因灾致贫人口和战争伤残人口实施生活救济。救济性"送粮、送衣"物资帮扶馈赠的方式将人民吃饭穿衣的基本需求放在首要位置,缓解生存性贫困和城市与农村整体极端贫困的现实困境,是符合当时经济不发达条件下脱贫减贫诉求的。据统计,1950—1954年各级政府发放的救灾救济费将近10亿元,1955—1978年则达到了22亿元。[1]同时,政府通过社会资源的再分配,包括土地改革、公社化运动等手段来缩小贫富差距和阻断收入的两极分化,并改善基础教育和建立农村合作医疗制度,有效消除了极端贫困。改革

---

[1]崔乃夫:《当代中国的民政》,当代中国出版社1994年版,第67页。

开放后，脱贫的路径向多渠道综合拓展。20 世纪 80 年代中叶，我国有组织、有计划、大规模的扶贫开发工作正式启动。中央和地方政府不断加大对水、电、路、网等基础设施和公共服务建设投资力度；全面建立农村低保和医疗救助制度，投入大量救助资金来保障农村贫困群体的基本生活；职业教育培训、医疗卫生、公共文化体育等基本公共服务供给，成为贫困治理的一部分而不断得到改善。这都改变了以单一经济指标为目标的治理方式，由物质帮扶向志智双扶转变，同贫困人群共享经济社会发展的成果。

党的十八大以来，脱贫攻坚被纳入"五位一体"总体布局和"四个全面"战略布局，成为实现第一个百年奋斗目标的重点任务。脱贫攻坚的路径与经济社会发展水平相适应，益发向教育、卫生、就业、健康等领域创造性的共生并进，由此而产生教育扶贫、产业扶贫、文化扶贫等，呈现出复杂丰富的面相，如数字信息基础设施建设和信息工具的使用近年来成为新的扶贫基建领域。生态扶贫、绿色脱贫也随着生态文明理念、绿色发展模式的形成，与脱贫攻坚有机结合起来。贫困地区的生态保护与扶贫开发相结合，通过实施重大生态工程建设、加大生态补偿力度、大力发展生态产业等生态扶贫方式创新，以绿色发展取得显著脱贫成效。近年来，随着基本公共卫生与人民健康观念普及，公共卫生体系建设不断深入，贫困人口健康领域短板突出、贫困地区灾害救助体系尚未完善的问题迫切需要解决。健康扶贫成为精准扶贫的新内容，包括提升农村供水保障水平、加强农村公共卫生应急管理等。以"厕所革命""垃圾革命"为抓手实现农村人居环境友好，从源头上预防和控制疾病，不断改善与健康相关的自然和社会环境，切实防止贫困地区及人口因病致贫、因病返贫。突如其来的新冠肺炎疫情发生后，习近平总书记在中央政治局常务委员会会议重要讲话中强调:"要聚焦攻克脱贫攻坚战最后堡垒,结合推进乡村振兴战略,以疫情防治为切入点,加强乡村人居环境整治和公共卫生体系建设。"[1]其后,他又要求全面建成小康社会加快补上农村公共服务短板。这说明健康扶贫成为脱贫攻坚的重点和难点。

2. 扶贫格局由政府主导向政府、市场、社会协同发力转变

新中国成立后,中国共产党和中国政府以极强的责任感把消除贫困作为重大任务,集中力量解决温饱问题,在短时间内取得明显的扶贫效果。改革开放以来,在政府治理的执行层面上,建立健全从中央到地方的扶贫工作领导机构。国务院成立国务院扶贫办公室,贫困省、区、县逐级成立相应的组织机构。实行责任、任务、资金和权力"四个到省"的扶贫工作责任制和各级政府扶贫工作首长负责制,由政府统揽使用贫困治理专项工具,统一组织安排脱贫攻坚,包含公共设施建设、发展义务教育、提供基本社会保障等。开发式扶贫成为主流后,对以政府主导的扶贫模式提出了新的要求。尤其是随着市场经济的蓬勃发展,社会经济成分、组织形式、就业方式、利益关系和分配方式日益多样化,脱贫攻坚缺乏有效的市场竞争和市场动力,供给效率低下。这使得政府逐渐认识到,要实现脱贫攻坚的普惠化和精准化,仅仅依靠政府一方自上而下的努力是不够的。另一方面,贫困地区的资源禀赋和发展基础各不相同,市场经济面对摆脱贫困固有的"失灵"不可避免,甚至由于扶贫公共产品的属性较强而具有放大效应。脱贫攻坚的政府行为与市场资源配置逻辑之间产生了巨大张力,导致"政府热、社会弱、市场冷"的普遍性问题。各级政府部门、以企业为微观主体的市场和社会组织三者难以各司其职、协调发展、和谐互动。

---

[1]《中共中央政治局常务委员会召开会议,研究加强新型冠状病毒感染的肺炎疫情防控工作》,《人民日报》2020年2月4日。

这就需要在顶层设计上充分发挥政府、社会组织、企业及第三方平台的强大合力，构建脱贫攻坚的系统布局。

党的十八大以来，社会治理成为国家治理体系和治理能力现代化的重要内容，构建大扶贫格局成为脱贫攻坚的重要抓手。十八届三中全会通过的《中共中央关于全面深化改革若干重大问题的决定》，直接提出"加快形成科学有效的社会治理体制"的任务。2017年，党的十九大提出要打造"共建共治共享的社会治理格局"，坚持大扶贫格局。这是以习近平同志为核心的党中央在提出精准扶贫理念后的又一重大的理论创新。2018年12月，习近平总书记强调："坚持社会动员，凝聚各方力量。脱贫攻坚，各方参与是合力。必须坚持充分发挥政府和社会两方面力量作用，构建专项扶贫、行业扶贫、社会扶贫互为补充的大扶贫格局，调动各方面积极性，引领市场、社会协同发力，形成全社会广泛参与脱贫攻坚格局。"[1]十九届四中全会明确提出，要建立人人有责、人人尽责、人人享有的社会治理共同体。

构建大扶贫格局，从政策到实践都得到了很好落实。2016年11月23日，国务院印发《"十三五"脱贫攻坚规划》。《规划》明确指出，农林产业扶贫、旅游扶贫、电商扶贫、资产收益扶贫、科技扶贫是产业发展脱贫的重要内容，同时提出农林种养产业扶贫工程、农村一二三产业融合发展试点示范工程、贫困地区培训工程、旅游基础设施提升工程、乡村旅游产品建设工程、休闲农业和乡村旅游提升工程、森林旅游扶贫工程、乡村旅游后备箱工程、乡村旅游扶贫培训宣传工程、光伏扶贫工程、水库移民脱贫工程、农村小水电扶贫工程等"十三五"期间重点实施的产业扶贫工程。产业扶贫中，市场作为经济

---

[1] 习近平：《在打好精准脱贫攻坚战座谈会上的讲话》(2018年2月12日)，《求是》2020年第9期。

运行的机制之一,在因地制宜、推动贫困地区主导产业获得内生发展可持续动力方面表现良好。政府积极扶持支柱产业、龙头企业,贫困户以入股、务工等方式融入产业开发,分享产业发展红利等,已成为脱贫攻坚的常态。通过开发集体资源、开发物业租赁、发展消费扶贫等方式,集体经济发展壮大,集体财产保值增值。农村公共服务多元化供给机制的构建也在探索中。公共服务的本质特征在于公益性,强调服务性。中国资源有限,地域分布不均匀,层次较多,这决定了农村公共服务的供给必须立足国情,实现有效供给主体的多样性。公共服务的主体是地方各级政府公共部门,市场力量、社会力量的参与正在规范。社会扶贫潜力充分释放,从多个维度将有限的资源用对、用好,避免影响脱贫攻坚成效。实践证明,坚持中央统筹、省负总责、市县抓落实的工作机制,强化党政"一把手"负总责的责任制,由政府保障权威性和有效性,引导并鼓励市场力量和社会力量参与扶贫工作的专项扶贫、行业扶贫、社会扶贫"三位一体"的扶贫格局,符合国情、政情,取得了良好效果。

3. 注重树立贫困地区自我发展、自身发力的意识,在脱贫中提升劳动者素质

马克思指出,无产阶级要想真正摆脱贫困,不能依靠别人,只能依靠自身的全面发展,"使它获得一定劳动部门的技能和技巧……就要有一定的教育或训练"[1]。只有通过一定的教育和培训掌握生产技能,提升劳动者智力和素质水平,才能具备消除贫困的能力,才能保障脱贫后不再陷入贫困。中国在脱贫攻坚的路径上,从一开始就认识到人是生产力第一要素,让人民真正摆脱贫穷,就要不断提升劳动者素质;

---

[1]《马克思恩格斯文集》第5卷,人民出版社2009年版,第200页。

在缓解贫困人口的生活之需外，有意识地采取必要措施使每个人都能受到一定的文化教育，得到初级医疗救助。1952年11月，中央扫除文盲工作委员会成立，推行速成识字法，形成新中国成立后的第一次大规模扫盲运动。1956年3月，中共中央、国务院发布《关于扫除文盲的决定》，指出扫除文盲是社会主义建设中的一项极为重大的政治任务。20世纪50—60年代，党中央在农民中推选出一些优秀人才，对他们进行一定的医学培养。这些人学成后回来为村民服务，成为半医半农的卫生员。这是一支专门为农民解决基本医疗问题而成立的队伍。

改革开放以来，贫困现象除了收入贫困，逐渐表现出其他多维性特征。中国经济的快速增长显著改善了收入贫困局面，中国在脱贫路径选择上更为注重兼顾物质扶贫与精神扶贫两个层面，开发式扶贫与保障式扶贫相统筹，即为贫困人口提供物质、技术、人才等客观物质条件和工具后，逐步向"人"本身的素质提高和战胜贫困的奋斗愿望转变，在扶贫救助中注重提升贫困人口的内生动力，帮助他们掌握谋生的手段技能。采取的主要路径是：扫除文盲工作走向经常化、制度化；提高农村人口受教育水平；破除贫困地区一些干部群众"等、靠、要"的深层意识；提高帮扶责任人"授之以渔"的本领，提升人力资本。1993年12月，中国成立文化扶贫委员会，将文化、教育、科学普及等与满足贫困人口求知、求富、求乐的要求和发展农村经济紧密地结合起来。

党的十八大后，脱贫攻坚跨越到把提高脱贫质量放在首位的新阶段，突出开发式、内源式扶贫，更加注重依靠人的全面发展实现真正有效脱贫。贫困群众既是脱贫攻坚的对象，更是脱贫致富的主体。习近平总书记多次发表关于发挥群众主体作用和内生动力的讲话，强调扶贫先扶志，扶贫必扶智。党的十九大提出"乡村振兴战略"，其核心要点是人的精神的提振、人民群众的主体作用再发挥和乡村资源的再配置。2018年6月，中共中央、国务院印发《关于打赢脱贫攻坚战三年行动的指导意见》，要求切实坚持把扶贫同扶志、扶智相结合，将扶贫攻坚和转变作风、锻炼队伍相结合。这一系列重要论述和规定所提出的要求，与包容性增长所倡导的"机会平等的增长""公平合理地分享经济增长""寻求社会和经济协调发展、可持续发展"等理念正相耦合。在"精准扶贫"的治理框架下，特别是脱贫攻坚进入"啃硬骨头、攻坚拔寨"的冲刺阶段后，提高人的素质和能力所包含的人文关怀内容逐步丰富，健康文明的日常生活方式得到大力倡导。

注重激发贫困地区内生动力和贫困主体自我发展意愿，对贫困治理路径的进一步多元化提出了要求。权利贫困、能力贫困以及生态贫困等维度的贫困得到足够的重视，片面强调收入提高即可解决贫困的传统观念得以改变。在倡导机会公平、共享增长成果的包容性增长理念指导下，提升脱贫路径的包容性和多维度综合发展，推动农村居民收入、健康、教育、生活环境等共同发展，从而全面缓解农村贫困程度，成为共识。例如，利用"一免一补""特困助学""雨露计划"等进行教育扶贫，助力贫困户参与职业教育学习一技傍身。在解除了最基础的贫困问题后，对有能力、有志气的贫困户，各地政府因地制宜，采用不同的创业贴息政策，有利于最大限度地减少可能发生的返贫现象；企业帮助当地培养经营、管理和技术人才，努力打造有当地特色、可持续发展的主导脱贫产业；健康扶贫政策无论是在贫困地区疾病预防、妇幼保健方面，还是在贫困人群健康管理和贫困地区卫生环境改善等方面，都已取得卓越成就，并将继续取得贫困人口收入的进一步增长、较长的预期寿命和较好的教育。向贫困地区村党组织选派村党支部第一书记，加强基层党组织建设，成为打赢脱贫攻坚战的重要组织举措。到 2020 年 3 月，全国累计选派 290 多万名县级以上党政机关和国有企事业单位干部到贫困村和软弱涣散村担任第一书记或驻村干部[1]，实现所有贫困村驻村工作全覆盖。这支队伍注重贫困群众的情感心理和精神信仰建设，引导他们树立"宁愿苦干、不愿苦熬"的观念，激发他们改变贫困面貌的干劲和决心，整体提高贫困村发展的质量和水平。

消除贫困、改善民生、实现共同富裕，是中国特色社会主义的本质要求，是中国共产党的重要使命。中国共产党领导开展脱贫攻坚的路径选择和重要内涵，蕴含着为中国人民谋幸福、为中华民族谋复兴的初心和使命，是党治国理政理念与时俱进的生动体现，是中国特色社会主义制度巨大优势的全面彰显，成功地推动了困扰中华民族几千年的绝对贫困问题的历史性解决，也为后脱贫时代实现乡村振兴积蓄了磅礴力量。

二、中国式现代化道路视野下的中国脱贫事业

（一）中国式现代化道路的战略方向确立中国脱贫事业的重要地位

习近平总书记指出："走自己的路，是党的全部理论和实践立足点，更是党百年奋斗得出的历史结论。"[2] 新中国成立以来，中国共产党领导人民坚持、发展中国特色社会主义，成功走出了一条中国式现代化道路。尊重人民群众的主体地位，充分发挥人民群众的智慧和力量，实现好、维护好和发展好人民群众的福祉及利益，这是中国式现代化

---

[1] 习近平：《在决战决胜脱贫攻坚座谈会上的讲话》(2020 年 3 月 6 日)，《人民日报》2020 年 3 月 7 日。

[2] 习近平：《在庆祝中国共产党成立 100 周年大会上的讲话》，人民出版社 2021 年版，第 13 页。

新道路的根本出发点和发展指向。贫困问题困扰中华民族长达几千年，尤其是近代以来，由于封建统治的腐朽和西方列强的入侵，中国政局动荡、战乱不已、民不聊生，贫困的梦魇更为严重地困扰着中国人民。摆脱贫困，成为近代以来中国人民孜孜以求的梦想，也是实现中华民族伟大复兴中国梦的重要内容。中国共产党是中国工人阶级的先锋队，同时是中国人民和中华民族的先锋队，是最广大人民根本利益的代表者。中国共产党自成立以来，始终坚持以人民为中心的发展思想，把为中国人民谋幸福、为中华民族谋复兴作为初心使命，坚持不懈地为消灭贫困、实现共同富裕而奋斗。事实上，只有在中国共产党执掌政权、建立社会主义制度之后，千百年来摆脱贫困的中国梦才有了坚强的领导力量。脱贫事业的发展不仅是经济社会问题，更是关系党的执政基础的重大战略问题。中国式现代化道路为的是实现人民幸福和中华民族伟大复兴，其战略方向确立了中国脱贫事业的重要地位。在探索中国式现代化道路的进程中，中国共产党从人民群众的根本利益出发，将实现全体人民的共同富裕作为中国经济社会发展的目标和任务，为全面建设社会主义现代化国家提供源源不断的精神动力和物质支撑。

"要巩固工农联盟，我们就得领导农民走社会主义道路，使农民群众共同富裕起来"[1]，"社会主义与资本主义不同的地方就是共同富裕"，"社会主义的本质，是解放生产力，发展生产力，消灭剥削，消除两极分化，最终达到共同富裕。""社会主义的目的就是要全国人民共同富裕，不是两极分化。"[2]在中国脱贫事业的发展进程中，这些不同时代极富思辨色彩的话语，展示了中国共产党从中国特色社会主义发展全局确立脱贫事业重要地位的深刻认知。中国共产党人对"什么是社会

---

[1]《毛泽东年谱（1949—1976）》第2卷，中央文献出版社2013年版，第449页。
[2]《邓小平文选》第3卷，人民出版社1993年版，第123、373、110—111页。

主义"的思考持续深入。党的十八大以来，习近平总书记提出："消除贫困、改善民生、逐步实现共同富裕，是社会主义的本质要求，是我们党的重要使命。"[1]"贫穷不是社会主义。如果贫困地区长期贫困，面貌长期得不到改变，群众生活长期得不到明显提高，那就没有体现我国社会主义制度的优越性，那也不是社会主义。"[2]习近平总书记对共同富裕的本质内涵、实现原则、总体思路、推进路径等作出了突破性论断，明确了共同富裕是社会主义的本质要求，是中国式现代化的重要特征，使脱贫事业的地位日趋凸显。

中国共产党把实现全体人民共同富裕摆在更加重要的位置，推动人的全面发展、促进全体人民共同富裕取得更加明显的实质性进展。以习近平同志为核心的党中央将脱贫攻坚工作纳入"五位一体"总体布局和"四个全面"战略布局，对脱贫事业的现实保障和实现路径作出了一系列新决策和新部署。党的十九大进一步把精准脱贫作为决胜全面建成小康社会必须打好的三大攻坚战之一，作出了新的重大部署。随着中国特色社会主义进入新时代，我国社会主要矛盾已经由人民日益增长的物质文化需要同落后的社会生产之间的矛盾，转化为人民日益增长的美好生活需要和不平衡不充分的发展之间的矛盾。党的十九届五中全会将"脱贫攻坚成果巩固拓展，乡村振兴战略全面推进"纳入"十四五"时期经济社会发展主要目标，描绘了到2035年基本实现社会主义现代化的远景目标，明确提出"全体人民共同富裕取得更为明显的实质性进展"，要求"实现巩固拓展脱贫攻坚成果同乡村振兴有

---

[1]《习近平扶贫论述摘编》，中央文献出版社2018年版，第13页。
[2]《习近平扶贫论述摘编》，中央文献出版社2018年版，第5页。

效衔接"[1]，将共同富裕的社会主义价值追求具体化为国家和民族发展的宏伟目标，并确定了时间表、制定了路线图。2021年8月，中央财经委员会第十次会议召开，明确提出在全面建设社会主义现代化国家新征程上扎实推进全体人民共同富裕的前进方向，强调"共同富裕是全体人民的富裕，是人民群众物质生活和精神生活都富裕，不是少数人的富裕，也不是整齐划一的平均主义，要分阶段促进共同富裕"[2]。

恩格斯在《共产党宣言》1883年德文版的序言中指出，从原始土地公有制解体以来，人类社会发展的历史，就是一部阶级斗争的历史。因而，在生产力低下、生产资料为占总人口中极少数的剥削阶级所占有的情况下，富裕也只能是对大多数人进行剥削的少数人的富裕，绝大多数人只能是贫穷或不富裕，全民族的共同富裕只能是一种"空想"的愿望，这种美好的愿望在当时的社会中不可能实现。只有在马克思恩格斯创立科学社会主义理论之后，并在这一理论指导之下进行革命和建设，才使共同富裕理想成为可能。170多年后的今天，《共产党宣言》所阐述的唯物主义一般原理仍是完全正确的。中国式现代化道路，是中国共产党领导中国人民把马克思主义基本原理同中国具体实际和时代特征相结合的一条独特道路。与之相应，中国脱贫事业也独具特色，走出了一条自己的道路。改革开放40多年来，中国始终以经济建设为中心，推动经济建设、政治建设、文化建设、社会建设和生态文明建设取得令人瞩目的成就，这就为脱贫奠定了坚实的经济基础，使大规模持续脱贫能够成为根本之策。经济持续发展为贫困人口增加了

---

[1]《中共中央关于制定国民经济和社会发展第十四个五年规划和二〇三五年远景目标的建议》，《人民日报》2020年11月4日。

[2]《习近平主持召开中央财经委员会第十次会议强调：在高质量发展中促进共同富裕 统筹做好重大金融风险防范化解工作》，《人民日报》2021年8月18日。

就业和增收机会，也增加了各级政府的财政收入，确保了扶贫资金的持续投入。同时，政府也发挥了积极的主导作用，科学制定脱贫战略并纳入工作全局，保持政策稳定性和连贯性，充分凝聚起各方力量投入脱贫事业。可以说，中国脱贫事业一直沿着中国式现代化道路前进，充分发挥了政治和制度优势走向共同富裕，充分体现了党和国家的奋斗目标与人民群众愿望追求的高度统一。正是社会主义的本质要求和中国共产党的性质宗旨，决定了中国脱贫事业的战略地位。习近平总书记在全国脱贫攻坚总结表彰大会上的讲话指明了这一点："经过全党全国各族人民共同努力，在迎来中国共产党成立一百周年的重要时刻，我国脱贫攻坚战取得了全面胜利……我们在解决困扰中华民族几千年的绝对贫困问题上取得了伟大历史性成就，创造了人类脱贫史上的奇迹。"[1]

（二）中国式现代化道路内蕴中国脱贫事业的历史探索

中国式现代化道路包含丰富的内涵，是一条符合中国国情的现代化道路，也是实现全体人民共同富裕的现代化之路。中国共产党在推进国家现代化的进程中，始终把国家富强、人民富裕作为奋斗目标，让改革发展成果更多更公平惠及全体人民，推动全体人民共同富裕取得更为明显的实质性进展。这是中国贫困治理的基础与前提，也是中国脱贫事业成功的始终动力。新中国成立70多年来，中国共产党和中国政府始终坚持消除贫困、改善民生，把追求共同富裕贯穿建设中国式现代化道路的全过程。中国的贫困规模之大、贫困地区分布之广、贫困程度之深世所罕见，贫困治理难度超乎想象。中国的脱贫事业不是一个单维度的演进过程，"扶持谁""谁来扶""怎么扶"等一系列问

---

[1] 习近平：《在全国脱贫攻坚总结表彰大会上的讲话》，《人民日报》2021年2月26日。

题的提出和解决，涉及政治、经济、文化等各个领域，深刻展示了中国式现代化道路一路走来的艰辛历程。大致来看，中国脱贫事业历经保障式扶贫、开发式扶贫、精准扶贫等阶段。

1. 社会主义革命和建设时期的保障式扶贫阶段

新中国成立后，中国共产党以极强的责任感把消除贫困作为重大工作任务。在脱贫路径上，中国共产党从一开始就认识到人是社会生产力的第一要素，要让人民真正摆脱贫困，就要不断破除既有的生产制度和分配制度对于人民权利和自由的限制。这一时期，中国共产党对消除贫困、实现共同富裕进行了基本制度机制和可实现条件的创造性探索，包括按劳分配制度、社会主义建设总路线、"一化三改"等。中国共产党致力于通过发挥社会主义制度优势，保障人民的基本生活水平不断提高。中国共产党还有意识地采取必要措施使每个人都能受到一定的文化教育，得到初级医疗救助。1952年11月，中央扫除文盲工作委员会成立，推行速成识字法，掀起了新中国成立后的第一次扫盲运动高潮。1956年3月，中共中央、国务院发布《关于扫除文盲的决定》，指出扫除文盲是社会主义建设中的一项极为重大的政治任务。20世纪五六十年代，中共中央决定在农民中推选出一些优秀人才来接受一定的医学培养，成为半医半农的卫生员，由此形成一支专门为农民服务、解决农村基本医疗问题的队伍。

2. 改革开放和社会主义现代化建设时期的开发式扶贫阶段

改革开放以后，中国共产党和中国政府启动了有计划、有组织、大规模的"政府主导型"开发式扶贫，着重将经济发展成果传递至贫困人口。20世纪80年代初期，打破行政区域确定了18个集中连片困难地区。1983年的中央一号文件高度关注"边远山区和少数民族地区"，要求"力争尽快改变贫困面貌"。1986年中央一号文件集中用一个部分的篇幅阐述"切实帮助贫困地区逐步改变面貌",还提出"建立贫困地区领导小组""利用各种渠道为贫困地区培养干部"等措施。[1] 1986年,国务院贫困地区经济开发领导小组成立,确定以开发式扶贫作为农村扶贫政策的核心和基础,要求以经济建设为中心,支持、鼓励贫困地区农户改善生产条件,开发当地资源,发展商品生产,增强自我积累和自我发展能力。同年,陆续确定331个国家重点扶持贫困县,当时农村年人均纯收入在206元以下的约有1.25亿人,占农村总人口的14.8%。按1985年农民人均纯收入计算,农区县低于150元,牧区县低于200元,革命老区县低于300元,即列入国家扶持范围。这是中国减贫实践的一个突破。到1992年底,在农村无法依靠收入维持基本生存需要的绝对贫困人口减少到8000万人。[2]

1994年,第一次全国扶贫开发工作会议制定并颁布《国家八七扶贫攻坚计划（1994—2000年）》,对开发式扶贫作出了具体规定:国家要扶持贫困户创造稳定解决温饱的基础条件,有条件的地方,人均建成半亩到一亩稳产高产的基本农田;户均一亩林果园,或一亩经济作物;户均向乡镇企业或发达地区转移一个劳动力;户均一项养殖业,或其他家庭副业;牧区户均一个围栏草场,或一个"草库仑"。同时,在区域上逐步打破限制,根据实际情况安排脱贫内容和方式,增强发展的平衡性。1996年10月,中共中央、国务院印发《关于尽快解决农村贫困人口温饱问题的决定》,提出打好扶贫攻坚战的主要具体措施。2001年国务院印发的《中国农村扶贫开发纲要（2001—2010年）》中的脱贫治理更加具有指向性。根据贫困人口主要集中于中西部、

---

[1]《中共中央国务院关于"三农"工作的一号文件汇编（1982—2014）》,人民出版社2014年版,第34页。
[2] 汤敏:《中国扶贫——人类史上空前壮举》,《中国经济周刊》2020年第22期。

遍布全国各地农村的分布特点，《开发纲要（2001—2010 年）》再次调整和重新确定了 592 个国家扶贫开发工作重点县；同时，各省共确定了 14.8 万个重点贫困村，使贫困人口覆盖率达到 80%。这些重大战略规划和相关配套政策是根据各个时期的突出问题提出来的，是一个逐步深化和细化的历史过程，对缓解中国的贫困问题产生了巨大的推动作用，为持续实现现代化的奋斗目标打下了坚实基础。

3. 中国特色社会主义新时代的精准扶贫阶段

进入中国特色社会主义新时代，以习近平同志为核心的党中央从全面建成小康社会大局出发，把脱贫事业摆到了治国理政的突出位置，推动形成了中国脱贫事业的新格局。党的十八大以来，根据人民对美好生活的向往的奋斗目标，脱贫事业的目标和计划得到适时调整，有利于贫困地区、贫困人口发展的社会政策不断出台，强调脱真贫、真脱贫。习近平总书记从战略全局的高度，深刻阐释脱贫事业的一系列重大理论和现实问题，提出一系列新思想、新观点、新举措、新要求，具有很强的思想性、战略性、针对性和可操作性。2015 年 6 月，习近平总书记在贵州召开部分省区市党委主要负责同志座谈会，听取扶贫攻坚与"十三五"时期经济社会发展的意见和建议。他在会上强调："扶贫开发贵在精准，重在精准，成败之举在于精准。"[1]同年 11 月，中央扶贫开发工作会议提出，确保到 2020 年所有贫困地区和贫困人口一道迈入全面小康社会，"决不能落下一个贫困地区、一个贫困群众"。会上，习近平总书记强调了"六个精准""五个一批"[2]的具体要求。其

---

[1]《习近平：谋划好"十三五"时期扶贫开发工作 确保农村贫困人口到 2020 年如期脱贫》，中国政府网，2015 年 6 月 19 日。
[2]"五个一批"，即发展生产脱贫一批、易地搬迁脱贫一批、生态补偿脱贫一批、发展教育脱贫一批、社会保障兜底一批。

中,"六个精准"有效覆盖了扶贫对象识别、帮扶和管理等各个环节,贯通了贫困治理的全流程;"五个一批"是实现精准扶贫的具体路径;做好"六个精准"、实施"五个一批"的根本目的是更好地解决"四个问题",即扶持谁、谁来扶、怎么扶、如何退。"精准扶贫"的提出是中国脱贫事业发展过程中环环相扣的一部分,是根植于已有脱贫成果基础上的创新和发展。从70余年反贫困治理的历史来看,中国走的是一条从初期的区(片)到县、逐步推进到村,再全面推进到贫困家庭和贫困个体的渐进脱贫道路。2012年以来,中国连续每年脱贫规模都在1000万人以上,正在一步步朝着共同富裕迈进。事实有力证明,中国选择的这条脱贫道路是完全符合本国国情的。

党的十八大以后,中国共产党带领人民迎来从站起来、富起来到强起来历史性跨越的新阶段,中国脱贫事业也进行了有效的战略调整和政策创新,顶层设计更为系统化、科学化、精准化。中国共产党从政策、资源、人力、项目、质量、动力、保障等多方面不断进行创新,通过"坚持全国一盘棋,调动各方面积极性,集中力量办大事的显著优势",依托从中央到地方的扶贫工作领导机构,建立起中央统筹、省负总责、市县抓落实的扶贫工作机制,持续实施一系列全国性的扶贫开发计划。同时,广泛动员各方力量,构建起政府、社会和市场协同推进的大扶贫格局,进而确保通过集中配置各类要素,持之以恒地推进大规模扶贫开发,并逐渐探索形成定点扶贫、产业扶贫、驻村帮扶、行业扶贫、易地扶贫、金融扶贫、社会帮扶、建档立卡、东西协作等大扶贫格局范式。正是依托于对中国式现代化道路推进方式和方法的认识,中国脱贫道路逐步形成并加快完善,中国的脱贫战略和实践体系坚强有力、富有成效,确保了中国脱贫事业的科学性和可持续性。中国欠发达地区和贫困人口的生存权、发展权得到有力保障,持续激发出发展的内生动力，人民获得感、幸福感、安全感更加充实、更有保障、更可持续。2021年2月25日，中国向世界庄严宣告，脱贫攻坚战取得全面胜利，现行标准下9899万农村贫困人口全部脱贫，832个贫困县全部摘帽，12.8万个贫困村全部出列，中国完成了消除绝对贫困的艰巨任务。在打赢脱贫攻坚战、全面建成小康社会之后，中国要进一步巩固拓展脱贫攻坚成果，接续推动脱贫地区发展和乡村全面振兴，让包括脱贫群众在内的广大人民过上更加美好的生活，朝着逐步实现全体人民共同富裕的目标继续前进，为全面建设社会主义现代化国家奠定坚实基础。

（三）中国式现代化道路为世界脱贫事业提供经验与智慧

贫困，作为人类社会总体福祉增加的障碍之一，依然是当今世界面临的最大挑战。世界各地贫困的发生原因、类型与影响因素各有不同，脱贫因此成为全球广泛而持久关注的热点。联合国《2030年可持续发展议程》设定了全球贫困治理目标，即到2030年"在全世界消除一切形式的贫困"，可见减贫事业在人类社会历史发展中的重要性。由于面临官方发展援助不足、南南合作缺乏共识等外部挑战，以及贫困国家脱贫能力弱并缺少社会发展所需的足够包容性等内部制约，再加上近年来新冠肺炎疫情的影响和全球局部战争突发，国际治理仍然任重而道远。

正如党的十九届六中全会公报所指出的："党领导人民成功走出中国式现代化道路，创造了人类文明新形态，拓展了发展中国家走向现代化的途径。"[1]虽然在人类过去几百年的进程中，西方国家率先踏上现代化发展道路，占据了发展优势地位，引领了现代化的风潮和方向，

---

[1]《中国共产党第十九届中央委员会第六次全体会议公报》，《人民日报》2021年11月12日。

但现代化绝不等于模式和路径的西方化,更不必然伴随着殖民和侵略。中国式现代化道路,是中国共产党带领人民在建设中国特色社会主义的进程中开创出来的一条崭新道路,是全国人民团结奋斗、不断创造美好生活、逐步实现共同富裕的伟大历史进程。其中,共同富裕是社会主义的本质要求,是中国式现代化的重要特征。中国14亿多人口要整体迈入现代化社会,这是人口规模巨大的现代化,脱贫事业的胜利是其重要的基础。作为世界上最大的发展中国家,中国为世界降低绝对贫困人口数量树立了标杆。同时,在实践的基础上,中国共产党人对脱贫事业进行了科学系统的理论阐发。党的十八大以来,习近平总书记就脱贫攻坚所发表的一系列重要讲话,坚持以马克思主义反贫困理论为基础,又结合中国实际,形成完整的体系,进一步丰富和拓展了马克思主义反贫困理论的维度。一方面,中国脱贫事业的实践过程是马克思主义反贫困理论得到检验和深化的过程,也向世界展示了社会主义制度的优越性,是理解中国式现代化道路为什么走得通的一个窗口,即中国人民有足够的底气、理由衷心拥护中国共产党的领导,高度认同中国特色社会主义制度。另一方面,中国向世界呈现的是在推动物质文明、政治文明、精神文明、社会文明、生态文明协调发展的过程中实现脱贫目标,不但包括物质的丰富和分配的公平,还包括文化的积淀、人与自然和谐共生的实现等,走的是生产发展、生活富裕、生态良好的文明发展道路,极大地丰富了人类反贫困理论的内涵与外延。总的来看,中国脱贫事业作为全球脱贫事业极为重要的一部分,是马克思主义反贫困理论中国化的成果,也是中国智慧和中国方案的载体之一,是中国对全人类发展进步的重要贡献。

第一,中国实现高速发展与大规模脱贫同步、经济转型与消除绝对贫困同步的经验,是人类社会发展进程中创造的有益成果之一,具备可分享、可复制、可借鉴的知识普遍性。它的意义不止于消除贫困，促进人类社会整体的公平正义，更是中国式现代化道路的展示和阐释。从人类命运共同体共同增进民生福祉的角度出发，中国的脱贫经验成为尚未摆脱贫困的世界发展中国家和人民共同拥有的财富。"要致富，先修路；要快富，修高速""再穷不能穷教育，不把贫困传给下一代""栽下梧桐树，引来金凤凰""绿水青山就是金山银山"的鲜活概括，浙江湖州安吉白茶产业脱贫、西藏日喀则白朗蔬果产业脱贫、河北涞水旅游脱贫、西藏三有村易地搬迁脱贫、四川凉山彝族自治州悬崖村交通升级等优秀案例，都是中国脱贫经验的生动体现。作为贫困问题最突出的国家之一，中国一直以共享的理念推动贫困治理方案的实践总结和经验推广，向世界讲好典型中国扶贫故事，为世界脱贫事业提供中国方案、贡献中国智慧。综合来说，中国脱贫事业涵盖经济增长、产业创新、就业扶贫、社区改善等多方面，积累了丰富的实践经验。比如，注重培育贫困治理的运行动力，持续激发贫困地区与贫困群众的内生动力，坚持依靠人民群众，充分调动群众的积极性、主动性、创造性，以群众自主劳动改善生活水平，成功避免了走上依赖援助实现脱贫的道路。比如，强调开发式扶贫，注重发展特色产业、促进"三产融合"及培养新型农业经营主体，同时强调产业发展的益贫性，夯实消除贫困的产业基础，融合社会经济发展和反贫困的双重内涵，在发展中逐渐摆脱贫困。再比如，坚持推动基础设施建设，通过多渠道筹集建设资金，大力推动建设交通设施、水利设施、通信设施和公共服务设施等，推动城乡公共服务均等化，构建防止新的贫困发生的长效机制，为可持续发展打下坚实基础。这些领先经验是能够为全球发展中国家提供参考和借鉴的。

第二，中国就树立国际贫困问题的正确义利观，展示了国际治理无涉意识形态、不以自身发展模式划界的可能性，集中体现了国际治理中以民生福祉为标向和主体的新观念和新路径，为越来越多的国家和国际组织所认同，国际治理由此向正和博弈的态势发展。全球化趋势下，当今世界经济发展不均衡和不平等的状态进一步激化，技术革命和知识经济并没有普遍地造福全球，全球收入差距和数字鸿沟不断扩大，贫困问题更为凸显。各种传统安全挑战和非传统安全挑战交错叠加，经济安全、文化安全、环境安全等非传统安全要素的影响日益明显。由贫穷直接导致或衍生的一系列社会问题是最具挑战性的问题，促进发展越来越成为国际治理的主流方向，脱贫成为普遍共识。在国际治理合作中，民生改善无疑是最能够达成共识、最能够产生共鸣的核心指标。中国共产党始终关注民生，支持和帮助其他贫困国家摆脱贫困，为世界脱贫事业作出了卓越贡献。世界需要合作而非对抗，需要互利共赢而非零和博弈。中国始终是国际秩序合作共赢、共同发展的积极倡导者，也是切实践行者。基于人类追求富足的普遍情感及对于未来的展望，全球发展倡议、"一带一路"倡议、南南合作机制等提供了一个弹性空间，将中国的理念与世界的需求相结合，聚焦发展中国家的发展需求，为缩小南北鸿沟、破解发展不平衡提出了"路线图"，为不断完善国际治理体系、促进全球共同发展、推动构建人类命运共同体贡献中国智慧、中国方案、中国力量。

第三，中国为世界脱贫事业作出了重大贡献，尤其是全球发展倡议、"一带一路"倡议、南南合作机制框架下的脱贫成果得到了国际社会的普遍认同和广泛赞誉。随着综合国力的持续增长，中国从世界银行、国际农发基金（国际农业发展基金，IFAD）、联合国粮农组织（联合国粮食及农业组织，FAO）、联合国世界粮食计划署（WFP）等多边开发机构的脱贫国际公共产品的消费者，逐渐成为修正者、建设者以及供给者、创新者。中国在脱贫事业上不断探索，并随着中国式现代化道路的发展而不断校正、深化和完善，经历了从简单直接的救济式扶贫到更具协同性、系统性的开发式扶贫，并最终确立了以开发式扶贫为脱贫根本途径的政策。救济式扶贫模式弊端明显，贫困人口容易因为救济的中断而再度陷入贫困状态，且资源禀赋优势未能转化为经济优势，无法从根本上解决贫困问题。开发式扶贫模式则注重培育贫困地区和人群脱贫发展的内生增长机制，且重视发挥基础设施建设的"乘数效应"，为贫困地区经济发展增强后劲。

中国从自身经验出发，将参与全球贫困治理的重点转向提供力所能及的国际公共产品，提升合作伙伴国家的脱贫能力，加强公路、铁路、电站、电力设施、公共卫生设施的建设，注重将脱贫成果惠及当地民众。近年来，"一带一路"倡议以人类命运共同体为理论基点，在其框架下达成多边或双边协议，积极进行国际脱贫合作。"一带一路"沿线国家贫困现象众多，消除贫困是西亚、北非及南亚等地区相关中低收入国家发展的重要任务。在共建"一带一路"走深走实的大背景下，中国作为首倡国，主张以投资和贸易、信息流动促进合作伙伴的益贫式增长，开展基础设施互联互通建设，补齐短板，提升沿线国家工业化和产业升级水平，帮助当地加快融入全球供应链、产业链、价值链，启动资源优势转化为发展优势的良性循环，努力取得看得见、摸得着的早期脱贫利益收获。在具体措施上更加注重体贴民意，契合当地人员的主体意识和提升发展能力的需求，开设培训项目帮助当地人员提升劳动素质，促进劳动人口就业，提高就业收入，使贫困治理对象从被动走向主动、从客体变为主体，实现国际脱贫治理从外部帮扶向激发内生动力转变。

在南南合作机制下，中国推动建立以合作共赢为核心的新型国际脱贫交流合作关系，落实《中国和非洲联盟加强中非脱贫合作纲要》《东亚脱贫合作倡议》等，发挥中国国际扶贫中心等国际脱贫交流平台作用，为世界脱贫事业注入了有效资源和强劲动力。如 2014 年，中国在东盟与中日韩（10+3）领导人会议上提出，缩小差距、减少贫困、改善民生是亚洲地区国家面临的首要任务，提议实施"东亚减贫合作倡议"，建立东亚减贫合作示范点。由中方提供 1 亿元人民币，以扶贫开发中整村推进和精准扶贫的工作经验为基础，开展乡村减贫推进计划。倡议推动实施以来，中国积极推动与东盟部分国家在减贫领域的合作，一系列示范合作项目纷纷落地。云南、广西、四川等西南省份分别承担缅甸、老挝、柬埔寨部分的东亚减贫示范项目；广西还通过自贸区、中国—东盟博览会机制建设，加强同东盟国家减贫合作。2022 年 7 月，中方在澜沧江—湄公河合作第七次外长会上，宣布了下阶段"六大惠湄举措"，将从农业、数字经济、人才培养等领域助力湄公河国家减贫。

2020 年以来，新冠肺炎疫情蔓延，全球贫困人口的处境引发更多的议论和思考。2022 年上半年，中国脱贫攻坚成果得到巩固拓展，消除了 65% 的监测对象在摆脱绝对贫困后重返贫困状态的风险，对其余的监测对象也落实了帮扶措施，经过一段时间努力也将消除其返贫风险。在应对新冠肺炎疫情的形势下，中国通过资金支持、产业帮扶和稳岗就业等措施减轻疫情的影响，牢牢守住不发生规模性返贫底线，没有发生规模性返贫现象。世界人民期盼各国合作抗击疫情，减轻贫困人口的负担。中国经验对全球新冠肺炎疫情蔓延下的世界脱贫事业深具启示意义。

当前，中国正在向第二个百年奋斗目标迈进。党的二十届三中全会审议通过的《中共中央关于进一步全面深化改革、推进中国式现代化的决定》明确指出"城乡融合发展是中国式现代化的必然要求",其中一个改革着力点就是要完善强农惠农富农支持制度,包括完善覆盖农村人口的常态化防止返贫致贫机制,建立农村低收入人口和欠发达地区分层分类帮扶制度等。全面建设社会主义现代化国家,最艰巨最繁重的任务在农村。持续巩固拓展脱贫攻坚成果,是推进乡村全面振兴、加快农业农村现代化的前提基础,是贯彻落实全会精神、加快推进城乡融合发展的底线任务,中国将以改革举措破解实践难题,以进一步深化改革持续巩固拓展脱贫攻坚成果,加快推进城乡融合发展。

站在新起点上回顾历史,中国共产党胸怀中华民族伟大复兴的战略全局和世界百年未有之大变局,并带领人民在这"两个大局"中走出中国式现代化道路。中国共产党坚持把马克思主义基本原理同中国具体实际相结合,团结带领人民用几十年时间走完了发达国家几百年走过的工业化历程,跃升为世界第二大经济体,并全面建成小康社会,开启了全面建设社会主义现代化国家新征程。中国脱贫事业的成功实施,参与创造了中国式现代化道路,是中国综合国力不断提升、国际影响力持续增强的显著标志。中国脱贫事业的卓越成就,令世人更加憧憬人类文明新形态的未来可能。

第二章

解决饥饿与粮食安全问题的中国经验及与南方国家路径分享

习近平主席提出全球发展倡议，把粮食安全列入八大重点合作领域之一，为国际发展合作注入新动力。当今世界面临着严重的食物危机。饥饿和粮食安全一直是一个亟须解决的全球性难题。一方面，饥饿和粮食安全问题大部分发生在发展中国家。饥饿导致社会问题的加剧，如增加犯罪率和社会不稳定风险等，是全球贫困与发展不平衡治理中的首要问题。另一方面，全球贫困人口主要集中在农村地区，农村人口和弱势群体面临着严重的粮食安全挑战。国际社会的共识是采取行动，寻求解决方案。据联合国粮农组织（FAO）、国际农发基金（IFAD）、联合国儿童基金会（UNICEF）、联合国世界粮食计划署（WFP）和世界卫生组织（WHO）联合发布的2023年度《世界粮食安全和营养状况》报告，受到日益频发的极端气候事件、新冠肺炎疫情大流行及其防控措施带来的经济影响导致食品价格上涨，仍在持续的乌克兰冲突涉及全球两大主粮、油籽和化肥生产国，扰乱国际供应链等原因，全球粮食多重危机交织，饥饿问题不断加剧。全球约有7.35亿饥饿人口，高于2019年新冠肺炎疫情暴发前的6.13亿，新增饥饿人口超过1.22亿。报告结果显示，即使考虑到全球经济复苏，2030年仍将有近6.7亿人（占世界人口的8%）面临饥饿问题。这一数据与2015年的数据近似，如果放任态势发展，世界各国将无法如期实现到

2030年消除一切形式的饥饿、粮食不安全和营养不良的可持续发展目标。[1]

一、中国解决饥饿和粮食安全问题的经验

（一）中国面临的饥饿和粮食安全问题

新中国成立前夕，美国国务卿艾奇逊曾表示：人民的吃饭问题是每个中国政府必然碰到的第一个问题。一直到现在没有一个政府使这个问题得到解决。[2]这说明了当时中国农业基础的薄弱和人民生活的极端贫困。吃饭问题的核心是粮食问题。据统计，1949年全国粮食总产量为2254.768亿斤，比旧中国历史上产量最高的1936—1937年的2844.6亿斤下降21%，平均每人每年仅475斤原粮。如果除去牲畜饲料、榨油、种子、酿酒及为换取经济建设必需的设备而出口的部分粗粮，平均每人仅425斤原粮。[3]

中国共产党的奋斗目标就是使中国人民过上美好生活。经过几十年的努力和发展，中国因地制宜、因人施策，同时有效配置资源，明确各级责任，出台了一系列重大举措，有效缓解了粮食紧张局势，中国人民依靠自己的力量成功实现了粮食基本自给与全面脱贫。作为世界人口最多的国家，中国用不足全球9%的耕地，总体上保证了人民的基本粮食需求，解决了约占全球1/5、14亿多人口的吃饭问题，这本身就是对世界粮食安全的重大贡献。近年来，中国奉行"谷物基本

---

[1] 联合国世界粮食计划署：《世界粮食安全和营养状况报告》，世界粮食计划署中文网，2023年7月12日。
[2]《毛泽东选集》第4卷，人民出版社1991年版，第1510页。
[3] 中国社会科学院、中央档案馆编：《中华人民共和国经济档案资料选编（1949—1952）》（农业卷），社会科学文献出版社1990年版，第7—8页。

自给、口粮绝对安全"的粮食安全观，实现由"吃不饱"向"吃得好"的历史性转变。稳定的粮食产量是中国参与世界粮食安全治理的底气，也是发展对外粮食经济产业链的基础。

中国是第一个实现联合国千年发展目标、使贫困人口比例减半的国家。中国从2006年开始就不再接受联合国的粮食援助，为全球脱贫减贫事业作出了重大贡献，在实现粮食自给自足方面为世界树立了一个非凡榜样。按照中国国务院新闻办公室2021年发布的《人类脱贫的中国实践》白皮书的数据：改革开放以来，按照现行贫困标准计算，中国7.7亿农村贫困人口摆脱贫困；贫困地区农村居民人均可支配收入，从2013年的6079元人民币增长到2020年的12588元人民币，年均增长11.6%；贫困人口生活水平显著提升，2020年贫困县九年义务教育巩固率达到94.8%，99.9%以上的贫困人口参加基本医疗保险，贫困地区自来水普及率提高到83%。居民生活质量和营养水平得到了显著提升，粮食安全获得了可靠保障。

2021年，中国人均粮食占有量超过474.4公斤，高于人均400公斤的国际粮食安全标准线；小麦、水稻自给率超过100%，玉米自给率达到95%以上，实现谷物基本自给、口粮绝对安全；果菜茶肉蛋鱼等产量居世界第一，较好满足人民群众日益升级的消费需求。[1]2023年，中国粮食产量再创历史新高，达到1.39万亿斤，比2022年高位增产177.6亿斤，实现了"二十连丰"，并且连续9年稳定在1.3万亿斤以上。其中，玉米产量5776.8亿斤，占粮食总产量的比重超四成，增产幅度达到4.2%。[2]

---

[1]《保障粮食安全，端牢中国饭碗》，《人民日报》2021年11月16日。
[2]《今年全国粮食总产量达13908.2亿斤》，《人民日报》2023年12月12日。

（二）中国解决饥饿与粮食安全问题的经验

中国端牢自己的饭碗，在减少饥饿和确保粮食安全方面始终贯彻以人民为中心的发展思想，实践成功，积累了足够丰富的经验。中国在脱贫努力中，将农村地区作为优先事项，农业在其中发挥着重要作用。中国共产党向世界表明：新中国是有能力解决人民的吃饭问题的。《中国农业展望报告（2022—2031）》显示，未来10年，中国谷物基本自给、口粮绝对安全能够完全确保，粮食自给率将提高到88%左右。

与此同时，中国坚持政府主导，推动机制体制创新，促进全社会广泛参与，农村整体发展，发生了历史性的、全方位的变化，贫困地区落后面貌深刻改变。脱贫攻坚更是补齐了全面建成小康社会最突出短板，为全面建设社会主义现代化国家、实现第二个百年奋斗目标奠定了坚实基础。中国解决饥饿与粮食安全问题之路为世界提供借鉴和启迪。具体来说，中国的经验有以下几条。

1. 把粮食安全作为"国之大者""头等大事"

"民以食为天"，作为全球最大发展中国家，中国将14亿多人口的粮食和重要农产品稳定供给始终视为头等大事，将稳产保供作为粮食生产的第一要义，把中国人的饭碗牢牢端在自己手上。《全国新增1000亿斤粮食生产能力规划（2009—2020年）》实施以来，中国粮食产量连续迈上1.1万亿斤、1.2万亿斤、1.3万亿斤的台阶。

这样的伟大发展成就本身就为世界粮食安全和南方国家的脱贫减贫作出重大贡献。美国《世界谷物》杂志发表题为《中国在全球粮食安全方面发挥关键作用》的文章说，所有国家都誓言要把确保国内粮食安全作为首要任务，但是近年来没有哪个国家比中国更加致力于实现这一目标。中国政府主张未雨绸缪、始终绷紧粮食安全这根弦，坚持"以我为主、立足国内、确保产能、适度进口、科技支撑"，牢牢把住粮食安全主动权，推行任何一项粮食产业政策都不动摇"稳"这一根本，千方百计保证粮食生产，让人民在吃饱饭的基础上逐步改善国家经济状况。中国坚持"藏粮于地、藏粮于技"战略，严守18亿亩耕地红线，累计建成9亿亩高标准农田。

中国在努力提高人民生活水平的同时，还大力弘扬浪费可耻、节约光荣之风，在减少食物损失和浪费方面的成效有目共睹。2013年，中国发起"光盘行动"，2021年颁布实施《中华人民共和国反食品浪费法》，呼吁世界各国加快行动、切实减少世界粮食损耗。2016年，《中国落实2030年可持续发展议程国别方案》发布，其中包括为落实"到2030年，将零售和消费环节的全球人均粮食浪费减半，减少生产和供应环节的粮食损失"而采取的相关行动。中国倡议和举措为鼓励节约食物和减少食物浪费，进一步保障世界粮食安全提供了理念和经验借鉴。

把思路打开，引导树立大食物观，中国向更加营养健康、绿色低碳、高质高效、有韧性和包容性的多维目标转型。中国在保障粮食安全的同时，保证其他重要农产品稳定安全供给，特别是抓好大豆和油料生产，抓好生猪和"菜篮子"工程。脱贫的目标之一是消除营养不良。面对收入上的限制，贫困家庭不得不在食物的摄入上作出妥协，包括食物的数量和质量。粮食问题的解决关系到的不仅是粮食的产量，还涉及人们能否获得粮油肉蛋奶果蔬菌等营养多样化的食物，涉及"菜篮子""米袋子""果盘子"。这就需要在耕地以外，将目光投向40多亿亩林地、近40亿亩草地和大量的江河湖海等资源。

20世纪80年代，福建食物总量匮乏、品种单一，肉类水产品、蔬果等农产品种类较少、产量低，丰富的山海资源未得到有效利用，每年需从外省大量调入粮食和蔬菜。早在福建工作时，面对"八山一水一分田",人均耕地仅为全国平均水平1/4的情况,习近平在《摆脱贫困》一书中提出:"现在讲的粮食即食物,大粮食观念替代了以粮为纲的旧观念。"[1]2015年,习近平在中央农村工作会议首次提出"树立大农业、大食物观念"。2022年的中央农村工作会议上,习近平又强调:"要树立大食物观,构建多元化食物供给体系,多途径开发食物来源。"[2]近年来,中国由"吃不饱"向"吃得饱"进而追求"吃得好"的历史性转变,中国的大食物观不断丰富和发展,向森林、向江河湖海更丰富多元的生物资源要食物,向植物动物微生物要热量、要蛋白。福建丰富大食物观的内涵和外延,构建独具山海特色的大食物。粮食单产提高的同时,福建畜禽肉类产量大幅增长,2023年肉类总产量达到311万吨,比20世纪90年代初期增长2.5倍,其中禽肉增长13倍。2023年福建水产品产量达800多万吨,大黄鱼、南美白对虾、牡蛎、鲍鱼、鳗鲡、紫菜等六大优势品种全产业链产值均超过100亿元。培优做强水产种业,水产品育苗由传统的"两藻四贝"发展到120多个品种。水产品人均占有量200余公斤,居全国第一。食用菌产业从无到有,福建省栽培食用菌50多种,栽培种类全国最多。福建是全国七大"南菜北运"和主要出口蔬菜省份,茶产量从20世纪80年代末的5万吨增长到当前的50万吨,产值、单产均居全国前列。福建不断构建多元化食物供给体系,形成"一年四季瓜果飘香,有山珍也有海味"的景象。

2. 补齐农村基础设施建设的短板,推进城乡基础设施互联互通

完善通达的基础设施,提高了农村综合承载能力和居民生活质量,

---

[1] 习近平:《摆脱贫困》,福建人民出版社1992年版,第132页。
[2]《习近平在中央农村工作会议上强调:锚定建设农业强国目标,切实抓好农业农村工作》,《人民日报》2022年12月25日。

缩小了城乡发展差距。中国大幅改善了农村交通、水利、电力和通信、仓储等公共服务基础设施。具体来说，减少了粮食生产、分配和消费环节中的浪费，提高了农产品的流通效率和整个农业粮食体系的效率。习近平总书记强调，要增加对农业农村基础设施建设投入，加快城乡基础设施互联互通。从2013年中央一号文件提出"努力建设美丽乡村"到2023年中央一号文件提出"建设宜居宜业和美乡村"，中国乡村基础建设持续推进。2018年，《乡村振兴战略规划（2018—2022年）》明确了新时代农村基础设施建设的主要任务和提档升级的着力方向。

农业生产领域，高标准农田、水利灌溉等公共基础设施建设持续推进。到2022年底，全国已累计建成10亿亩高标准农田，占耕地面积的52%，稳定保障1万亿斤以上粮食产能；农田有效灌溉面积10.37亿亩，占耕地面积的54%，现有大中型灌区7000多处，有效灌溉面积5.2亿亩，占耕地面积的27%，生产的粮食约占全国粮食总量的50%。农业生产力水平不断提高，为稳定粮食产量、保障粮食产能奠定了基础。

农民生活领域，公路、电力、通信、供水、互联网等公共基础设施逐步完善，为农民过上现代生活提供了便利条件。从交通与物流建设来看，到2020年6月底，全国具备条件的乡镇和建制村100%通硬化路。电力方面，农村电网基础设施持续改善，供电服务水平进一步提高，电网供电可靠率99.8%，农业农村电气化率35.2%，用电条件显著改善。网络基础设施方面，"网络是天路，交通是地路"，农业脱贫离不开互联网。到2020年6月底，贫困村通光纤比例从2017年的不足70%提升到98%，有96.6%的乡镇设立了快递服务网点，832个国家级贫困县全部建立了电子商务服务中心，实现贫困地区县、乡、村三级农村电商管理与物流配送网络全覆盖。农村宽带接入用户1.76亿户，农村地区互联网普及率为61.9%，5G网络实现了重点乡镇和部分重点行政村全覆盖。农村自来水普及率87%，供水保障水平显著提升。农村生态领域，垃圾处置、污水处理、卫生厕所建设等加快推进，覆盖率逐步提高，乡村人居环境明显改善。农村生活垃圾进行收运处理的自然村比例超90%，生活污水治理水平提升，95%以上的村庄开展了清洁行动，村容村貌明显改善，卫生厕所普及率超73%。

3. 以处理好农民和土地的关系为主线，不断深化农业组织形式改革

新中国成立后，作为执政党，中国共产党通过彻底的土地革命和建立公有制经济，避免贫富差距的出现和扩大。改革开放以后，中国共产党带领人民着力解放和发展生产力，着力保障和改善民生，采取了开发式扶贫和救济式扶贫相结合的办法，努力在发展中解决贫困问题。中国共产党率先对农村经济体制进行了一系列重大改革，包括建立家庭联产承包责任制，开展农业的多种经营，改革购销体制，发展乡镇企业等。

20世纪70年代末，中共中央把帮助贫困人口、贫困地区经济社会发展作为一项经济任务，更作为一项重要的政治责任提了出来。1978年12月，中共十一届三中全会通过《中共中央关于加快农业发展若干问题的决定（草案）》，提出了设立专门机构负责面向西北、西南一些地区以及其他一些革命老根据地、偏远山区、少数民族地区和边境地区开展扶贫开发工作的建议。1979年9月28日，中共十一届四中全会正式通过《中共中央关于加快农业发展若干问题的决定》，确定了发展农业生产力的25项政策措施，其中第23条指出："我国西北、西南一些地区以及其他一些革命老根据地、偏远山区、少数民族

地区和边境地区，长期低产缺粮，群众生活贫困。这些地方生产发展快慢，不但是个经济问题，而且是个政治问题。国务院要设立一个由有关部门负责同志参加的专门委员会，统筹规划和组织力量，从财政、物资和技术上给这些地区以重点扶持，帮助它们发展生产，摆脱贫困。对其它地区的穷社穷队，也要帮助他们尽快改变面貌。国家支援穷队的资金，要保证用于生产建设。"[1]中央明确了农村扶贫开发的战略意义，对扶贫开发的组织机构和财政资金的安排作了重点考虑。1982年9月，党的十二大把"小康"作为全党全国奋斗的主要目标以及国民经济和社会发展的阶段性标志。2006年，中国取消农业税，大幅度增加向农村的财政转移支付。

此后，充分发挥农民首创精神，鼓励各地积极探索，不断创新经营组织形式，实施标准化生产、品牌化营销、一二三产业融合，农业成为近两亿人就业的产业。习近平总书记提出的"精准扶贫"成为中国农村取得脱贫成功的关键。中国派出数百万干部到农村挨家挨户为每一个贫困家庭制订详细的一揽子扶贫计划，传授电商知识，帮助推销农产品，带领种植经济作物。

4. 支持农户参与和受益于农业科技创新，为农业发展提供强劲动能

"根本在耕地，命脉在水利，出路在科技，动力在政策"，中国不断提升农业科技对现代农业发展的支撑引领能力。从改革开放初期至2023年，中国农业科技进步贡献率从27%提高到63%。中国的农业科技创新整体水平迈入世界第一方阵，为农业发展提供强劲动能。

促进现代化农业生产技术的普及，改善耕地质量，提升自主育种

---

[1]《三中全会以来重要文献选编》（上），中央文献出版社2011年版，第167—168页。

能力，推动优质新品种走向市场。农业现代化水平明显提升。大型大马力农机、丘陵小型适用机具这"一大一小"和智能化农机研发应用取得阶段性突破。至2024年，植保无人机总量近20万架，年作业面积21亿亩次，一些领域实现了从"无机可用"到"有好机用"的跨越，加速了农业社会化服务发展，将广大农户更好更快引入现代农业发展的快车道。

保障基层农技推广，在田间地头提供科技服务，开展教育普及计划，提高农民对科学种植技术的认知，从而提高土地的产出能力。2023年，中国粮油等主要作物大面积单产提升行动启动，搭建全国技术集成创新平台体系，聚焦100个大豆和200个玉米重点县整建制推进，融合良田、良种、良法、良机、良制，形成"一县一策"综合技术方案，支撑全国粮食亩产提高2.9公斤，实现了"以丰补歉""以秋补夏"。加强灾害监测预警，为粮食丰收贡献科技力量。在自然灾害多发的形势下，农业机械成为农业防灾减灾的主力军。2023年中国农业农村重大新技术新产品新装备发布，以潍柴雷沃、湖南农机等为代表的农机企业，在灾害季节及时生产履带式收获机、移动式烘干机，及时开展抢烘作业，为夯实国家粮食安全基础贡献了机械化力量。例如，入选十大新技术的潍柴雷沃高性能复式条播机，据介绍，这款产品可一次性完成碎土整平等工序，为"抢时抢天气"的播种作业提供保障。

持续向有需要的国家和地区选育良种，进而提高粮食产量，提高农民自身的生产水平和收入，维护全球粮食安全。受人口增长、环境变化等多重因素影响，全球仍面临较为严重的稻米短缺问题。水稻是全球一半以上人口的主粮。中国是世界上第一个成功研发和推广杂交水稻的国家。中国杂交水稻被誉为"第二次绿色革命"，被联合国粮农组织列为解决发展中国家粮食短缺问题的首选技术。杂交水稻不仅为中国粮食问题找到出路，大量的农业技术合作项目也为世界饥饿问题找到出路，成为中国带给世界的礼物。统计数据显示，自1979年起，中国在约70个国家和地区研究和推广杂交水稻技术，种子出口50多个国家和地区。至2023年，全球杂交水稻年种植面积约800万公顷，年增产粮食约1600万吨，可以多养活4000万—5000万人口。

在亚洲、非洲、美洲和南太平洋地区，越来越多人感受到中国杂交水稻带来的丰收喜悦。20世纪90年代起，袁隆平就开始与非洲国家开展杂交水稻技术的合作与交流，为世界粮食安全和国际脱贫事业作出杰出贡献，在他逝世后，非洲多国农业专家和官员缅怀这位伟大的科学家。例如，在水稻种植同样历史悠久的马达加斯加，大片的耕地、辛劳的耕作，并没能帮助当地居民摆脱饥饿。过去几百年里，当地水稻亩产一直不到200公斤。种上了中国的杂交水稻后，亩产直接翻了一番多，达到500多公斤，被当地农民惊呼为奇迹。杂交水稻经过10多年的推广，累计种植面积达7.5万公顷，每公顷平均产量7.5吨左右，极大改善了当地民众的缺粮状况。杂交水稻的图案被印在当地最大面额的纸币上，以纪念为马达加斯加的发展作出的重要贡献。在布基纳法索，从中国引进杂交水稻后，人们才认识到，水稻产量可以由每公顷5吨提升到每公顷10吨以上，当地基本实现大米"零进口"。在菲律宾，杂交水稻种植面积超过100万公顷，每公顷最高产量达到15吨，是当地传统水稻品种的3倍。

5.建立多元化的资金投入机制，支持新型农业经营主体发展绿色农业、生态农业、循环农业

中国也曾走过竭泽而渔、焚薮而田、大水大肥、大拆大建的路。党的十八大以来，我们逐步认识和树立绿水青山就是金山银山的理念，积极推广绿色农业，实施可持续农业实践。坚持绿色是农业的底色，

强调在绿色发展和生态文明建设的整体格局中持续脱贫。中国把农村项目的实施同生态环境保护紧密结合起来，保护土壤和水资源，提高长期的生产能力，不以牺牲环境为代价脱贫，建立有效的绿色转化机制，因地制宜将绿水青山转化为金山银山，实现可持续脱贫和绿色发展的共赢。用好贫困地区"绿水青山"资源，根据当地特点发展绿色产业，打造贫困地区绿色品牌，为贫困地区稳定脱贫及后续可持续发展夯实内力。将资源变为资本，通过长期发展性投资，建立可持续农业食品体系，提高农产品质量和产量，为农村人口提供可持续的生计，为农村地区创造可持续的发展之路。创新绿色金融广辟资金渠道，将金融政策融入区域生态保护规划和经济社会发展规划，强化绿色金融与相关扶持政策对贫困地区农业的支持力度。拓宽社会资本来源渠道，缓解政府财政资金压力，有效分散风险，提高资源优化配置及项目运作效率，保障各方利益。提升贫困地区造血功能，为绿色农业提供资金保障。

6.推动数字技术合作和关键技术攻关，推动数字技术与农业农村发展融合

在"互联网+"深入发展的背景下，中国创造性地采取了一系列行之有效的帮扶措施，助力脱贫攻坚，衔接乡村振兴。完善贫困地区互联网基础设施和支持平台建设，整合各界资源，开发和推广先进的农业科技和数字化解决方案，以提高农业生产效率和改善农民生计，发挥贫困群众的主体作用，成为中国脱贫减贫的经验之一。扶贫与扶智、扶志相结合，通过教育培训和人才培养，使农民有利用手机应用程序、网站或短信服务访问农业信息、市场数据、气象信息等的途径，随时获取有关种植、灌溉、肥料使用、市场渠道等方面的建议。缩小数字鸿沟，农村互联网中心提供互联网接入和数字培训，帮助农民了解如

何使用智能手机、应用程序、传感器，以及如何解释和利用数字数据来改进农业实践。重视数字农业人才队伍培养力度，激发数字农业发展原动力。

电商企业参与扶贫有独特的优势。电商企业经过多年发展，已形成包括产品供应、销售推广、物流配送、售后服务等环节的完整产业链。与传统营销体系相比，电商企业对市场变化更敏感，供应链更有弹性。2014 年，中国政府把电商扶贫列为精准扶贫十项工程之一，将甘肃陇南市 9 个贫困县区列为国家电商扶贫试点，探索电商扶贫的新路子。2016 年 11 月，国务院扶贫办联合工业和信息化部、中国邮政等 16 个部门印发《关于促进电商精准扶贫的指导意见》，提出"到 2020 年在贫困村建设电商扶贫站点 6 万个以上，约占全国贫困村 50% 左右；扶持电商扶贫示范网店 4 万家以上；贫困县农村电商年销售额比 2016 年翻两番以上"的目标。2019 年全国贫困县网络零售额达 2392 亿元，同比增长 33%，带动贫困地区 500 万农民就业增收。电商扶贫成为中国脱贫的特色之一，助推了中国农村地区全面发展，为世界脱贫事业提供了中国智慧与中国方案。

中国解决饥饿与粮食安全问题取得了一定的经验，但是，当前及未来相当长一段时间，解决发展不平衡不充分问题、缩小城乡区域发展差距、实现人的全面发展和全体人民共同富裕，中国仍然任重而道远。

二、中国对南方国家饥饿和粮食问题解决的帮助和路径分享

饥饿和粮食问题本质上是全球范围内发展不充分不平衡的结果，对于全球南方国家而言，造成饥饿和粮食问题的原因众多，包括土地资源匮乏，人口增长以及资源分配不合理，经济发展水平不高导致农业产量低下，食品和能源价格不断上涨，地缘冲突与地区不稳定，环

境恶劣，气候变化与自然灾害加剧了农作物的减产，粮食供应不足，等等，而贫困和不平等是饥饿问题的深层根源。

中国多年来不断深化粮农国际合作。中国始终认为，粮食安全是世界和平与发展的重要保障，是构建人类命运共同体的重要基础，关系人类永续发展和前途命运。中国作为世界上最大的发展中国家和负责任大国，在维护国内粮食安全、推动农村转型和乡村振兴的过程中，积累了提升粮食生产能力、保护和调动粮农种植积极性、创新完善粮食市场体系、建立粮食科技创新体系、农业技术推广等的丰富经验、技术和人才优势，正在全球南方国家中介绍和推广。中国积极参与世界粮食安全治理，加强国际交流与合作，坚定维护多边贸易体系，落实联合国《2030年可持续发展议程》（SDGs），为维护世界粮食安全、促进共同发展作出了积极贡献。这些经验对于满足不断增长的全球粮食需求、减少粮食浪费、适应气候变化和提高粮食体系的公平性至关重要。中国对南方国家提供了多样的发展样本和有着借鉴价值的先例，对于全球实现消除贫困与饥饿的可持续发展目标大有助益。

（一）为推动世界实现零饥饿、零贫困目标贡献力量

农业是一国国家安全的基础。保证人民的生命安全、生存安全，是极端重要的国家安全。中国多次克服困难，一直以实际行动为维护世界粮食安全提供重要助力，积极参与各类粮食援助计划，在南方国家危难之际伸出援手，缓解有关国家人民的燃眉之急。患难见真情，中国雪中送炭，为最需要的国家提供紧急人道主义粮食援助。粮食危机主要影响农业行业、日薪工作者和以社会援助项目作为主要收入来源的家庭。

新冠肺炎疫情后，国际粮价高位运行，粮食危机同其他传统非传统安全问题相互交织。南方许多国家由于极端天气、主要发达经济体

宽松货币政策、自身经济结构单一、新冠肺炎疫情影响、能源依存度高、国际形势深刻演变等多种因素影响，产生粮食危机。就农肥和农药供应而言，需求旺盛、供应趋紧导致持续危机。国际石油、天然气价格在高位震荡或继续上涨，20多个国家颁布粮食出口禁令，作为生产粮食必需品的化肥，受各种因素影响，价格持续上涨。俄乌冲突及美西方对俄施加的极限制裁让国际化肥供不应求，冲击全球粮食产业链、供应链，化肥价格飙升。美联储加息预期及市场恐慌等因素作用，市场波动剧烈，不稳定因素明显增加。全球化肥市场的动荡态势也随之延续，化肥价格维持高位。中国坚决反对单边制裁、"脱钩断链"、破坏市场秩序、打压别国企业等影响国际粮食安全和全球合作的行为，一直敦促有关国家立即停止此类既缺乏法律事实依据，也有违公平正义的做法。

斯里兰卡以热带季风性气候为主，是一个以种植园经济为主的国家。国民经济高度依赖农业，2200万总人口中，超过70%直接或间接依赖农业维持生计。2022年，斯里兰卡的经济危机和激进的农业措施波及居民日常粮食安全，食品价格暴涨，居民粮食安全遭到破坏。斯里兰卡陷入自75年前获得独立以来最严重的粮食危机，贫困在各行业都普遍增加，迫切期望国际社会更大力度地施以援手。2022年4月，中国政府宣布向斯里兰卡提供共计5亿元人民币紧急人道主义援助，这是斯里兰卡经济危机爆发以来接受的最大一笔无偿援助。中国地方政府、企业、红十字会等纷纷施以援手，向斯里兰卡人民提供多批次、多元化、惠民生的救助。中方承诺将向斯里兰卡提供粮食援助共1万吨大米，这能为斯全国9个省份、7900所学校、110万名学生提供长达半年的学生餐支持。6月，中国紧急人道主义援助斯里兰卡的首批粮食1000吨大米运抵科伦坡国际集装箱码头。

中国总结自身推动可持续健康膳食的经验，帮助南方国家把握食品发展的趋势，深刻掌握食物结构变化趋势，满足人民需求，从食物消费端的角度促进食物系统的转型。我们不仅关注食品数量，也关注其营养价值。膳食结构与营养健康息息相关，在数量上保障食物供给的基础上，也在质量上提升食品的功能与营养，改变完全依赖种植养殖的传统食物供给模式，全方位、多途径开发食物资源，实现食物来源多元化。中国坚持"授人以渔"的援助理念，通过培养当地技术人才，不仅为中国农业技术全球推广播下了希望的种子、打下了良好基础，同时也架起了一座座中外友谊之桥。中国传授的菌草技术帮助农民脱贫致富，让很多人的餐桌上有了蘑菇，还在多个发展中国家落地生根。在古巴，中国带去的辣木丰富了古巴人的"菜篮子"。

（二）力所能及的帮助建立社会保障网络

在粮食安全问题上行动胜于一切，中国积极参与多项粮食援助计划，通过粮食捐赠等人道主义救助，推动南方国家人民免受饥饿，建立粮食安全。传统的扶贫项目以增加收入和促进就业为目标，容易忽视妇女儿童等最弱势群体。当前全球食物和营养安全情况严峻，在消除饥饿、食物不安全、多种形式营养不良等方面进程受阻甚至倒退。生活在温饱线下的妇女儿童，深受饥饿的影响。妇女儿童等弱势群体营养不良、缺乏卫生设施以及更容易遭受虐待和忽视，对身心发展带来不可逆转的伤害。人们逐渐认识到，解决饥饿问题必须突破主流的饥饿和粮食问题解决策略。中国更加全面地关注妇女儿童饥饿问题，通过各类具体援助和项目帮扶那些缺乏基本温饱的妇女儿童，传递中国人民的爱心和友谊，实现民心相通。

中国扶贫基金会（2022年改名为中国乡村发展基金会）在南方国家实行的公益项目"微笑儿童"2015年在埃塞俄比亚和苏丹正式启动，

项目针对全球贫困地区儿童面临的饥饿问题，通过学校供餐的方式吸引饥饿儿童回到学校，帮助他们健康成长。项目以学校为单位，通过为南方国家受到饥饿威胁的儿童在上学期间免费供餐或发放粮食，帮助贫困受饥儿童渡过难关健康成长，帮助南方国家早日实现联合国可持续发展目标中的"零饥饿"。项目受益学生均来自底层贫困弱势家庭，家长绝大多数靠日薪获得报酬。2020年初暴发的蝗灾和新冠肺炎疫情，使中小学生均暂停上学，对埃塞俄比亚、尼泊尔、缅甸等国贫困弱势儿童供餐活动被迫暂停。为避免这些儿童的处境更加艰难，项目将学校供餐模式改为粮食包发放方式帮助学生家庭。"微笑儿童"国际项目在埃塞俄比亚、苏丹、尼泊尔、缅甸、老挝、柬埔寨、巴基斯坦、阿富汗等多个国家开展。2019年，项目入选世界银行、联合国系统、亚洲开发银行等7家组织评选的"全球脱贫最佳案例"。2020年，项目作为促进零饥饿目标的优秀案例之一入选联合国南南合作办公室评选的《基于南南合作与三方合作促进可持续发展的良好实践（第三卷）》。2022年，埃塞俄比亚"微笑儿童"供餐项目被收入《中非脱贫与发展合作案例集2022》。2022年11月，因本项目为埃塞俄比亚实现SDGs零饥饿目标作出的贡献，埃塞俄比亚总统萨赫勒-沃克·祖德女士为中国乡村发展基金会颁发奖杯。到2022年底，"微笑儿童"国际项目共惠及120127人。

（三）帮助提升南方国家农业内生发展动力

中国脱贫取得胜利的关键在于生产力提高和经济增长，产生脱贫的链式反应。中国大力发展生产力，经济取得长足进步，创造出大量工作岗位，不断推动科技创新。中国的农业生产效率是对全球脱贫事业的巨大贡献，也为全球南方国家树立了典范。中国主动分享粮食安全经验。中国围绕农业价值链，构建更加公平和可持续的农业粮食体系，以确保能够维持和提高农业生产，力图形成可复制的经验，从根源上解决饥饿问题，丰富在粮食问题上与南方国家脱贫合作的方式和路径。在粮食问题上，美国等早期推动的国家，更多是为了解决本国农业机械化运动带来的剩余价值流动。中国与南方国家分享自己的发展经验和适用技术，是为了通过一系列务实举措大力扶持农民和小农户，助力更多国家实现脱贫惠农，为南方国家粮食问题的解决注入有效资源和强劲动力。这与传统的西方援助截然不同，是真心实意地帮助当地提升农业生产能力和粮食安全水平。中国的做法得到受援国高度评价，许多项目结束多年后，仍被当地民众感念。从实施效果来看，中国的做法得到广大南方国家的赞赏和认可。

在许多南方国家，农业生产和经营在很大程度上依赖小农户的参与。如非洲农业普遍为劳动密集型的小农发展模式，需要据此制定适宜的技术援助方案。相较现代农业生产者，南方国家的小农户拥有土地和资金有限，缺乏先进适用的农业知识和技能，也难以进入有利可图的市场，因此抵御风险的能力较弱，易受各类风险的冲击而陷入贫困。因此，在资金、技术和市场准入上帮助小农户改进生产、改善生计，对于南方国家实现脱贫和可持续发展尤为重要。

中国在粮食技术援助、粮食企业投资等方面拿出国内扶贫工作的看家本领，向亚洲、非洲、南太平洋、拉美和加勒比等地区派遣专家，吸引中国企业和科研机构的参与，促进现代农业发展和农业粮食体系转型，为当地农民增收带去希望，造福最贫困人口。到2021年12月，中国已向70多个国家和地区派出2000多名农业专家和技术人员推广示范菌草、杂交水稻等1500多项农业技术，在当地培训了近10万名农户。在作物生产、畜牧业水产养殖、农田水利、农产品加工等领域，中国向多个南方国家进行1500多项技术推广和示范，带动项目区农作物平均增产40%—70%，超过150万户农村家庭从中受益。农业技术援助项目在实施之初普遍存在着"水土不服"的状况，为了解决进村入户难、可持续发展难的世界性难题，中国援助团队在生产技术改良、气候智慧型农业、节水灌溉、农村金融、粮食产后减损、农产品电商等方面为南方国家开展知识培训与技术服务。中国派遣的技术专家组不畏艰难，深入田间地头，直接服务于南方国家的农村和广大农民，手把手教当地农民农作物种植技术。

实践证明，中国对小农户在农耕创新、扶贫和粮食安全等方面的帮助，为他们带来了实实在在的好处。中国与葡萄牙、东帝汶联合举办三方合作海产养殖技术培训，拓展当地民众收入来源；与联合国开发计划署在柬埔寨、加纳分别开展农业和可再生能源项目，增强农村可持续发展能力；与盖茨基金会合作，在莫桑比克、赞比亚开展农畜牧业技术能力建设等项目，促进农户增收；等等。至2019年3月，中国建立了20多个农业技术示范中心，派出了3万多名中国专家和技术人员，在农业生产方面培训了5万多名发展中国家的学员。中国的杂交水稻研究处于国际领先地位，已被联合国粮农组织列为解决发展中国家粮食短缺问题的首选技术，在数十个国家和地区推广种植，年种植面积达800万公顷，年增产稻谷可多养活数千万人，对世界粮食安全和良种技术传播作出了重大贡献。在马达加斯加，中国提供的杂交水稻技术让很多当地人再也没有饿过肚子。

（四）开展粮食问题国际合作

中国一贯认为，发达国家应取消不合理的农业补贴，采取负责任的货币政策，减少输入性通胀、汇率波动等因素对发展中国家粮食安全的冲击；同时要切实兑现官方发展援助承诺，不能搞技术封锁，应加快生物、数字、空间等技术转移应用和知识分享，为南方国家加强能力建设和持久发展创造更好条件。多年来，中国推动增强发展中国家在涉粮国际组织中的代表性和发言权，支持南方国家的合理诉求。中国推动履行世贸组织《贸易便利化协定》，呼吁各国保持粮食贸易开放，敦促取消单边制裁、维护全球产业链供应链安全稳定，呼吁给予发展中国家更多政策空间，要求发达国家削减扭曲农业贸易的超额补贴，为发展中国家农业发展提供公平、合理的国际贸易环境。

中国与联合国系统中致力于实现消除饥饿和一切形式营养不良目标的一线机构合作，在联合国框架下强化反饥饿和解决粮食问题南南合作。中国持续向其他发展中国家分享脱贫方面的知识和经验，提供资金和技术援助。中国是第一个与联合国粮农组织建立南南合作战略联盟的国家，也是南南合作框架下资金援助最多、派出专家最多、开展项目最多的发展中国家。中国与粮农组织合作领域不断扩大，合作基础不断深化，主要体现在搭建合作平台、募集援助资源和应对全球灾害。中国在联合国粮农组织设立南南合作信托基金，帮助发展中国家提升脱贫、农业生产和粮食安全保障能力。2020年9月，中国宣布将再次捐资5000万美元用于支持粮农组织开展南南合作。这项已经开展10年的合作总体目标是帮助南方国家开展脱贫、应急、抵御力建设以及构建可持续粮食体系等工作，力争到2030年实现人人享有粮食安全和营养的目标。中国与农发基金[1]合作良好，围绕南南与三方合

---

[1] 20世纪70年代，全球爆发粮食和能源危机后，农发基金应需而生，现已成为全球唯一一个专门投资农业发展、农村脱贫和粮食体系的国际金融组织和联合国专门机构。农发基金以农村小型生产者、妇女、青年、土著人群等弱势群体为合作伙伴和支持对象，结合农业、社会和环境层面的干预，综合治理农村问题和粮食问题。农发基金向中低收入国家提供优惠贷款和赠款，支持有助于农业包容性发展的国别和区域性项目，以帮助发展中国家实现可持续发展和粮食体系转型。中国不仅是农发基金的主要受援国，更是其重要的股东国、捐资国和发展经验提供国。

作协同增效。一方面,推动南南与三方合作融入农发基金的战略框架、业务模式和国别规划之中,充分发掘和利用发展中国家的知识技术,通过建立新型的伙伴关系,帮助南方国家更多、更经济地获取它们为实现可持续发展目标所需的资源、专业知识和能力。

另一方面,通过南南及三方合作专项基金,将中国在农村脱贫和可持续发展方面积累的丰富经验、技术和有效实践更加系统、富有沟通性地向发展中国家推广,在全球公共产品领域创造更多正面溢出效益。近年来,在充分考虑受援国国情和其自主选择的发展路径下,中国政府不断补充传统发展合作模式,促进可持续发展目标实现,为当地发展种植业、养殖业,开展技能培训等提供更有针对性、更有发展成效和可持续性的解决方案。中国发挥种子基金的作用,在农发基金、发展中国家及发展伙伴中推广南南合作的理念与实践。专项基金在项目、政策、区域、全球等不同层面,在融资、机制、模式、能力建设等各方面作出新的尝试,向国际社会各界展示南南合作的潜力和前景。中国与世界粮食计划署的合作也较为密切。2016年,世界粮食计划署在中国成立农村发展卓越中心,在扶贫创新、农业价值链发展、产后减损、防灾减灾和应对气候变化等重点领域,促进中国与其他发展中国家之间的经验交流、技术合作与知识分享。中国支持世界粮食计划署在华设立全球人道主义应急仓库和枢纽,还通过在受援国设立跨国粮农企业,带动当地粮食经济发展。

(五)推动共享农业科技红利

至2021年9月,在作物生产、畜牧业水产养殖、农田水利、农产品加工等领域,中国向多个国家进行1500多项技术推广和示范,带动项目区平均增产40%—70%,超过150万户小农从中受益。近年来,中国与南方国家农业科研机构共同整合科技资源,打造了一批面向不同区域、不同类型、不同需求的国际联合实验室和研发中心等合作平台。通过专家互访、学术交流、联合研究等方式，共同开展重大科学问题的联合攻关和新技术、新产品研发，对进一步深化农业科技对外交流合作发挥了重要作用。中国积极与南方国家开展农业领域合作，通过援助和转让农业实用技术、培训农业技术人员、开展农业合作项目等方式开展农业科技合作，盘活海外农业要素，促进当地农业发展和农民增收。与沿线国家围绕种子、农药和农机等开展标准协商谈判，推动制定重点农产品标准协同方案，将中国优良农产品品种、生产加工设备以及成熟先进的生产技术和标准推广至相关国家，促进当地农业生产能力的提升。例如，中国农业科学院协同新疆农业大学等中方机构与哈萨克斯坦赛弗林农业技术大学共同建立了"中国—哈萨克斯坦农业科学联合实验室"。两国农业科研机构依托该实验室进行动物疫病联合研究，共同推动建立动物疫病联合防控体系。在乌兹别克斯坦，科研机构利用光照充足的特点，研发推广了太阳能喷灌机、智能水肥一体化灌溉设备等，一改过去大水漫灌的耕作方式，推动当地棉花产量提高50%、节水50%、投资减少40%。在中国的帮助下，南方国家的生产能力提高了很大一步，为消除饥饿与贫困贡献重要力量，彰显负责任大国担当。中国的做法积极帮助广大发展中国家增强粮食安全保障能力，受到了国际社会的高度赞扬。

非洲是实现全球消除饥饿目标的重要一环。这同长期以来不公正、不合理的粮食生产贸易体系和国际治理体系密切相关。这里基础设施不足、种植技术落后，粮食供给受到气候变化和土地荒漠化严重威胁，加上殖民遗留影响、经济模式问题等因素共同作用，非洲面临较为严重的粮食安全问题，洪灾和蝗灾更加剧了这一问题。2023年度《世界粮食安全和营养状况》报告显示，近年来，亚洲和拉丁美洲在减少饥饿方面取得了进展,但西亚、加勒比和非洲部分地区的饥饿水平仍在攀升。非洲大陆依旧首当其冲,每五人中就有一人面临饥饿,饥饿人口比例是全球平均水平的两倍多。[1]埃塞俄比亚、尼日利亚、南苏丹和也门正在经历或预计将经历饥饿和死亡,仍然是最受关注的国家。

中国对非农业合作经历了从20世纪50年代末完全不求经济回报的单纯援助,援建大型农场,到援助、贸易和对外投资并举的阶段。中国帮助非洲建立可持续和包容的粮食体系,对于满足不断增长的粮食需求、减少粮食浪费、适应气候变化至关重要。中国分享农业发展经验,共享农业实用技术为当地提升粮食产量、改善粮食安全提供了重要帮助。中国在非洲援建了一批农业技术示范中心,"千户万亩玉米增产示范工程"等项目在当地应用。在莫桑比克,中非发展基金参与的万宝莫桑农业园是一个大型水稻种植项目,该项目显著提升了当地水稻种植和大米加工技术。肯尼亚当地示范区应用来自中国的田间微集雨技术种植玉米,产量提高了99%—240%;布隆迪的中国专家组挑选引进8种适合当地的稻种,解决了当地山区常因稻瘟病减产甚至绝收的历史性难题。

(六)稳步扩大农产品贸易和农业投资规模

近年特别是新冠肺炎疫情以来,受多种因素交织影响,全球多地粮食供应短缺、粮价上涨,世界粮食安全面临挑战增多。在此背景下,南方国家面临的粮食安全问题、贫困和饥饿问题远未解决,开展双多边农产品贸易与投资,对保障粮食安全、生计安全都有重要意义。中国一如既往地积极发展国际贸易与农业对外投资,推动国际社会加强政策协调投资合作,提升粮农治理能力,推动农业领域的公平贸易,

---

[1]《〈2023年世界粮食安全和营养状况〉报告:全球约有7.35亿饥饿人口》,中国网,2023年7月13日。

| 第二章　解决饥饿与粮食安全问题的中国经验及与南方国家路径分享 | 057

提升农产品价值链的公平性，推动各国在粮食减损、运输、检疫、进出口贸易等方面形成合理的国际规则，确保农民在粮食买卖中获得公正的价格，形成公平公正的国际粮食市场秩序。为此，中国主要做两方面的努力。一是立足不同的资源禀赋，通过更新技术、精耕细作、农商互联联合种地，持续提高粮食产量。中国与哈萨克斯坦当地农场主一起合作种植小麦，将国内成熟的"订单农业"模式复制到哈萨克斯坦，实现了合作共赢。哈萨克斯坦当地土壤肥沃，但是小麦的抗病性和抗倒伏性不足，导致单位产量一直上不去，2015年，哈萨克斯坦当地小麦亩产只有70—100公斤。而中国的小麦农艺性状优良，恰好可以弥补这一劣势。合作区域内的小麦平均亩产已提高20%。在哈萨克斯坦建设中哈农业科技示范园后，中哈农商互联的粮食跨国供应链日趋完善。二是因地制宜，推动粮食全产业链能力建设。双方在农业产业链、供应链、价值链上开展农产品贸易和投资合作，在农户和市场之间建立更多联系，在农业价值链上开发具有高市场价值的利基产品，创造更多商业机会和市场份额。中国投建中亚粮食仓储与物流设施，延伸东南亚稻米、橡胶和水果产业链条；扩大非洲菠萝、花生、棉花进口准入，促进拉美国家咖啡、糖业走向全球市场，不断带动更多南方国家融入世界市场体系。中国与近90个"一带一路"共建国家和国际组织签署了100余份农渔业合作文件，与共建国家农产品贸易额达1394亿美元。[1]

中国的脱贫深刻改变了贫困地区落后面貌，有力推动了中国农村整体发展，补齐了全面建成小康社会的最突出短板。在完成全面脱贫后，中国共产党下一步的奋斗目标是通过乡村振兴，到21世纪中叶实

---

[1]《共建"一带一路"：构建人类命运共同体的重大实践》，《人民日报》2023年10月11日。

现第二个百年奋斗目标,即全面建成社会主义现代化强国。中国实现全面现代化的瓶颈仍然在农村。消除城乡差距就必须全面提高农村人口的生活质量。目前,在 5 年过渡期内,中国正在巩固脱贫攻坚成果,防止规模性返贫:通过产业转型升级,做好就业扶贫,为脱贫民众创造更多可持续的增收途径;对零散发生的贫困人口,要进行及时救助帮扶;在欠发达地区,持续改善基础设施条件,强化公共服务,切实提高当地民众的生活质量;将脱贫攻坚的政策措施、工作方法、资源整合能力都以机制的形式确定并保留下来,继续强化责任意识。乡村振兴和新型城镇化同步,也将为南方国家农业农村发展积累新的经验。

案例:"国礼"辣木走向古巴

中国饥饿和粮食问题解决的经验之一,是"吃饭"不仅仅是消费粮食,肉蛋奶、果菜鱼、菌菇笋等样样都是美食。不能光盯着有限的耕地,逐步树立大食物观,构建多元化食物供给体系。在保护好生态环境前提下,从耕地资源向整个国土资源拓展,从传统农作物和畜禽资源向更丰富的生物资源拓展,向森林、草原、江河湖海要食物,向植物动物微生物要热量、要蛋白,多途径开发食物来源。发展日光温室、植物工厂和集约化畜禽养殖等设施农业,推进陆基和深远海养殖渔场建设,拓宽农业生产空间领域。建立和实践大食物这一经验在南方国家受到欢迎。

2011 年,时任国家副主席的习近平访问古巴,古巴革命领袖菲德尔·卡斯特罗拿出用辣木叶沙拉款待习近平,介绍说辣木的营养成分很高,可以食用,而古巴每年要进口很多粮食,期待辣木能够帮助古巴解决粮食问题,并提出与中国合作研发的意愿。习近平将辣木种子和桑树种子作为国礼送给古巴。2014 年 7 月,中国国家主席习近平再次访问古巴时，菲德尔·卡斯特罗邀请习近平参观哈瓦那的庭院和农庄，两人看到中方赠送的辣木、桑树种子生根发芽、枝繁叶茂。菲德尔·卡斯特罗表示辣木和桑树目前正在古巴推广种植，这有助于解决粮食和牲畜饲料问题。习近平说，我这次特意又带来些辣木和桑树种子，希望它们茁壮成长，成为中古友谊新的见证。中古农业合作，特别是辣木领域的合作逐步深入发展。

辣木是具有独特经济价值的热带多功能植物，适应力强、生长快，定植成活 4 个月即可采收叶片和梢，6 个月后即可开花结果。在云南西双版纳、德宏、红河、普洱等地都有辣木种植的推广规划，推广前景广阔。中国很早就开始引进研究这种营养丰富、食用安全的木本蔬菜，其全面的营养价值和保健功效丰富了城乡居民的"菜篮子"，有利于改善饮食和营养结构，这不但对保障城乡居民基本消费需求和提高生活质量具有重要作用，而且能在短时间内给农民带来收入。辣木的叶子和籽并不辣，只有幼苗的根茎有辣味。叶子、嫩枝、根茎都可以食用或者提取药物。在亚洲和非洲，辣木豆荚食用最为普遍，还被做成罐头出口。未成熟的豆荚具有鲜、甜、嫩、脆的特点，味道像秋葵或芦笋，可直接煮熟加佐料食用，成熟的豆子炒熟后像烤坚果，含有大量的维生素 C、B 族维生素和矿物质。辣木花白色，香淡，可作凉拌菜或干燥后泡茶，味道类似蘑菇。辣木鲜叶含 30% 左右的粗蛋白，17 种氨基酸，氨基酸总含量达到 20%，各种矿物质、维生素和人体必需氨基酸含量均比世界卫生组织（WHO）推荐标准高。鲜叶口感嫩滑，煮熟后像绿色蔬菜食用。嫩叶可清炒、氽烫、做汤，味道像菠菜。随着辣木在中国的种植，云南西双版纳等地开发出辣木沙拉、辣木清汤鸡、辣木炒牛肉、辣木嫩茎炒腊肉、辣木煎蛋、辣木蛋花羹等菜品，成为当地有名的食物。辣木叶还被加工成"辣木面条""辣木馒头""辣木茶"。近年来，辣木鲜花饼、辣木养颜面包、辣木酸奶深受欢迎。

辣木生长迅速，是一个多用途树种，在工农业方面也具有利用价值。辣木常作绿篱种植，家畜喜食，被作为产奶牲畜、罗非鱼的饲料，或作为饲养山羊、羊羔的辅料。辣木主根较为发达，耐干旱、耐贫瘠，树冠稀疏，透光性好，可与其他作物套种，提高土地利用率，增加植被群落生物多样性、稳定性，也可作为石漠化地区等一些不利生境的地区生态保护的优良树种，还可在退耕地、弃荒地等种植，有助于防风固土、保护和改善土壤肥力，并起到净化空气、调节气候的作用，有效促进区域生态经济协调发展。辣木树干是造纸工业的最佳原料；根部含有 0.2% 的生物碱，其中的辣木素和凤尾辣木素有明显的杀菌作用，可开发成天然清洁剂和生物农药；从辣木种子中提取的种子油可用作食用油、优质沙拉油、高级润滑剂、生物燃料和化妆品原料；提炼过的种子饼粕可作为肥料；辣木种子中含有的絮凝蛋白具有杀菌的功效，可用来净水。

古巴是典型的高温高湿气候，能为辣木的生长提供充分的热量和水分。而且古巴有大量未开垦耕地，适宜培育辣木。在国家的大力推动下，目前古巴的辣木种植已经有五六千公顷的规模，主要是作为饲料种植。中古两国农业脱贫合作广泛、务实开展。2014 年 4 月，中国和古巴在云南省热带作物科学研究所挂牌成立了"中国—古巴辣木科技合作中心"，两国进行辣木培育技术研发、种质资源交换、病虫害防控技术、太空育种等方面合作，标志着中古两国辣木科技合作进入一个新阶段。同年 7 月，中古签订《中国—古巴辣木科技合作行动计划》，双方围绕该"行动计划"共建辣木科技合作中心 2 个，共建辣木科技试验示范园 2 个，建设试验示范基地 10 个，多次开展辣木种质资源互赠。

辣木是植物蛋白来源，同时还有多种维生素和微量元素。非洲有些地区因为粮食缺乏，儿童营养不良的问题严重，当地将辣木枝叶磨成粉掺在食物中，用来为孩子增加营养。因其营养丰富、食用安全，辣木也被菲律宾、泰国、马来西亚等国家种植，其价值受到越来越多南方国家的关注。辣木等新型食品的技术合作与共享，有利于南方国家间建立互信，是促进知识分享、资源互助、共同发展的重要工具，有利于消除南方国家贫困、提高粮食安全和营养水平、促进农业和农村转型发展，进而促进全球可持续发展目标的实现。

第三章

绿色脱贫的中国经验及与南方国家的合作分享路径

一、中国绿色脱贫的自身经验

贫困是国际公认的危机，消除贫困并努力消除产生贫困的根源，是人类发展的共同目标与心愿，这是毋庸置疑的。然而，贫困问题也是复杂和多元的。对世界贫困问题的最新探讨表明，消除贫困，其目标是最终消除贫困人口面对的各类匮乏，其中包括环境资源的匮乏。贫困的消除不仅仅是消费支出项下的数据结果，同样是就业机会、福利保障、身心健康和安全屏障的持续性提供，是改造人类社会的治理工程。贫困的消除具有明显的阶段性，有着从绝对贫困治理向相对贫困治理的必然阶段，因此，对贫困及其消除程度的判定应该逐步变为从健康、教育和生活水平（住房、饮用水、环境卫生、电力）这些与日常生活密切相关的角度来衡量。习近平总书记提出的全球发展倡议体现了这一思想，它着眼全球发展面临的挑战和机遇，将脱贫、粮食安全、抗疫和疫苗、发展筹资、气候变化和绿色发展、工业化、数字经济、互联互通等作为重点合作领域，为合理脱贫减贫，推动和促进全球发展指明了方向。在中国共产党的坚强领导下，中国人民的义务教育、基本医疗、住房安全和饮水安全都得到了保障，人民的基本需求问题得到了有效满足。

第三章　绿色脱贫的中国经验及与南方国家的合作分享路径

保护生态与消除贫困是 21 世纪人类可持续发展的主要目标，环境与发展的关系是全球治理的核心议题，也是广大南方国家治理的热点和痛点之一。与大多数南方国家一样，中国生态系统复杂多样，空间差异大，受气候、地理条件制约，是生态环境较为脆弱、对人类活动的干扰十分敏感的国家。全国陆地总面积以草地、森林、农田和荒漠为主，占到 82.8%。同时，庞大人口总数和高速发展的经济导致的高强度资源开发，对自然生态系统也造成了巨大影响，生态系统退化成为中国经济社会可持续发展的主要问题。中国的贫困问题与生态问题密切相关，交叉重叠。在地域上，贫困地区与生态脆弱地区高度耦合，最贫困的人口往往生活在生态环境脆弱区域。20 世纪 90 年代，中国的生态脆弱区中有 76% 的县域是贫困县，占全国贫困县总数的 73%。到 2020 年，在国家级贫困县分布中，位于西北和西南地区的占 84%，位于重点生态功能区的占 64%。如何处理脱贫与生态的关系，是一个长久而艰难的议题。[1]

早在 2010 年编制的《中国农村扶贫开发纲要（2011—2020 年）》中就提出，要"坚持扶贫开发与生态建设、环境保护相结合，充分发挥贫困地区资源优势，发展环境友好型产业"；在生态产业方面要"充分发挥贫困地区生态环境和自然资源优势，推广先进实用技术，培植壮大特色支柱产业，大力推进旅游扶贫"；在生态移民方面要"坚持自愿原则，对生存条件恶劣地区扶贫对象实行易地扶贫搬迁"；在生态建

---

[1] 20 世纪 80 年代以来，脱贫与生态保护的关系问题日益受到重视。李周等提出，中国生态脆弱区 76% 的县域是贫困县，占全国贫困县总数的 73%。厉以宁认为，生态与贫困是一种耦合的关系，贫困既是生态环境脆弱的产物，又会进一步加剧生态环境的脆弱性。贫困和生态环境退化容易形成恶性循环，使处于贫困中的家庭难以跳出贫困陷阱。参见胡振通、王亚华：《中国生态扶贫的理论创新和实现机制》，《清华大学学报（哲学社会科学版）》2021 年第 1 期。

设方面要"在贫困地区继续实施一系列重点生态修复工程";在生态补偿方面要"建立生态补偿机制,并重点向贫困地区倾斜,加大重点生态功能区生态补偿力度"。〔1〕党的十八大以后,践行"两山"理念,走绿色脱贫之路成为中国脱贫的重要经验之一。〔2〕中国蹚出了一条助力脱贫、推进乡村振兴的生态绿色发展之路,这条道路得以成功并将继续发挥作用,在于中国对绿色扶贫脱贫的思考与实践。

（一）生态扶贫的经验

生态扶贫是中国特色社会主义扶贫道路的重要内容,指在绿色发展理念指导下,将生态保护与扶贫开发相结合,统筹经济效益、社会效益、生态效益,以实现贫困地区可持续发展为导向的一种绿色扶贫理念和模式。党的十八大以来,生态扶贫明确了主要路径,将精准扶贫与生态保护有机结合起来,实施重大生态工程建设,实施生态补偿政策,设置生态公益性岗位,大力发展生态特色产业,开展易地生态

---

〔1〕《中国农村扶贫开发纲要（2011—2020年）》,《人民日报》2011年12月2日。
〔2〕2005年,时任中共浙江省委书记的习近平同志在安吉县考察工作时首次提出"两山"理念:"我们过去讲,既要绿水青山,又要金山银山,其实,绿水青山就是金山银山。"（郭占恒:《"绿水青山就是金山银山"的重大理论和实践意义》,《杭州日报》2015年5月19日。）2013年,习近平在哈萨克斯坦纳扎尔巴耶夫大学发表演讲时指出:"我们既要绿水青山,也要金山银山。宁要绿水青山,不要金山银山,而且绿水青山就是金山银山。"（《习近平在哈萨克斯坦纳扎尔巴耶夫大学发表重要演讲》,《人民日报》2013年9月8日。）这一论述是"两山"理念最为全面的一次论述。2015年11月29日,《中共中央 国务院关于打赢脱贫攻坚战的决定》明确提出,要"坚持保护生态,实现绿色发展。牢固树立绿水青山就是金山银山的理念,把生态保护放在优先位置,扶贫开发不能以牺牲生态为代价,探索生态脱贫新路子,让贫困人口从生态建设与修复中得到更多实惠"。"两山"理念,深刻阐述了经济发展和生态环境保护的关系,揭示了保护生态环境就是保护生产力、改善生态环境就是发展生产力的道理,指明了实现发展和保护协同共生的新路径。"两山"理念是对习近平生态文明思想的浓缩概括,丰富了马克思主义人与自然关系论述的思想内涵,为中国生态扶贫实践提供了理论指引。

搬迁,创新生态扶贫方式等。中国的区域生态环境得到了极大改善,不仅缓解了贫困群体对于生态环境的压力,也为中国生态环境走向好转提供了重要动力。

习近平总书记指出,"要牢固树立绿水青山就是金山银山的理念,守住发展和生态两条底线,努力走出一条生态优先、绿色发展的新路子。""人不负青山,青山定不负人。绿水青山既是自然财富,又是经济财富。"〔1〕以习近平同志为核心的党中央是这样说的,更是这样做的。把生态保护放在优先位置,创新生态扶贫机制,坚持因地制宜、绿色发展,党和国家在贫困地区探索出了一条脱贫攻坚与生态文明建设双赢新路。

2015年11月27日,习近平在中央扶贫开发工作会议上发表重要讲话,明确指出要实施"五个一批"工程,其中要"生态补偿脱贫一批",生态扶贫成为精准扶贫方略的五大脱贫手段之一,重要性更加凸显。2018年1月18日,国家发展改革委、国家林业局、财政部、水利部、农业部、国务院扶贫办六部委印发《生态扶贫工作方案》。生态扶贫主要包括生态建设扶贫、生态补偿扶贫、生态产业扶贫、生态就业扶贫、生态移民扶贫等具体路径,通过一系列措施,开展生态工程扶贫,明显提高生态脆弱贫困的扶贫效益。生态工程扶贫是政府为保障国家生态安全,通过财政转移支付等方式对退耕还林还草工程、风沙治理工程、水土保持工程、环境综合整治工程、自然保护区和国家公园建设等大规模、长周期的生态环境改善项目进行投资,以实现贫困地区生态良好、生产改善、人口安居的生态扶贫方式,是目前贫困地区涉及范围最广、实施力度最大的生态项目。

---

〔1〕习近平:《论坚持人与自然和谐共生》,中央文献出版社2022年版,第139、141页。

《生态扶贫工作方案》围绕农民增收、生态改善两大方面提出了具体的工作目标,在不同的生态扶贫路径上提出了量化目标,要求组建1.2万个生态建设扶贫专业合作社〔其中造林合作社(队)1万个、草牧业合作社2000个〕,吸纳10万贫困人口参与生态工程建设;新增生态管护员岗位40万个(其中生态护林员30万个、草原管护员10万个);通过大力发展生态产业,带动约1500万贫困人口增收。[1]实施的主要项目包括:退耕还草工程、退牧还草工程、青海三江源生态保护和建设二期工程、京津风沙源治理工程、天然林资源保护工程、三北等防护林体系建设工程、水土保持重点工程、石漠化综合治理工程、沙化土地封禁保护区建设工程、湿地保护与恢复工程、农牧交错带已垦草原综合治理工程等。中国的贫困地区与国家重点生态功能区在空间上高度吻合,通过包括有机农业、农业多样化、节水农业和保护生态系统的种植养殖方法等可持续的实践,把脱贫和生态环境保护结合起来,是中国特色的独特脱贫方式,有助于减少对土壤和水资源的压力,减轻对环境的负面影响。

近年来,生态扶贫形成了广泛的实践基础,有着不同类型的探索。贫困人口通过参与生态保护、生态修复工程建设和发展生态产业,收入水平明显提升,生产生活条件明显改善。贫困地区生态环境有效改善,生态产品供给能力增强。生态保护补偿水平与经济社会发展状况相适应。例如,生态补偿扶贫是一种以保护和可持续利用自然资源为目的,通过资金补偿、物质补偿、政策补偿等手段以鼓励贫困人口参与生态系统保护和恢复的绿色扶贫方式。补偿涉及森林、草原、湿地、荒漠、海洋、水流、耕地等领域,是保护生态成本的合理补偿,也是

---

[1]《关于印发〈生态扶贫工作方案〉的通知》,国家发展改革委网站,2018年1月24日。

贫困人口共享发展成果的制度保障。在具体方法上，生态补偿扶贫以精准识别为基础，做到扶持对象精准、项目安排精准、资金使用精准、措施到户精准、因村派人精准、脱贫成效精准，因地制宜、从实际出发。通过精准识别，建档立卡，确定生态扶贫的范围，明确生态扶贫的对象及其致贫原因、应采取的帮扶措施。通过精准识别，做到政策资源的有效对接，逐步实现生态扶贫由"大水漫灌"向"精准滴灌"转变，切实做到对扶贫资源精确配置，对扶贫对象精准扶持。同时，根据不同时期的贫困工作开展状况和成果，调整贫困识别机制。生态补偿扶贫建立了中央统筹、行业主推、地方主抓的生态扶贫格局。据2020年12月国务院发布的数据，我国全面完成了生态扶贫各项目标任务，助力2000多万贫困人口脱贫增收。

易地搬迁扶贫则是指在政府的统一组织和安排下，根据村民自愿的原则，把那些生活在自然条件和生活环境比较恶劣地区的贫困村民搬迁出来，到生活环境比较好且发展条件也比较好的地区定居。2015年11月，国家发展改革委、国务院扶贫办等五部门发出《关于印发"十三五"时期易地扶贫搬迁工作方案的通知》，要求用五年时间对"一方水土养不起一方人"地区的1000万左右贫困人口实施易地搬迁，总投资约6000亿元（其中2500亿元是政府拨付资本金，3500亿元是金融债）。2016年9月，国家发展改革委发布《全国"十三五"易地扶贫搬迁规划》，明确了搬迁哪些人、搬到哪里去、资金怎么来、房子怎么建、如何促脱贫等具体内容。至2020年7月，全国共搬迁贫困人口950多万人，搬迁入住率达到99.5%，还同步搬迁了500万非贫困人口。近年来，易地搬迁扶贫最主要的任务为巩固拓展脱贫攻坚成果，牢牢守住不发生规模性返贫底线，促进易地扶贫搬迁群众转移就业。

(二) 绿色能源发展的经验

绿色是生命的象征、大自然的底色，良好生态环境是美好生活的基础、人民共同的期盼。绿色发展是顺应自然、促进人与自然和谐共生的发展，是用最少资源环境代价取得最大经济社会效益的发展，是高质量、可持续的发展，已经成为各国共识。中国认识到，保护生态环境、应对气候变化，是全人类的共同责任。只有世界各国团结合作、共同努力，携手推进绿色可持续发展，才能维持地球生态整体平衡，守护好全人类赖以生存的唯一家园。中国站在对人类文明负责的高度，积极参与全球环境治理，向世界承诺力争于2030年前实现碳达峰、努力争取2060年前实现碳中和，以碳达峰碳中和目标为牵引推动绿色转型，以更加积极的姿态开展绿色发展双多边国际合作，推动构建公平合理、合作共赢的全球环境治理体系，为全球可持续发展贡献智慧和力量。[1] 在路径上，近年来，中国积极构建人与自然生命共同体。在碳中和宏观管理、技术创新、新产业布局方面积累了丰富经验和深厚的技术，是世界最大的清洁能源市场和设备制造国。对于南方国家来说，可资借鉴的中国绿色能源经验主要有绿色低碳发展、碳市场建设、适应气候变化、气候投融资方面。

在绿色低碳发展方面，中国构建完成碳达峰碳中和"1+N"政策体系，采取调整产业结构、优化能源结构、节能提高能效、完善市场机制、增加森林碳汇等一系列政策措施，碳排放强度显著下降，新能源汽车产销量连续8年保持全球第一，可再生能源发展迅速，风电、光伏装机稳居世界第一。在碳市场建设方面，2021年7月全国碳排放权交易市场正式上线，年度覆盖二氧化碳排放量约45亿吨，是全球覆

---

[1] 国务院新闻办公室：《新时代的中国绿色发展》，《人民日报》2023年1月20日。

盖碳排放量最大的碳市场，首次通过市场机制手段在全国范围内将碳减排责任压实到企业。到 2023 年 7 月 25 日，碳排放配额累计成交量 2.40 亿吨，累计成交额 110.61 亿元，交易价格稳中有升，企业减排意识和减排能力得到有效提升。

在适应气候变化方面，中国将主动适应气候变化作为实施积极应对气候变化国家战略的重要内容，与减缓气候变化同等重要。2022 年 6 月，生态环境部等 17 个部委联合发布《国家适应气候变化战略 2035》，推动各地发布实施本省适应行动指南。研究深化气候适应型城市建设试点工作，积极推动青藏高原等重点区域适应气候变化工作。适应气候变化能力持续增强，全社会绿色低碳意识不断提升。在气候投融资方面。2021 年 12 月，生态环境部等 9 部门正式启动气候投融资试点工作；2022 年 8 月，23 个地方入选试点名单公布。生态环境部会同有关部门加大指导力度，定期调度进展，到 2022 年底，试点地方征集或储备项目超 1500 个，涉及资金 2 万亿元左右，引导和激励更多资金支持绿色低碳转型，提升了服务实体经济的精准度和有效性。

（三）饮用水安全的经验

饮用水安全直接关系人民群众的健康和环境状况，是衡量文明的重要标志。饮水安全有保障主要是让农村人口喝上放心水，这是国家统一的基本标准，是"两不愁三保障"的重要组成部分。习近平总书记多次实地察看农村水源，对农村饮水安全工作作出重要指示批示，强调不能把饮水不安全问题带入小康社会。2017 年 6 月，习近平总书记在山西省忻州市岢岚县赵家洼村察看作为全村唯一生产生活水源的浅层渗水井。2021 年 5 月，习近平总书记在河南省南阳市淅川县乘船考察丹江口水库时，察看现场取水水样，强调从守护生命线的政治高度，切实维护南水北调工程安全、供水安全、水质安全。2019 年 4

月,习近平总书记主持召开解决"两不愁三保障"突出问题座谈会,要求让农村人口喝上放心水,统筹研究解决饮水安全问题。

中国水利部将农村饮水安全脱贫攻坚作为水利扶贫的头号工程,明确责任分工,制定工作方案,强化顶层设计,先后出台了20多个水利扶贫政策性文件。实施农村供水工程建设,推进稳定水源工程建设,有条件的地区推进城乡一体化和万人供水工程建设。人口分散、偏远的地区,实施小型供水工程标准化建设,巩固脱贫攻坚成果,加强水源保护和水质保障,强化工程管理管护,切实保障农村饮水安全。落实水利工程建设和管护就业岗位向贫困人口倾斜的政策,同时对农村河湖管护员等公益性岗位给予财政资金的补助政策,支持贫困人口稳定就业。

根据各地情况精准施策,如西北地区重点解决有水喝的问题,西南地区重点解决储水供水和水质达标问题。首先是水利部联合国务院扶贫办、卫生健康委制定《农村饮水安全评价准则》,作为饮水安全评价和验收销号的依据;组织各地精准摸清贫困人口饮水安全底数,建立到县到村到户台账;编制加快解决贫困人口饮水安全问题的工作方案;指导新疆、四川、云南、西藏等任务重的省份,针对特殊困难,制定专项方案,措施务实管用。水利部实施干部双向交流挂职,加大技术帮扶力度,开展"订单式"、"菜单式"和"互联网+"培训,提高贫困地区的管水治水能力;对饮水安全工作情况按月调度,动态管理,滚动销号;对"三区三州"[1]等任务重的深度贫困地区加强帮扶力量,加大推动力度。重大水利工程建设是不断夯实脱贫的水利基础。水利

---

[1]"三区"是指西藏自治区,青海、四川、甘肃、云南四省涉藏州县,新疆维吾尔自治区和田地区、阿克苏地区、喀什地区及克孜勒苏柯尔克孜自治州;"三州"是指四川凉山州、云南怒江州、甘肃临夏州。

部实施小型水源工程、农村水系综合整治、中型灌区节水改造等项目,助力农村产业兴旺、生态宜居。贫困人口饮水问题集中分布在新疆维吾尔自治区伽师县和四川省凉山州7个县。水利部在新疆伽师县和四川省凉山州7个县挂牌督战,攻克堡垒。

根据水利部的数据,到2020年7月底,全国累计完成农村饮水安全巩固提升工程建设投资1984亿元,受益人口2.56亿人,其中解决了1710万贫困人口饮水安全问题。[1] 2020年8月,中国宣布,按照现行标准贫困人口饮水安全问题得到全面解决。八成以上农村人口用上了自来水,水质明显改善,告别了为吃水发愁、缺水找水的历史。与之相对应,联合国的数据表明,从2015年到2022年,全世界能够获得安全管理的饮用水的人口比例从69%上升到73%,其中中国的努力对此贡献巨大。[2] 这有赖于政府持续支持和引导、管理的社会化和规范化、技术的革新升级。

(四)厕所革命与鼓励卫生习惯养成的经验

获得环境卫生和个人卫生是人类基本权利之一,厕所是文明的尺度,也是国家发展的表征。"厕所革命"最早由联合国儿童基金会提出,是对发展中国家的厕所进行改造的一项举措,涉及全球许多国家。世界厕所组织统计,一个人每天要上6—8次厕所,一年约2500次。中国在发展中国家中率先实现了卫生设施的千年发展目标,不仅为改善本国人民的生活水平作出了巨大努力,更为全球发展作出了突出贡献。20世纪90年代,中国就已经将农村改厕工作纳入《中国儿童发展规划纲要》和中央《关于卫生改革与发展的决定》。从2011年开始,中国全国爱卫办与联合国儿童基金会开展农村环境卫生全覆盖试点项目,

---

[1]《我国贫困人口饮水安全问题得到全面解决》,《光明日报》2020年8月22日。
[2]《2023年可持续发展目标》,联合国中文网。

中国疾控农村改水技术指导中心为项目技术支撑单位，合作推广创建"粪便无暴露村庄"[1]，为中国厕所寻找可能的技术支持。2011年，广西河池市金城江区河池镇拉显移民新村作为项目试点，农村环境卫生全覆盖项目改变了村民们的生活方式，家家户户使用卫生间，无人随地大小便。2016年，广西共有包括拉显移民新村在内的68个乡村获得联合国儿童基金会授予的第二批农村环境卫生全覆盖"粪便无暴露村庄"称号。2016年，联合国儿童基金会又联合全国爱卫办、住建部，启动了整乡环境卫生全覆盖试点项目（2016—2020年），项目在山东邹城市、河南栾川、四川泸县、甘肃岷县、青海大通县具体实施。全国爱卫办负责河南、四川、甘肃省项目工作，项目具体实施由中国疾病预防控制中心农村改水技术指导中心负责；住建部负责山东、青海省项目工作。整乡环境卫生全覆盖试点项目周期五年，目的是推广农村环境卫生全覆盖项目理念，建立示范乡镇，总结经验，为在全国推广农村环境卫生全覆盖理念奠定基础。

在这些经验的基础上，2014年12月，习近平总书记在江苏镇江考察调研时指出，厕改是改善农村卫生条件、提高群众生活质量的一项重要工作，在新农村建设中具有标志性。[2] 2015年4月，习近平总书记专门就"厕所革命"作出重要指示，要求从小处着眼，从实处着手，力图让中国人民享有良好的卫生设施，完成厕所服务"最后一公里"的任务。厕所从旅游系统开始率先改建。2016年春节前夕，在江西井冈山茅坪乡神山村考察调研时，习近平总书记关切地询问贫困户

---

[1] 指全村家家户户都建有和使用卫生间，消灭传统的大粪坑式厕所，无人随地大小便，整个村庄无粪便暴露现象。
[2]《民生小事大情怀——记习近平总书记倡导推进"厕所革命"》，中国政府网，2017年11月29日。

张成德家的生产生活情况，还察看了水冲厕所。2017年11月，习近平就旅游系统推进"厕所革命"工作取得的成效作出重要指示，这是总书记三年来第二次对"厕所革命"作出重要指示。中国改善厕所卫生状况，兴起"厕所革命"破解治理难题，深入农村领域。中国计划到2030年让所有城镇居民都能用上清洁厕所，但届时仍将有5000万农民家中没有连接下水道系统。

中国14亿多的人口规模，如厕问题的解决并非易事。在技术上，中国农村普遍卫生设施少，旱厕较多，厕所冲洗水较少，污水排放系统较为落后，卫生条件比较差。如贵州省喀斯特地区污水管网不健全，收集转运污水过程中会混杂雨水和河水，导致污水处理厂进水的各项水质指标偏低。东北地区平均排水量少且不稳定，缺乏良好的处理模式和运维模式。我们仍需要针对不同环境，如寒冷的气候，探索更多的解决方案。几千年的传统如厕环境和文明如厕的观念尚待形成，良好的个人卫生习惯，例如用肥皂洗手等还要在家庭、学校、医院和社区共同开展卫生教育。

在落实路径上，党的十九大明确要求开展农村人居环境整治行动。习近平总书记多次强调，农村环境整治这个事，不管是发达地区还是欠发达地区都要搞，标准可以有高有低，但最起码要给农民一个干净整洁的生活环境。2017年11月，习近平总书记主持十九届中央全面深化改革领导小组第一次会议，会议审议并通过了《农村人居环境整治三年行动方案》，其中一项主要任务就是继续推进农村改厕工作，要求开展卫生厕所建设改造和粪污治理，普及不同水平的卫生厕所。中国政府、企业、社会开展了对卫生习惯养成的全面动员，卫生环境的建设、管理、服务普遍得到改善。因地制宜、分类指导为环境整治的基本原则，根据地理、民俗、经济水平和农民的关切，行动方案统筹兼顾农村田园风貌保护和环境整治，科学确定本地区整治目标和任务，集中力量应对急需解决的问题。《方案》明确了分区域的目标要求：东部地区、中西部城市近郊区等有基础、有条件的地区，人居环境质量全面提升，基本实现农村生活垃圾处置体系全覆盖，基本完成农村户用厕所无害化改造，厕所粪污基本得到处理或资源化利用，农村生活污水治理率明显提高，村容村貌显著提升，管护长效机制初步建立；中西部有较好基础、基本具备条件的地区，人居环境质量较大提升，力争实现90%左右的村庄生活垃圾得到治理，卫生厕所普及率达到85%左右，生活污水乱排乱放得到管控，村内道路通行条件明显改善；地处偏远、经济欠发达等地区，在优先保障农民基本生活条件基础上，实现人居环境干净整洁的基本要求。[1]开展村社为主导，家庭为单位的环境卫生全覆盖，以改善农村家庭卫生环境。倡导良好的个人卫生习惯，例如用肥皂洗手等。这是一个村社、家庭、学校共同参与的过程。2018年全国完成农村改厕1000多万户，农村改厕率超过一半，其中六成以上改成了无害化卫生厕所。2019年4月，第31个"爱国卫生月"鲜明提出"厕所革命"主题。到2020年底，农村人居环境整治三年行动目标任务全面完成，全国农村卫生厕所普及率达到68%以上。

2021年5月28日，在《交通运输部办公厅关于印发〈深化公路服务区"厕所革命"专项行动方案〉的通知》中，从增加厕位数量、完善卫生设施、加强保洁管理等方面，持续深化公路服务区"厕所革命"专项行动。[2]同年12月，中共中央办公厅、国务院办公厅印发《农村人居环境整治提升五年行动方案（2021—2025年）》，要求加快研

---

[1]《农村人居环境整治三年行动方案》，《新农村》2018年第4期。
[2]《交通运输部办公厅关于印发〈深化公路服务区"厕所革命"专项行动方案〉的通知》，中国政府网，2021年6月9日。

发干旱和寒冷地区卫生厕所适用技术和产品。在水冲式厕所中，积极推广节水型、少水型水冲设施。加强农村厕所革命与生活污水治理有机衔接，统筹使用畜禽粪污资源化利用设施设备，逐步推动厕所粪污就地就农消纳、综合利用。2023 年，中国农业农村部将 2023 年设置为农村改厕"提质年"，重点开展问题厕所整改质量抽查、新建厕所质量抽查、厕具产品质量抽检、改厕经验和技术模式交流、管护模式遴选推广、资金使用自查自纠、改厕"明白卡"进门入户、改厕故事"大家讲"等 8 项工作。[1] 目前，全国农村卫生厕所普及率超过 70%，2018 年以来累计改造农村户厕 4000 多万个。但是，中国中西部地区尤其是贫困地区，农村卫生厕所普及率仍有待提高，厕所质量、管理服务、科技应用、如厕文明仍有较大提升空间。

总的来说，中国在绿色脱贫实践中积累了丰富的经验：一是提升生态系统服务供给水平，达到稳定生态系统的目的；二是促进生态产品价值实现，达到长期脱贫的目的；三是发展特色生态产业，让自然资源保值增值；四是促进当地贫困人口就业增收，促进地区治理。

二、中国对南方国家实现绿色脱贫提供的帮助和分享路径

从本质上来说，绿色脱贫是将生态文明理念嵌入反贫困事业，通过理念、技术、产业和组织的集成革新实现贫困地区人口脱贫致富的过程，是一项多要素、多主体、多途径的系统工程。中国绿色脱贫的成就和经验路径丰富，模式因地制宜，为全球南方国家提供了示范和可借鉴的路径，为共建美好世界贡献中国智慧和中国方案。

贫困地区与生态脆弱地区高度耦合是南方国家借鉴中国生态扶贫

---

[1]《农业农村部关于开展农村改厕"提质年"工作的通知》，中国政府网，2023 年 4 月 24 日。

经验的现实背景。南方国家人口居住密度不等、地理条件差异较大、资源禀赋不均等，决定了绿色脱贫减贫的整体水平处于初级阶段。当前，中国作为世界上最大的发展中国家，自身坚定不移地走绿色、低碳和可持续发展道路，扶贫开发与生态保护并重。中国响应联合国的号召，在南南合作框架下向其他南方国家绿色脱贫减贫提供了不少力所能及的援助，实践路径多元，形式多样。其主要体现在设计规划和初期阶段，紧扣突出问题和薄弱环节打通清洁水源、清洁能源等的"最后一公里"，以达到推动形成南方国家贫困地区脱贫开发与生态保护相协调、脱贫致富与可持续发展相促进的扶贫模式，实现脱贫减贫与生态文明建设"双赢"。

（一）帮助开发利用清洁能源

气候变化与贫困是人类面临的最重大挑战，它们具有错综复杂的联系，并非孤立的问题，一方面的改善对另一方面有着明显的积极影响。气候变化及其带来的气温上升、强降雨和风暴对依靠农业、畜牧业或渔业自然资源为生产生活条件的人群有着巨大影响，对贫困人口的收益能力也造成重大影响。特别是最不发达国家、小岛屿发展中国家和非洲国家，贫困人口往往生活在偏远地区，住房条件差，难以抵御极端天气，当地物价也更可能受当地气候影响。并且，气候异常如干旱，对人们的健康和生产力会产生负面影响，威胁到全球的可持续发展和生物多样性。通过开发利用作为绿色低碳能源的清洁能源，能更好地管理粮食和能源生产，并为创造工作岗位和经济增长作出贡献。

中国重视脱贫中的环境因素，坚持人与自然和谐共生，完善全球环境治理。21世纪以来，全球新增绿化面积约1/4来自中国。中国在世界范围内率先实现土地退化"零增长"，荒漠化和沙化土地面积"双减少"；森林覆盖率和森林蓄积量保持"双增长"，为世界贡献了更多的"中国绿"。2012年中国宣布开展气候变化南南合作。2014年9月,国家主席习近平特使、国务院副总理张高丽在出席联合国气候峰会时表示,中国将大力推进应对气候变化南南合作,从2015年开始在现有基础上把每年的资金支持翻一番,建立气候变化南南合作基金。2015年9月,中国政府出资200亿元人民币,设立"中国气候变化南南合作基金",支持其他发展中国家应对气候变化、向绿色低碳发展转型,包括增强其使用绿色气候基金的能力和气候适应力,严格控制对国内以及国外高污染高排放项目的投资。该项目成为向发展水平较为落后的国家和地区提供支持的务实项目。为帮助南方国家向实现低碳、气候适应型发展,自2016年起,中国落实习近平主席提出的应对气候变化南南合作"十百千"倡议,实施了200多个应对气候变化的援外项目。"十百千"倡议即:中国在老挝、柬埔寨和塞舌尔等发展中国家启动10个低碳示范区、100个减缓和适应气候变化项目、1000个应对气候变化培训名额的合作项目。2019年4月,习近平主席在第二届"一带一路"国际合作高峰论坛上倡议同有关国家一道实施"一带一路"应对气候变化南南合作计划,加强国际合作,共同应对气候变化。

2021年4月,习近平主席在领导人气候峰会上高度评价气候变化南南合作项目,表示"中方秉持'授人以渔'理念,通过多种形式的南南务实合作,尽己所能帮助发展中国家提高应对气候变化能力。"[1]近年来,中国自身绿色产业规模持续壮大。可再生能源产业发展迅速,风电、光伏发电等清洁能源设备生产规模居世界第一,多晶硅、硅片、电池和组件占全球产量的70%以上。节能环保产业质量效益持续提升,形成了覆盖节能、节水、环保、可再生能源等各领域的绿色技术

---

〔1〕习近平:《共同构建人与自然生命共同体——在"领导人气候峰会"上的讲话》(2021年4月22日),《人民日报》2021年4月23日。

装备制造体系，绿色技术装备和产品供给能力显著增强，绿色装备制造成本持续下降，能源设备、节水设备、污染治理、环境监测等多个领域技术已达到国际先进水平。综合能源服务、合同能源管理、合同节水管理、环境污染第三方治理、碳排放管理综合服务等新业态新模式不断发展壮大。2021 年中国的节能环保产业产值超过 8 万亿元。各地方积极探索生态产品价值实现方式路径，都市现代农业、休闲农业、生态旅游、森林康养、精品民宿、田园综合体等生态产业新模式快速发展。

在此基础上，中国做的"授人以渔"的具体工作主要有协调当地政府和行业、投资清洁资源、帮助研究与开发等。2014 年秋，中国在亚太经合组织会议（APEC）期间，宣布出资 400 亿美元成立丝路基金，为"一带一路"沿线国家基础设施建设、资源开发、产业合作等提供投融资支持。水利与生产生活密切相关，也是脱贫的重要基础设施。丝路基金投向"一带一路"的首个项目是位于中巴经济走廊的卡洛特水电站。2015 年 4 月该项目被确立为丝路基金首个大型清洁能源项目。2016 年 1 月 10 日，在距离巴基斯坦首都 50 多公里处，旁遮普省卡洛特地区的杰赫勒姆河畔，三峡集团投资建设的卡洛特水电站主体工程开工。中国三峡集团的建设者把中国技术和绿色理念融入项目，总装机 72 万千瓦，总投资 17.4 亿美元。2022 年，卡洛特水电站全部机组投产发电后，杰赫勒姆河水能被转化为动力，年均发电量 32 亿千瓦时，累计发电量 36.4 亿千瓦时，满足当地 500 余万人口的用电需求。电站附近的坎纳德村以前一天只有几个小时能用上电，水电站给村里提供了电力，改善了村民生活。该项目为巴基斯坦提供清洁、廉价、可持续的能源，改变当地电力短缺的状况，为地区繁荣增添强劲动力。项目建设过程中，中方建设团队践行绿色理念，对环境和生态保护高度重视,严格履行水土保持及动植物保护责任,推行绿色设计,最大限度节能减排,提升当地适应气候变化的能力。

中国是全球生态文明的重要参与者、贡献者和引领者。在国际重大多边场合,中国积极倡导推动清洁能源国际合作,坚定维护南方国家的发展利益。与南方国家的清洁能源合作,一方面,中国遵循"共同但有区别的责任原则""各自能力原则""公平原则",维护发展中国家合理的发展需求;另一方面,在力所能及的范围内积极推动和实现南方国家经济、社会和生态可持续发展,加大对最不发达国家、小岛屿国家和非洲国家等其他发展中国家应对气候变化的支持,帮助南方国家向绿色低碳发展模式转型,为全球绿色低碳发展转型创造必要基础。

中国光伏制造业占全球产能的 90%,并且是全球风电设备和电动车的重要来源国,致力于在碳中和方面推动发展中国家绿色转型。如太阳能电池板和风力发电方面,中国风电并网装机容量已达到 30015 万千瓦,突破 3 亿千瓦大关,连续 12 年稳居全球第一。中国风电机组产量已占全球 2/3 以上的市场份额。"中国制造"的光伏、风电和水电等绿色能源技术不断输出,在全球范围内尤其是南方国家帮助企业降低清洁能源成本。如中国支持的肯尼亚加里萨光伏发电站年均发电量超过 7600 万千瓦时,每年帮助减少 6.4 万吨二氧化碳排放。中国积极实施"一带一路"应对气候变化南南合作计划。非洲的气候遥感卫星、东南亚的低碳示范区、小岛国的节能灯等,都可以看到中国为南方国家清洁能源作出的努力。其中低碳示范区成效显著,中国通过援助低碳物资、联合编制低碳示范区规划以及开展能力建设等形式,以"物资+智力"相结合方式,促进当地绿色、低碳和可持续发展。

中国帮助南方国家开发利用清洁能源范围逐步扩大,援助内容逐步丰富，南南合作成果扎实，获得国际社会和广大发展中国家的广泛赞誉。到 2023 年 6 月，中国已累计安排超过 12 亿元人民币用于开展气候变化南南合作，与 39 个发展中国家签署 46 份气候变化南南合作谅解备忘录。相关发展中国家对应对气候变化南南合作项目给予高度评价和感谢，10 年间我国累计收到受援国多种形式的感谢百余次。

（二）清洁水源的示范性合作

清洁水源不仅对健康至关重要，对南方国家脱贫、粮食安全等方面也意义重大。在南方国家内部，包括城市和农村之间、区域之间以及最富有和最贫困的人群之间，都存在着严重的卫生健康资源获取不平等现象。部分山区、牧区、偏远地区甚至暂时还不具备实现绿色脱贫的基本条件。如在清洁水源问题上，到 2022 年仍有 22 亿人缺乏安全管理的饮用水，其中 7.03 亿人没有基本的供水服务；35 亿人缺乏安全管理的卫生设施，其中 15 亿人没有基本的卫生服务；20 亿人缺乏基本的洗手设施，其中 6.53 亿人没有洗手设施。[1] 不少南方国家依然使用自备水源或可方便获取的水源，习惯使用的小水井、引泉、水窖等分散方式，水源不稳定，来水量比较少。新冠肺炎疫情使得贫困人口更难获得清洁水源，人畜共用水源。每年有 200 多万人死于痢疾、霍乱、伤寒等与水有关的肠道传染疾病，近 90% 是不安全的饮用水导致的，其中对儿童的影响最大。[2]

因此，联合国制定的 17 个可持续发展目标中的第 6 个目标即为"清洁水源与卫生设施"，确保每个人都能获得可持续管理的清洁饮用水、环境卫生和个人卫生设施。具体包括：到 2030 年，人人都能获得普遍、公正的安全、平价饮用水；到 2030 年改善水质，降低污染，消

---

[1]《2023 年可持续发展目标》，联合国中文网。
[2]《清洁饮用水和环境卫生：为何重要》，联合国中文网。

除倾倒废物现象，最小化有害化学物质和材料的排放达到最小化，将未经处理的废水排放比例减半，全球范围内大幅增加水资源循环和安全再利用；到 2030 年，全行业有效提高水资源利用效率，确保可持续取用和供应淡水，以应对缺水，大幅降低缺水人数；到 2030 年，在各级实现水资源综合管理，包括适当开展跨境合作；到 2020 年，保护和恢复与水有关的生态系统，包括山川、森林、湿地、河流、蓄水层和湖泊。到 2030 年，扩大向发展中国家提供的国际合作和能力建设支持，帮助开展水和卫生相关的活动和规划，包括雨水采集、海水淡化、提高水资源利用效率、废水处理、水回收和再利用技术。具体目标还包括支持和增强地方社区的参与改进水和环境卫生管理。[1]

中国在帮助南方国家获得清洁水源方面采取了实质性的行动，比如资金援助、技术转让、能力建设等，这些行动的成果看得见、摸得着、有实效。中国在合作示范地区，采取的措施包括提高基础设施的投资和更新能力建设，加强合作推进创新行动，加大对清洁水源资金、项目、人才、技术等方面的倾斜支持，从水量、水质、供水保证率、用水方便程度等多项指标出发，采取更加统一、更加全面的方法管理水资源等。如在"中国援缅甸脱贫示范合作项目"下，加强了水源保护和水质保障。中方合作村庄之一缅甸内比都市敏彬村原来的水是浅表水，长期饮用易得结石，村民们只能买矿泉水喝。一瓶矿泉水需要 500 缅币，村民日均收入仅有几千缅币，因此生活非常节约。在中方帮助下，手摇井改成了水龙头，浅表水改成了深井水，1282 户村民不用花钱就喝上了清洁的饮用水。村子使用太阳能路灯，泥路变成了宽敞的水泥路，摩托可以一直开到家门口。通过不断的宜居治理，村子

---

[1]《2023 年可持续发展目标》，联合国中文网。

青山绿水美如画，道路和饮水系统经受了雨季的考验。

非洲受地质条件和气候干旱等因素影响，水资源短缺。加之人口增长过快，2000—2020年非洲人口从8亿增长至13亿，要实现关于水、环境卫生和个人卫生的联合国可持续发展目标，需要大量帮助。在南部非洲国家津巴布韦，很多地区特别是广大农村地区缺乏干净卫生的饮用水和生活用水。近年来，学校等依靠市政供水的机构水源也越来越不稳定。有时候一个多月都不来水，严重影响生活。村民更是不得不花费几个小时去数公里外的河流或水塘取污浊的生活用水。2012年至2021年，中国政府出资为津巴布韦援建了1000口水井，增加了该国农村地区干净卫生的清洁水源。井水干净卫生，而且随用随取，极大改善了村民的卫生条件。40多万民众因之受益，没有再因为水源而患病。津巴布韦南马塔贝莱兰省鲁梅内村长期缺水，早年打的水井因地下水位下降已干涸。2021年8月，中国政府援建的一口水井在这个村庄落成，为这个村的300多名村民以及周边上千名村民提供了清洁水源，彻底改变了他们的生活。中国援建的水井，节约了村民大量的取水时间，村民可以多做打理菜园等能够获得收益的其他劳动，丰富了他们的物质生活。除津巴布韦外，多年来，中国政府还出资在赞比亚、莫桑比克、马拉维、塞内加尔等多个非洲国家进行水井援助项目。中国在部分合作示范地区初步实现了清洁水源，但是，实现水资源的可持续化、人性化、节约化，还有很长的路要走。

（三）厕所改善的示范效应和帮助培育卫生习惯

作为保持人类身心健康的最基本需求，清洁水源与厕所改善、卫生习惯培育实际上是一体的，也是发展中国家面临的共同难题。据联合国数据，到2020年，世界超过40%的人没有完善的环境卫生和洗手设备；近5亿人还在露天排便。由于缺乏有效卫生设施，全球有

4.94亿人不得不露天排便，低收入和中等收入国家每年有超过82.9万人因用水、环境卫生和个人卫生设施缺乏而死亡。南方国家环境普遍不整洁，不少人畜同居，人无厕、畜无圈的现象极为普遍，厕污问题和粪口传播广泛存在。联合国《2023年可持续发展目标报告特别版》指出："国际厕所与卫生环境的确不容乐观。数十亿人仍无法获得安全饮水、公共卫生和个人卫生等方面的服务。以塞内加尔共和国首都达喀尔为例，该地拥有超过300万人口，1/3的居民还在使用坑厕和化粪池，只有28%的废水被污水处理系统收集并处理。"因此，联合国制定的可持续发展目标中提到，到2030年，人人享有充足、公正的环境卫生和洗手设备，结束露天排便，并特别注意满足妇女、女童和弱势群体的需求。

作为世界上最大的发展中国家，中国的厕所革命的成功经验和技术探索，成为发展中国家借鉴的重要样板和国际合作新亮点，产生了积极的国际示范效应。在中国农业农村部的培训班上，来自马拉维、肯尼亚、加纳等11个非洲国家的学员一同参观了中国农村的沼气厕所。来自马拉维的学员认为，中国农村户厕在沼气方面的发展利用可以复制到非洲国家。

中国针对受帮助南方国家的不同环境科学选择技术模式，宜水则水、宜旱则旱。中国不仅将民众视为受益者，更视为重要的参与者、建设者、监督者。为倡导个体节约水资源，提供宣传清洁能源、清洁水源与卫生设施的相关知识，帮助人们了解粪便暴露导致的风险，让当地居民自己动手设计造价低廉的卫生厕所。比如，提供农村家庭可以使用的粪尿分离堆肥厕所技术等。中国的这些措施提升了当地人民的生活质量。对许多南方国家而言，这不仅是投入人力、物力、财力让民众愿意使用处理后的能源和水源、愿意使用厕所，更是文明生活观念的提升和一场生活方式的革命，它将带来健康效益、社会效益、生态效益，并转化为经济效益，推动国家和地区的转型发展。

案例一：对中国山水林田湖草沙一体化保护和修复工程入选联合国首批十大"世界生态恢复旗舰项目"的调研

2022年底，在加拿大蒙特利尔举办的《生物多样性公约》第15次缔约方大会（COP15）第二阶段会议上，"中国山水工程"成功入选联合国首批十大"世界生态恢复旗舰项目"。中国政府推动实施的"中国山水工程"，成为践行山水林田湖草生命共同体理念的标志性工程。山水工程的核心目标是扭转生态系统退化状况，遏制生物多样性的丧失，提升生态系统自我恢复能力，增强生态系统稳定性，与联合国《2030年可持续发展议程》中的"保护、恢复和促进可持续利用陆地生态系统，可持续管理森林，防治荒漠化，制止和扭转土地退化，遏制生物多样性的丧失"高度一致。2016年，中国财政部、自然资源部、生态环境部启动山水工程试点，分三批支持实施了25个试点项目。到2023年10月，三部门在"三区四带"重要生态屏障区域，共部署实施六批52个山水工程项目，累计开展5000多个子项目，完成生态保护修复面积350多万公顷，投资2600多亿元。山水工程计划到2030年恢复自然生态面积1000万公顷。

"世界生态恢复旗舰项目"由联合国环境规划署和联合国粮食及农业组织会同多家国际组织共同评选，经"联合国生态系统恢复十年"执行委员会最终审定。首批入选的十个旗舰项目致力于恢复总面积超过6800万公顷的区域，并创造了近1500万个就业机会。入选后，这些项目将有资格获得联合国的宣传推广、建议和资助。中国山水林田湖草沙一体化保护和修复工程项目的入选，说明中国为全球生物多样性保护提供中国智慧、中国方案、中国力量。

"中国山水工程"实施成功主要有这些经验：一是合理的顶层设计。国土空间规划及生态保护修复规划等相关专项规划确定了生态安全屏障关键节点或具有全球意义的生态关键区。中国政府编制了《全国重要生态系统保护和修复重大工程总体规划（2021—2035年）》，明确了以"三区四带"为核心的中国重要生态系统保护和修复重大工程总体布局，并编制了9个重大工程专项建设规划，形成了中国生态保护修复"1+9"规划体系。各省、市、县级国土空间生态修复规划有序开展。二是严格制定标准，提高生态保护修复的整体性、系统性、科学性和可操作性。中国政府建立了山水工程"1+N"标准体系的总体架构，指导各地遵循自然生态系统演替规律和内在机理，综合考虑自然生态要素的整体性、系统性和关联性，针对受损、退化、服务功能下降的生态系统实施山水工程。其中"1"是带有通则性质的《山水林田湖草生态保护修复工程指南（试行）》；"N"是指针对山水工程不同环节的技术要求，包括实施方案编制规程、验收规程、成效评估规范、技术导则、适应性管理规范等。目前已出台20余项各类技术标准。"中国山水工程"精准对标生态与贫困的关系问题，因地制宜，从实际出发，做到政策资源的有效对接。牢固树立绿水青山就是金山银山的理念，把扶贫项目的实施同生态环境保护紧密结合起来，不以牺牲环境为代价脱贫；建立有效的绿色转化机制，因地制宜将绿水青山转化为金山银山，实现可持续脱贫和绿色发展的共赢。

"中国山水工程"鼓励本地居民特别是妇女、青年积极参与，并发展替代生计，解决居民就业，充分体现了性别平等，助力脱贫攻坚，也是对"在全世界消除一切形式的贫困"、"确保包容和公平的优质教育，让全民终身享有学习机会"和"实现性别平等，增强所有妇女和女童的权能"目标的实现。山水工程产生了广东南雄市红砂岭综合治理项目、福建福州市闽江河口湿地生态保护及入侵物种综合治理项目、福建将乐县常上湖生态保护修复示范项目等诸多优秀典型,涉及森林、草原、湿地、荒漠、海洋、水流、耕地等领域,是一项多要素、多主体、多途径的系统工程。工程还包括重庆渝北区铜锣山矿区生态修复项目、重庆广阳岛生态修复项目、浙江千岛湖流域水环境系统生态修复项目、浙江钱江源国家公园体制试点区生物多样性保护创新与实践项目、河南济源市下冶煤铝土开采区矿山地质环境治理项目、河南黑山头玄武岩矿矿山环境生态治理项目、湖北枝江市金湖湿地生态修复项目、江西赣县区崩岗生态修复项目、江西寻乌县废弃矿山综合治理与生态修复项目、内蒙古乌兰布和沙漠综合治理工程、湖南常德市西洞庭湖国家级自然保护区生态保护修复项目、宁夏贺兰山东麓矿山生态修复项目。

"中国山水工程"在脱贫方面的主要贡献有这些:一是生态劳务与就业扶贫结合。在退耕还林、退牧还草、公益林补偿、天然林资源保护、三北防护林体系建设及生态综合治理等重点工程中,挖掘生态建设与保护的就业岗位,让有劳动能力的贫困人口参与生态工程建设或就地转成护林员、管护员等生态保护人员,为生态保护区的农牧民,特别是建档立卡贫困人口提供就业机会,引导贫困农牧民向生态工人转变,提高贫困户收入水平。用好贫困地区的资源,根据当地特点发展绿色产业,打造贫困地区绿色品牌,为贫困地区稳定脱贫及后续可持续发展夯实内力。只有将资源变为资本,通过资本创造出财富,才是脱贫富民的根本之路。

二是提供生态补偿扶贫。生态补偿扶贫是一种以保护和可持续利用自然资源为目的,通过资金补偿、物质补偿、政策补偿等手段,以鼓励贫困人口参与生态系统保护和恢复的绿色扶贫方式。建立公平合理的生态补偿制度，是落实生态文明建设的必然要求，是对农户保护生态成本的合理补偿，也是贫困人口共享发展成果的制度保障。

三是做好生态搬迁扶贫。生态搬迁扶贫是为了防止贫困地区生态的持续恶化，减缓因生态承载力不足而造成的贫困，在充分征求居民意愿以及不破坏原有土地的基础上，将自然资本短缺、基础设施建设滞后、人居环境恶劣地区的贫困人口集中搬迁到安置点，并为他们提供经济适用房、就业机会等生活和发展条件的生态扶贫方式。生态搬迁扶贫作为"生态环境驱动型移民"，减轻人类对原本脆弱的生态环境的继续破坏，使生态系统得以恢复和重建；通过异地开发，逐步改善贫困人口的生存状态；减小自然保护区的人口压力，使自然景观、自然生态和生物多样性得到有效保护。

案例二：菌草技术的中国经验在南方国家的应用

2021年9月2日，习近平主席向菌草援外20周年暨助力可持续发展国际合作论坛致贺信，表示长期关心菌草技术国际合作。贺信指出，菌草技术是"以草代木"发展起来的中国特有技术，实现了光、热、水三大农业资源综合高效利用，植物、动物、菌物三物循环生产，经济、社会、环境三大效益结合，有利于生态、粮食、能源安全。2001年中国首个援外菌草技术示范基地在巴布亚新几内亚建成落地，至今这一技术已推广至全球100多个国家，合作紧扣消除贫困、促进就业、可再生资源利用和应对气候变化等发展目标，为增进当地发展和人民福祉发挥了重要作用，受到发展中国家普遍欢迎。[1]

---

[1]《习近平向菌草援外20周年暨助力可持续发展国际合作论坛致贺信》，《人民日报》2021年9月3日。

绿色脱贫减贫的要义之一是创新设计，寻找有效路径，激励采取环境友好型的生产生活方式，促进生态产品价值实现和自然资源保值增值。菌草具有根系发达、光合效率高、适应性广，耐旱、耐盐碱、耐瘠薄，抗逆性强、保水保土等性能，是生态环境治理型植物。菌草技术通过筛选与培育具有高固碳能力、高生物量和发达根系的菌草品种，达到对光、热、水等农业资源的综合高效利用，生产出具有较高营养价值的菌草植物，提高了土地利用率，既节约资源又保护环境。其中，巨菌草高度可达 7 米，生长 150 天，富含内生固氮菌，可在坡地、沙地、盐碱地快速生长。一丛巨菌草的固沙面积可达 18.8 平方米，能有效改良盐碱地。作为中国拥有完全自主知识产权的原创技术，菌草的培育、种植和应用有着丰富的中国本土经验。

20 世纪 80 年代，中国香菇、木耳、灵芝等食用菌和药用菌人工栽培成为农村脱贫致富的重要产业，但需要大量珍贵的森林资源消耗，产生了严重的生态问题。从事农林方面研究的林占熺率领研究团队陆续开发出菌草"以草代木"，打破木、草、菌间的生物学界限，减轻了对森林资源的过度消耗，解决了"菌林矛盾"，节约了资源，保护了环境。他们的研究使种植菌业可持续发展，并在防风固沙等生态治理和菌草饲料、菌草菌物饲料、菌草菌物肥料开发等领域不断摸索拓展，形成以生长周期较短、生存能力较强的草本植物取代生长周期较长、生存能力较弱的木本植物来生产菌类产品的综合技术体系，实现融合发展，开辟了一个技术新门类。

这一技术在福建、贵州、新疆、内蒙古、西藏等地和沿黄河 9 个不同气候地理条件的省份有效推广。内蒙古自治区阿拉善盟乌兰布和沙漠、宁夏银川市永宁县闽宁镇等成立防风治沙基地或产业园区，取得了显著的经济、社会、生态效益。根据植物、动物、菌物三物循环生产理念，菌草既可作为培养基培育食药用菌，又可当作动物饲料及生物质能源与材料，还可通过工业化利用以制造板材、纸张等，形成草（植物）、畜（动物）、菌（菌物）相贯通的菌草循环产业模式，打造可持续发展的菌草新兴生态产业形态，构建绿色低碳循环发展的经济体系。菌草不仅具有经济效益，而且在治理水土流失、治理荒漠、防沙固沙、治理盐碱地、治理石漠化、治理砒砂岩、矿山植被修复、滨海防风固沙等方面成效显著。在饲料、肥料、生物质能源领域菌草也应用广泛。菌草以草代煤发电，每公斤巨菌草热值为3580大卡，碳排放与燃煤相比大大减少。菌草产沼气量可达548.3立方米/吨，比玉米、小麦等农作物秸秆产沼气高1倍。菌草也可用于生产乙醇、生物柴油，是可再生能源。利用绿洲1号菌草生产密度纤维板，质量优良。据中国制浆造纸研究院检测，巨菌草可以用来生产高档纸浆。[1]

菌草技术是中国在推进脱贫过程中摸索出的一项成功实践，先后入选了"南南合作"项目、"中国与其他发展中国家优先合作项目"和援助发展中国家技术培训项目。联合国粮农组织专家在实地考察后，认为："在新世纪，运用菌草技术发展菌草业将成为发展中国家保护生态环境、增加就业、消除贫困的重要途径。"

2017年5月，菌草技术被列为"中国—联合国和平与发展基金"重点推进项目向全球推广，传播到全球100多个国家。作为普惠性的新兴技术，中国的菌草援外一直坚持"授人以渔"的援助理念，注重通过培训当地农业技术人员，传授菌草栽培和加工、食用菌栽培等实用技术，帮助合作国培养人才，提高农业生产水平，增强自主发展的造血功能。菌草为亚非拉南方国家脱贫和《2030年可持续发展议程》

---

[1]《菌草——造福人类的"幸福草"》，国家林业和草原局网站，2021年10月29日。

落实贡献了中国智慧、中国方案,创造出中国助推国际脱贫的样板。在卢旺达,食用菌菌袋生产合作社和企业达50多家,一批青年菌草企业家正在成长,菌草已经成为当地的新兴产业,受益者超过2万人。卢旺达的菌草产业发展也为资源匮乏型国家提供了一个可持续发展榜样。中国通过培养当地技术人才,不仅为菌草技术全球推广播下了希望的种子、打下了良好基础,同时也架起了一座座中外友谊之桥。

巴布亚新几内亚是中国援外菌草技术示范基地的第一站,菌草被当地百姓亲切地称为"中国草"。2000年5月,时任福建省省长习近平与东高地省省长佩蒂·拉法纳玛签署了两省结好协议,并应他们的要求,将菌草旱稻技术作为技术援助送给东高地省。从2001年开始,中国专家团队在艰苦的环境下,实现了当地食用菌栽培突破,持续开展菌草种菇、菌草养畜的技术培训、示范和推广,蘑菇走上了千家万户的餐桌,菌草项目获得成功实践。新几内亚东高地省菇农弗雷达·科罗拉玛从2020年开始种菇,到2022年7月,已经赚了72000基纳(约合人民币141678元),减去成本存下了25350基纳(约合人民币49194元)。2017年,巴新东高地省创下巨菌草每公顷年产鲜草854吨的世界纪录。为此,东高地省举办盛大庆祝活动,升起五星红旗,奏响中国国歌。到2021年,菌草种植在巴新已扩展到8个省16区,起步最早的东高地省从一个不为人知的偏远高地省份成为巴新闻名的鲁法菇出产地,为资源匮乏型国家和地区提供了一个可持续发展的样板。菌草发展项目具有多重影响,惠及多个不同生产部门。菌草技术具有多元生态功能,菌草技术已成为一项保护生态、带动增收和促进可持续发展的综合性技术,在完善生物供应链减少人类向大自然索取破坏方面,在治理恢复土壤植被从而增加可耕地可用地方面,具有强大的生态功能。

20多年来,作为中国菌草援外工作的实施者,福建农林大学为推动菌草技术走向世界,作出了重要贡献。从2001年起,学校牵头建设的菌草技术示范基地先后在巴布亚新几内亚、卢旺达、斐济、莱索托、南非、马来西亚、厄立特里亚、中非、老挝、菲律宾、朝鲜等17个国家落地,派出专家团队90多批次、300多人次赴各国长期开展技术援助及推广。2005年在南非,2006年在莱索托,2007年在卢旺达,还有斐济、中非共和国等国,都开始了菌草栽培。2012年,国家菌草工程技术研究中心获批挂牌启动,搭建起发展菌草技术的国家级科技创新平台。2022年,福建农林大学作为依托单位获批建设中国—太平洋岛国脱贫与发展合作中心。2023年,菌草工程技术研究中心正式成为联合国经社部的执行伙伴,双方联合在全球推广菌草技术。2023年3月,中国—太平洋岛国菌草技术示范中心在斐济启用,带动辐射周边萨摩亚、密克罗尼西亚、汤加等南太岛国。南非的菌草合作项目建立了1个研究培训基地、2个菇农合作社旗舰店和40个菌草培育示范点,为农村地区提供了200多个固定工作岗位,培训学员507人,1万多户家庭从中受益,南非菌草合作项目因此被誉为"中南合作典范"。中国不断在技术创新与国际合作上迈出新步伐,为落实联合国《2030年可持续发展议程》持续贡献中国智慧和中国方案。

值得特别提出的是,2020年全球新冠肺炎疫情暴发后,菌草技术专家组仍坚持常驻巴布亚新几内亚、斐济、中非共和国、卢旺达、莱索托开展工作。

截至2023年,中国已在国内外举办300多期菌草技术及菌草产业发展国际培训班,为106个国家培训学员1.3万多名,《菌草技术》《菌草对外援助与可持续发展》等专著被翻译成18种文字,《菌草与国际脱贫》等6门国际线上课程启动。正如习近平总书记的精准论述,菌草技术合作紧扣消除贫困、促进就业、可再生资源利用和应对气候变化等发展目标，为增进当地发展和人民福祉发挥了重要作用，受到发展中国家普遍欢迎。[1]目前，中国菌草技术不断创新，菌草推广面积不断扩大，菌草产业链正在更多国家落地，菌草援外项目成为中国援外的"金字招牌"。许多国家的菌草从无到有、从少到多，为当地创造更多的就业机会。菌草技术正助力更多南方国家脱贫，实现可持续发展：援卢旺达农业技术示范中心公益性推广工作持续进行，为当地脱贫作出突出贡献；特立尼达和多巴哥、津巴布韦、坦桑尼亚、巴基斯坦、乌干达、南苏丹、厄立特里亚、泰国、菲律宾、老挝等国家正在进行菌草援助的前期准备；中国—墨西哥菌草技术示范中心筹备工作已启动……

---

[1] 参见《习近平向菌草援外20周年暨助力可持续发展国际合作论坛致贺信》，《人民日报》2021年9月3日。

第四章 妇女儿童脱贫减贫的中国经验及与南方国家路径分享

消除贫困是各国人民追求幸福生活的基本权利,其中包括妇女和儿童。性别平等与妇女儿童的发展是联合国《2030年可持续发展议程》重要目标,更是人类实现可持续发展的必要条件,促进更平等社会的形成得到了广泛的关注。但是,妇女儿童的贫困是一个世界性难题,发生数量多、分布广泛,面对战乱、疫病、恐怖和暴力,妇女儿童往往更为弱势。妇女儿童经济地位、受教育水平和身体健康状况,不仅关系到自身生存与发展,而且关系着阻断贫困的代际传递,是实现可持续脱贫的关键点。妇女儿童的贫困并不只是收入这一经济上的单一维度,而是健康、失业、家暴、性别歧视等维度的多元贫困。目前来说,营养不良、安全饮用水、环境卫生设施、健康、良好的居住条件、教育和信息等对于妇女儿童贫困的影响较大。

一、妇女儿童脱贫减贫的中国经验

习近平总书记说:"妇女是物质文明和精神文明的创造者,是推动社会发展和进步的重要力量。"[1]"少年儿童是祖国的未来,是中华民族

---

[1]《促进妇女全面发展,共建共享美好世界》(2015年9月27日),《习近平外交演讲集》第1卷,中央文献出版社2022年版,第280页。

的希望。"[1]中国拥有世界上最大规模的妇女群体。中国妇女脱贫的任务重、难度大、情况复杂：一是发生率高，2010年，女性的贫困发生率为9.8%，比男性高0.4%。二是贫困妇女人口基数大。中国打赢人类历史上最大规模的脱贫攻坚战，对世界脱贫贡献率超过70%。现行标准下9899万农村贫困人口全部脱贫，832个贫困县全部摘帽，12.8万个贫困村全部出列，4416万农村妇女摆脱绝对贫困。作为全球妇女事业和脱贫事业的积极倡导者和有力推动者，中国一向视妇女为脱贫减贫的重点对象，也是脱贫减贫的重要力量。

随着城镇化的深入，大量农村青壮年男性劳动力外出务工，妇女占中国农村劳动力的60%以上。受经济条件、地域环境、传统婚姻习俗等诸多因素影响，中国妇女主导大部分的家庭事务，在抚养子女、赡养老人和改善家庭生活方面发挥着重要作用。同时，妇女脱贫与儿童留守等问题互相交织，年轻父母对子女教养意识淡薄，与儿童互动沟通少，不利于儿童身心健康发展。贫困妇女脱贫是提升贫困家庭子女教育水平和健康水平、提高子女的认知能力的有效着力点，是阻断贫困相传的关键环节，也是提升贫困家庭生活质量的重要手段。

追求男女平等，实现妇女解放是马克思主义鲜明的政治立场。在中华民族从站起来、富起来到强起来的伟大飞跃中，妇女事业取得举世瞩目的成就。中国坚持男女平等基本国策，将妇女作为重点扶贫对象，高度重视解决妇女儿童精准脱贫，从政策措施、保护机制、服务体系、工作力量和资源配置等方面带有性别关切，重视妇女儿童的参与和受益，为他们提供强有力的保障。推动加快妇女儿童脱贫步伐，最主要的是建设公平有效的公共福利和社会保障，更充分、平等地让

---

[1]《习近平关于青少年和共青团工作论述摘编》，中央文献出版社2017年版，第5页。

所有群体都享有权利和尊严。1994年起开始实施的《国家八七扶贫攻坚计划（1994—2000年）》包含了鼓励女性参与脱贫的政策与措施，如开发适合妇女特点的扶贫项目、组织妇女学习实用技术、组织妇女劳务输出等。1995年9月，在北京举行的世界妇女大会上，中国政府向国际社会庄严宣示了男女平等的基本国策。2005年修订的《中华人民共和国妇女权益保障法》规定"实行男女平等是国家的基本国策"。2011年，中国政府发布《中国妇女发展纲要（2011—2020年）》。经过10年努力，中国女性参加失业保险、工伤保险的人数增长约八成。通过实行失业救济制度、国有企业待业保险制度、下岗职工基本生活保障制度和失业保险制度，妇女就业相关权益得到切实保障。2020年末，女性参加失业保险的人数为9207.2万人，比2010年末增加4058.2万人，增长78.8%；女性参加工伤保险的人数为1.03亿人，比2010年末增加4570.5万人，增长80.2%。中国高度重视儿童权利保障，儿童贫困也是一个紧迫的问题，尤其是在入学率和营养不良方面。相比城市地区，贫困对农村地区儿童的影响更大。也是在2011年，中国政府采取了新的农村扶贫策略并首次将儿童作为一个特殊帮扶群体涵盖其中。2015年，中国与联合国妇女署共同举办全球妇女峰会，习近平在纽约联合国总部主持峰会并发表重要讲话。他指出："在中国人民追求美好生活的过程中，每一位妇女都有人生出彩和梦想成真的机会。中国将更加积极贯彻男女平等基本国策，发挥妇女'半边天'作用，支持妇女建功立业、实现人生理想和梦想"[1]，树立了全球妇女发展史上新的里程碑。党的十八大报告、党的十九大报告指出"坚持男女平等基本国策，保障妇女儿童合法权益"。2018年11月，习近平

---

[1]《促进妇女全面发展，共建共享美好世界》（2015年9月27日），《习近平外交演讲集》第1卷，中央文献出版社2022年版，第283页。

在同全国妇联新一届领导班子成员集体谈话时强调:"把更多注意力放在最普通的妇女特别是困难妇女身上,格外关心贫困妇女、残疾妇女、留守妇女等困难妇女,为她们做好事、解难事、办实事。"[1]2019年,十九届四中全会明确提出,完善农村留守儿童和妇女、老年人关爱服务体系。2020年,中国实现现行标准下的所有贫困妇女人口全部脱贫,提前10年实现联合国《2030年可持续发展议程》确定的脱贫目标。

(一)实施对妇女儿童的专门脱贫规划

坚持政府主导,在脱贫减贫的国家总体发展战略中,中国开展大规模专项扶贫行动,实施对妇女儿童专门的发展规划。政府密集出台了《关于在扶贫开发中做好贫困妇女脱贫致富工作的意见》《关于在脱贫攻坚战中大力推进小额贷款促进建档立卡贫困家庭妇女脱贫致富的通知》《关于促进电商精准扶贫的指导意见》《关于加强农村留守妇女关爱服务工作的意见》等一系列指导性文件,支持贫困地区妇女发展。随着扶持政策而来的,是特色种养、农产品加工、休闲农业、乡村旅游、电子商务等多元业态项目的落地,为贫困妇女致富提供了平台,带来了倍增效应。

"全国巾帼脱贫示范基地"在贫困地区加大投入创建,鼓励妇女创办、领办家庭农场和各类农业合作社,积极引导贫困妇女融入当地产业扶贫和新业态,帮助贫困妇女稳定持续增收,持续为妇女脱贫注入活力。2018年,全国妇联开展"乡村振兴巾帼行动",使妇女成为推动农业农村现代化的重要力量,成为乡村振兴的享有者、受益者,更是推动者、建设者。"巾帼行动"实施"农村妇女素质提升计划",提

---

[1]《习近平在同全国妇联新一届领导班子成员集体谈话时强调:坚持中国特色社会主义妇女发展道路,组织动员妇女走在时代前列建功立业》,《中国妇运》2018年第11期。

高农村妇女参与乡村振兴的素质和能力；开展"美丽家园"建设活动，引领农村妇女共建共享生态宜居新农家；拓展寻找"最美家庭"活动内涵，以文明家风促进乡风文明；持续深化"巾帼脱贫行动"，增强贫困妇女群众获得感。2020年，全国妇联深入推进"巾帼脱贫行动"，提升妇女的发展能力，拓展她们的增收之路，强化对她们的关爱帮扶；开展电商扶贫、消费扶贫、东西协作扶贫，推出"巾帼脱贫冲刺跑""楚凤巧手"等直播活动；推进"百县万品"项目对接，在广东、浙江设立全国巾帼助农创业基地等一系列举措带动妇女增收。在实施"农村妇女素质提升计划"方面，加大网络教育培训工作力度，增强农村妇女网络学习意识，开发多种形式的网络教育培训课程，不断扩大妇女受训范围。面向农村妇女骨干、基层妇联干部和返乡下乡创业女大学生、女农民工等群体，开展现代农业实用技术、电子商务、乡村旅游、手工制作等示范培训，帮助农村妇女提高适应生产力发展和市场竞争的能力，在更广领域、更深层次参与农业农村现代化建设。在开展"美丽家园"建设活动时，推动妇女从家庭做起、从改变生活和卫生习惯入手，清理整治房前屋后环境，清除私搭乱建、乱堆乱放，全面净化绿化美化庭院。在持续深化"巾帼脱贫行动"方面，以帮扶深度贫困地区妇女为重点，以增强贫困妇女内生动力和脱贫能力为突破口，以更有力的举措、更精细的工作，进一步抓实抓牢立志脱贫、能力脱贫、创业脱贫、巧手脱贫、互助脱贫、健康脱贫、爱心脱贫7项重点任务。据国家统计局发布的《中国妇女发展纲要（2021—2030年）》统计监测报告显示，深入实施就业优先战略，多措并举稳定和扩大就业岗位，坚决防止和纠正就业歧视，中国妇女实现了更高质量更加充分的就业。2022年，全国就业人员中女性就业人员3.2亿人，占全部就业人员的43.2%。城镇非私营单位就业人员中女性为6766.4万人，占比为40.5%。《妇女权益保障法》《女职工劳动保护特别规定》深入贯彻落实，女职工劳动保护和健康保障得到加强；广泛开展劳动安全和健康宣传教育，女职工的合法权益得到有力维护，特殊权益得到保障。[1]

（二）着力解决妇女儿童的医疗问题

通过各方力量合力攻坚，着力解决妇女儿童的医疗问题。中国通过建立遍布城乡的三级妇幼卫生服务网络，缩小了城乡以及不同地区之间的妇女健康保健差距。贫困地区新型农村合作医疗实现全覆盖，到2010年底，国家扶贫开发工作重点县参加新农合的农户比例达到93.3%，有病能及时就医的比重达到91.4%，乡乡建有卫生院，绝大多数行政村设有卫生室。[2] 通过不断完善卫生与健康规划，为贫困妇女、农村妇女、残疾妇女、老年妇女等各类特定群体提供多元化和有针对性的健康服务，全民健康一个人都不落下的目标逐步实现。2014年，中国提前实现了联合国千年发展目标中妇幼健康相关指标，世界卫生组织公布的《妇幼健康成功因素报告》，将中国列为妇幼健康高绩效的10个国家之一。妇女健康水平不断提升，女性平均预期寿命超过80岁，孕产妇死亡率比2010年下降近一半。妇女受教育水平不断提高，义务教育阶段基本消除性别差距，大学和研究生中女生占比超一半。

《中国妇女发展纲要（2011—2020年）》实施，把缓解妇女贫困程度、减少贫困妇女数量放在优先位置，扶贫政策、资金、措施优先向贫困妇女倾斜，帮助贫困妇女解决最困难最忧虑最急迫的问题。累计

---

[1]《2022年〈中国妇女发展纲要（2021—2030年）〉统计监测报告》，国家统计局网站，2023年12月29日。

[2] 中华人民共和国国务院新闻办公室：《中国农村扶贫开发的新进展》（2011年11月），《人民日报》2011年11月17日。

有 1021 万名贫困妇女和妇女骨干得到各类技能培训，500 多万名贫困妇女通过手工、种植养殖、家政、电商等增收脱贫。国家累计发放妇女小额担保贷款和扶贫小额信贷 4500 多亿元，870 万名妇女通过小额担保贷款和扶贫小额信贷实现创业增收。通过实施健康扶贫工程、"母亲水窖"安全饮水项目、"母亲邮包"等公益项目，投入公益资金 41.7 亿元，惠及贫困妇女 5000 余万人次，有效解决贫困妇女因病致贫的困扰。其中"母亲健康快车"是全国妇联中国妇女发展基金会整合健康公益资源，加大在贫困地区开展的项目。该项目向贫困地区妇幼保健院等医疗机构捐赠"母亲健康快车"及车载医疗设备，把专业优质的医疗服务送到老百姓家门口。

（三）持续提升妇女儿童受教育水平

中国一直重视和倡导关爱和保护女童。2016 年中国最新修订的《禁止非医学需要的胎儿性别鉴定和选择性别人工终止妊娠行为的规定》，明确禁止基于性别的歧视，禁止歧视女童。1989 年，在全国妇联领导下，中国儿童少年基金会发起并组织实施了旨在帮助贫困失辍学女童重返校园、继续学业的"春蕾计划"公益项目。该项目从重点辅助政府普及九年义务教育，拓展至全学龄段女童资助，持续提升女童受教育水平；从以助学为核心，丰富升级为技能培训、健康保护、数字教育等一系列关爱服务。经过消除义务教育阶段中的性别差异，保障中国女童平等接受教育的权利，小学学龄女童净入学率与男童的净入学率基本持平，义务教育阶段已基本消除性别差距。2023 年，纽约联合国总部举行联合国妇女地位委员会第 68 届会议，会议聚焦"从性别视角来消除贫困并加强机构和筹资，从而加速实现性别平等及所有妇女和女童的赋权"，中国"春蕾计划"获得联合国教科文组织女童和妇女教育奖，与会代表对"春蕾计划"带动促进女性通过教育改变自身命运、实现人生价值的成效深表钦佩。"春蕾计划"不仅推动了中国女童教育与可持续发展，而且为南方国家提供了改善女性受教育状况的中国经验。《中国妇女发展纲要（2011—2020年）》提出"性别平等原则和理念在各级各类教育课程标准及教学过程中得到充分体现"的要求。《中国妇女发展纲要（2021—2030年）》又提出"大中小学性别平等教育全面推进，教师和学生的男女平等意识明显增强"的发展目标。这表明中国教育在发展中将不再仅仅强调女性参与教育机会的平等，更强调将性别平等的原则纳入教育的内容、过程和目标。

党的十八大以来，中国大力发展职业教育和技能培训，组织贫困妇女和妇女骨干参加各类培训，就近就地带动贫困妇女就业，实现了短期见效、稳定脱贫、长期增收的目标。举办巾帼脱贫示范培训班，直接培训贫困地区妇女骨干和脱贫女带头人。开展生活实用技能和健康知识培训，引导易地扶贫搬迁妇女学习新技能、融入新生活。各级妇联积极配合教育部门做好"控辍保学"工作，面向贫困家庭开展义务教育政策宣传、困难儿童帮扶，助推贫困地区孩子完成义务教育，动员包括大龄女童在内的更多贫困家庭"两后生"（初、高中毕业后未能继续升学的劳动力）接受职业教育，掌握一技之长。[1]

2013年以来，中国累计改造贫困地区义务教育薄弱学校10.8万所，实现贫困地区适龄儿童都能在所在村上幼儿园和小学。实施《中国儿童发展纲要（2011—2020年）》《国家贫困地区儿童发展规划（2014—2020年）》，对儿童教育和健康实施全过程保障和干预。开展儿童营养知识宣传和健康教育，实施贫困地区儿童营养改善项目，提高贫困地区儿童健康水平，为集中连片特困地区6—24月龄婴幼儿每

---

[1]《凝固巾帼力量，决战脱贫攻坚》，《人民日报》2021年1月7日。

天免费提供 1 包辅食营养补充品，截至 2020 年底，累计 1120 万名儿童受益。实施出生缺陷干预救助项目，为先天性结构畸形、部分遗传代谢病和地中海贫血贫困患病儿童提供医疗费用补助，累计救助患儿 4.1 万名，拨付救助金 4.7 亿元。组织各类志愿者与孤儿、农村留守儿童、困境儿童结对，开展关爱帮扶，覆盖儿童和家长 2519.2 万人次。建立儿童之家 28 万余所、儿童快乐家园 1200 余个，为留守、困境儿童提供文体娱乐、心理疏导、生活照顾、家教指导等关爱服务。大幅提高孤儿保障水平，机构集中养育孤儿和社会散居孤儿平均保障标准分别达到每人每月 1611.3 元和 1184.3 元。实施"孤儿医疗康复明天计划"项目，累计投入 17 亿元、惠及 22.3 万名病残孤儿。实施"福彩梦圆·孤儿助学工程"，累计投入 5.4 亿元、惠及在校就读孤儿 5.4 万人次。建立事实无人抚养儿童保障制度，25.3 万名事实无人抚养儿童参照当地孤儿保障标准纳入保障范围。[1]

（四）提升妇女数字素养及技能

抓住科技革命和数字技术发展机会，提升妇女数字素养和技能，在更为广阔的产业范围内为妇女创造更多高质量就业岗位，发展面向妇女的数字教育和培训，鼓励更多女性在数字经济领域就业创业。强化政府、企业和社会组织等各方合作，为妇女参与创新发展提供政策支持。帮助有创业意愿的贫困妇女解决资金困难，为妇女教育和就业创业铺路。具体来说，首先，制定并执行妇女数字教育和从业援助项目的战略部署，有效整合多方资源，推动妇女数字教育和从业援助项目的整体协调发展，建立有序发展的长效机制。女企业家协会、工商联女商会、女科技工作者协会等妇联团体会员及女性社会组织深入贫

---

[1]《人类减贫的中国实践》，中国政府网，2021 年 4 月 6 日。

困地区的妇女儿童中间,开展"送科技、送知识、送健康、送技能"下乡活动。其次,提高妇女数字教育和从业援助项目的针对性与有效性,拓宽覆盖范围,吸引更多的女性学员参与。再次,保障妇女数字教育和从业援助项目经费的及时拨付与合理使用,规范项目经费预算编制。互联网领域创业者中女性占55%,科技工作者中女性科技人员约占45.8%,新就业形态中妇女从业者约占32.7%。女性在数字贸易、电商、直播等领域发挥着重要作用。

（五）注重保障特殊妇女儿童主体权益

注重保障少数民族妇女、贫困妇女、农村妇女、女童以及老年妇女等特殊主体权利。把妇女扶贫脱贫纳入东西部扶贫协作和对口支援机制,通过劳务互助、产业帮扶、消费扶贫等多种方式,为西部贫困地区妇女精准脱贫提供帮助。例如,老年妇女的贫困掩盖在家庭内部,老年妇女年龄歧视、脱离家庭事务以及男女同龄退休等问题仍然影响着老年妇女权利的保护,她们维权意识薄弱,弱势身份不容易被发现。对偏远地区重点关注。偏远地区,经济、社会发展相对滞后,妇女贫困人口相对集中,如新疆、西藏、宁夏、贵州等。以居住在西藏地区的藏族妇女儿童为例,其权利不仅受到国家宪法和法律的保护,还得到《西藏自治区实施〈中华人民共和国妇女权益保障法〉办法》《西藏自治区实施〈中华人民共和国未成年人保护法〉办法》等一系列地方性法律法规的保护。《西藏自治区妇女发展规划（2011—2015年）》《西藏自治区儿童发展规划（2011—2015年）》确定的大部分目标任务基本实现,藏族妇女基本实现了与全国妇女的同步发展。

二、中国妇女儿童脱贫减贫经验与南方国家的分享

在发展的道路上,一个国家都不能少,一个人都不能掉队。在全

球范围，妇女发展水平仍然不平衡，男女权利、机会、资源分配仍然不平等，社会对妇女潜能、才干、贡献的认识仍然不充分。尤其是在南方国家，健康状况较差、文化程度低、就业率低、家庭及社会资源少以及承担沉重的家庭劳动，被认为是南方国家妇女贫困的主要原因。联合国儿童基金会报告指出，受气候变化、冲突、经济危机等影响，在实现联合国《2030年可持续发展议程》的进程过半之际，有2/3与儿童相关的总指标偏离轨道。在全球发展和南南合作基金框架下，中国同联合国儿童基金会、世界粮食计划署、人口基金等国际组织合作，向埃塞俄比亚、肯尼亚、东帝汶、老挝等国妇女儿童提供营养、卫生、教育等领域的援助，将最急需物资交到南方国家最需要帮助的妇女儿童手中，帮助他们渡过难关、健康生活。

不仅如此，多年来，中国在妇女儿童贫困治理中探索出很多具有借鉴价值的措施策略，并取得了显著成效，日益得到南方国家的关注，他们希望多维度学习。中国更是"授人以渔"。中国广大贫困地区妇女不仅实现自身脱贫，还通过经验分享携手南方国家妇女撑起脱贫减贫的"她力量"。中国对南方国家妇女儿童的援助和脱贫减贫的经验分享采取特殊政策，加大帮扶力度，共建共享美好世界，产生了显著效果，获得了受益国家政府和民众的高度肯定和认可。

（一）提供力所能及的直接物资援助

力所能及地对人均国内生产总值相对较低的南方国家，特别是最不发达国家妇女儿童等特定群体，提供喂养和分发食物等直接物资援助，是中国在妇女儿童贫困治理中经常采取的措施。在很多南方国家，实现性别平等和妇女全面发展还有很长的路要走，妇女儿童贫困程度较男性更深。其弱势地位和受援要求常常得不到重视，需要更多更为直接的专门援助，并需要对这些援助加以监督。《联合国全系统性别平等加速计划》和"投资女性"倡议,将妇女放在全面工作中心位置,在消除暴力、歧视、贫困等问题上持续加大投入,在解决性别数字鸿沟等新挑战上有所作为。中国高度重视并支持联合国在促进世界性别平等和妇女发展方面采取的积极举措,积极参与国际、区域妇女权利保障制度与行动计划的制定,将性别平等与妇女发展作为国际合作项目以及多边、双边人权交流机制中的重要内容。在实际行动上,中国每年向联合国妇女署捐款 200 万美元,迄今已捐款超过 1000 万美元,成为捐款最多的发展中国家。全球发展倡议项目库首批项目清单中,多个项目惠及南方国家妇女儿童,在脱贫、粮食安全、抗疫和疫苗、数字经济等各领域推进妇女儿童发展合作。中国持续向南方国家妇女和妇女组织提供小额物资援助,中国全国妇联向 31 个国家提供 50 多批小额物资援助,把电脑、缝纫机、收割机等送到当地普通妇女手中。2020 年,全国妇联向近 30 个国家捐赠价值 2000 多万元的防疫物资。

  2008 年,强热带风暴使缅甸遭受严重灾害,缅甸人民生命和财产蒙受巨大损失。中国全国妇联为帮助缅甸妇女儿童尽早渡过难关、重建家园,通过缅甸全国妇女事务联合会向缅甸灾区妇女儿童捐赠一批包括净水、照明设备、衣物和清洁用品在内的紧急救灾物资,价值 60 万元人民币。中国坚持向亚非拉广大南方国家提供紧急粮食援助,促进儿童营养保障。对于南方国家的儿童而言,饥饿是一个严峻挑战。2015 年,中国农村发展基金会启动了"微笑儿童"国际项目,通过为饥饿儿童提供膳食或分发食物,帮助贫困地区的儿童免受饥饿之苦,使他们能够健康成长,为实现联合国零饥饿目标作出贡献。缅甸是"微笑儿童"国际项目的实施国家之一,仰光省 10 所学校开展了"微笑儿童"供餐项目,4463 名学生得到了帮助。项目启动后开展了监测评估活动,由妈妈团队参观 10 所学校,对项目负责学校的老师和教育局的官员做问卷调查和采访，以确保学生在学校能够享受安全的膳食。除缅甸外，中国的"微笑儿童"国际项目已在埃塞俄比亚、尼泊尔、阿富汗、老挝、柬埔寨等国家推广实施，累计惠及 28623 名学生，为缅甸等国的儿童生活条件改善作出了重要贡献。"微笑儿童"国际项目以积极的行动和广泛的影响展示了中国人民的大爱和友谊。

（二）助力妇女就业和经济独立

中国以经济社会发展为贫困妇女儿童等特定群体脱贫提供环境和新路径，助力妇女就业和经济独立，持续改善他们的生存发展状况。妇女儿童事业的发展必然与经济社会同步发展，以充分保障生存权利，获得发展机会。南方国家许多贫困妇女被社会边缘化，受制于家庭分工和经济发展滞后的现实，缺乏获得工作的机会。特别是新冠肺炎疫情以来，由于经济和性别的不对等，疫情对每个人的影响程度并不相同。妇女与儿童更为脆弱，首当其冲受到新冠肺炎疫情次生灾害的影响，贫困加剧。从事服务业或家政工作的妇女由于经济不景气被解雇，儿童面临着更严重的营养不良、童工和早婚风险。根据联合国的数据，2020 年，疫情使 4700 多万名妇女和女孩的生活降至贫困线以下。按照目前通用的世界银行关于绝对贫困的标准，收入低于 1.9 美元 / 天即为绝对贫困，相对贫困则是指收入低于平均水平的一半。2021 年，在 25—34 岁的极端贫困人口中，男女比例为 100 ：118；预计到 2030 年，这一差距将扩大到 100 ：121。面对肆虐的新冠肺炎疫情，中国坚持与国际社会合作抗疫，向国际社会提供超过 21 亿剂疫苗，支持各国战疫情、稳经济、巩固脱贫成果。同时，中国全面落实二十国集团"暂缓最贫困国家债务偿付倡议"，是二十国集团成员中落实缓债金额最大的国家。到 2022 年 6 月，中国为受疫情影响的发展中国家抗疫以及恢复经济社会发展提供 20 亿美元援助，并将在 3 年内再提供 30 亿美元国际援助。

产业的培育，是可持续发展的根本。共建"一带一路"项目等，带动了多重资源和工作机会的输入。中国企业重视妇女参与权，充分利用各种载体和渠道，广泛开展励志教育、技能培训、典型示范等活动鼓励妇女工作，这也增强了南方国家贫困妇女参与工作的动力和能力。2019 年 11 月，第 11 届东盟农村发展与消除贫困部长级系列会议在缅甸内比都召开。来自东盟 10 国及联合国粮农组织等国际组织共 91 名与会代表在实地考察埃羌达村后，认为这是一个标杆式的国际脱贫项目。中国项目组将提升当地的传统产业作为重点，开展水稻、花生、芝麻的良种良法示范，40 英亩的样板田产量比原来翻了一番。看到实效后，村民纷纷加入实用技术培训班，科学种植养殖，收入明显增加。不仅如此，劳务输出也让村民受益。在项目组和中国驻缅大使馆的帮助下，敏彬村的 5 位女性村民到内比都附近的制衣厂务工，第一次有了自主的工资收入。

在许多南方国家，妇女群体性别平等意识淡薄，主观脱贫动力不足，在就业时容易受到性别歧视，脱贫减贫的难度较大。中国与南方国家一道分享中国妇女脱贫取得的经验。中国为南方国家妇女权利保障提供资金支持、人才支持和技术培训等援助，在推动全球性别平等与妇女发展中发挥了重要作用。中国全国妇联深入开展"凝聚女性力量、共建'一带一路'"主题交流，连续主办中国—东盟妇女论坛、中国—阿拉伯国家妇女论坛、"指尖上的丝绸之路——丝路妇女论坛"，推动南方国家妇女成为共建"一带一路"的拥护者、参与者、受益者。中国采取行动阻止社会倒退和妇女经济水平的降低，促进妇女就业，与境内外组织联建 15 个"丝绸之路妇女之家"，支持和帮助南方国家妇女发展妇女技艺，取得收入；因地制宜开展务实合作，让妇女在不远离家庭的条件下就近务工，从而兼顾家庭和工作，使发展成果更多惠及妇女儿童。贫困妇女走出家庭，融入工厂、村社，在获得新的社会关系后，产生新的社会归属，也能逐渐形成并增强主体性意识，摆脱贫困妇女的形象与地位。

（三）分享对妇女儿童健康扶贫的经验

长期的营养摄入不足，使南方国家妇女儿童容易受到疾病的侵袭，特别是儿童。营养不良导致的身体发育迟缓和免疫力的下降，给儿童的生命和发展带来长期伤害。多年来，中国对南方国家卫生健康领域的援助和支持重点在妇女儿童。中国2016年在世界卫生组织框架下签署的《中国—世界卫生组织国家合作战略（2016—2020）》，2017年在"一带一路"倡议下签署的《关于"一带一路"卫生领域合作的谅解备忘录》《关于"一带一路"卫生领域合作的执行计划》，以及2015年以后在南南合作中与亚非拉国家签署或建立的公共卫生合作计划、对口医院合作关系以及医药卫生合作协议等，均包含了与妇女健康领域相关的议题与举措。国家卫生健康委员会积极加强与世界卫生组织、联合国儿童基金会、联合国人口基金等国际组织合作，吸收借鉴国际先进理念和经验，引进资金、人才、技术，搭建起人才培养和政策交流的平台。通过邀请国内外知名专家出席中国妇幼健康发展论坛、参加国际会议、开展国际合作等多种形式，宣传推广中国妇幼健康领域成功经验。在中非合作论坛、中国—阿拉伯国家合作论坛、亚太经合组织、二十国集团、上海合作组织等多边框架下，以妇女儿童保护为主题的论坛中方无一缺席。到2024年，中国立项实施了发展中国家儿童传染性疾病防治培训班、"一带一路"国家校园安全与儿童伤害应急救护研修班等20多期儿童领域双多边研修培训项目，累计培训相关领

第四章 妇女儿童脱贫减贫的中国经验及与南方国家路径分享

域人才 500 余名。[1]

2015 年 9 月，习近平主席在全球妇女峰会上宣布，未来 5 年中国将帮助发展中国家实施 100 个"妇幼健康工程"，派遣医疗专家小组开展巡医活动。这是中国政府以实际行动支持联合国 2030 年可持续发展目标的体现。中国通过人员培训、设备援助、机构援建、人员援外等多种形式，积极向南方国家分享中国妇幼健康领域成功经验，惠及更多发展中国家。有关项目在柬埔寨、塞拉利昂、马拉维等多国陆续落地，有力保障当地妇女儿童享有基本医疗卫生服务，为妇幼健康福祉筑起牢固屏障。如 2016 年，在津巴布韦帕瑞仁雅塔瓦医院启动实施"妇幼健康"创新工程宫颈疾病防治项目，目前双方共同挂牌成立的津巴布韦国家宫颈病变防治中心已初具规模，津巴布韦成为第四个能开展 HPV（人乳头瘤病毒）检测的非洲国家。分批次向塞拉利昂派遣儿科专家及医务人员的妇幼健康工程儿科适宜技术项目，通过合作来培养年轻人，培养急需的儿科医学实战人员。

全球疟疾主要集中在南方国家。在新中国成立初期中国还有 3000 万疟疾病例，到 2017 年中国报告本土疟疾病例为零，再到 2021 年中国获得世界卫生组织国家消除疟疾认证……中国抗疟成就为攻克疟疾难题、促进全球健康提供了可供借鉴的方案。青蒿素的发现为中国科学家带来了诺贝尔生理学或医学奖的崇高荣誉，也为非洲摆脱疟疾困扰带来了希望。在马达加斯加，已经有 5 万户农户在种植中国培育的青蒿品种。坦桑尼亚借鉴中国在防治疟疾过程中的赤脚医生模式，招募、培养村民成为当地医疗队的核心医护人员或志愿者；学习中国"1—3—7"疟疾病例报告和检测工作规范，即 1 天内完成病例报告，3

---

[1]《中国积极促进广大发展中国家儿童健康成长——国家国际发展合作署新闻发言人李明答记者问》，国家国际发展合作署网站，2024 年 6 月 1 日。

天内完成病例复核和流调，7 天内开展疫点调查和处置；中国生产的双氢青蒿素磷酸哌喹片也在试点地区推广使用。中国的防疟技术方案被世卫组织多次推广，中国援建医疗基础设施及中国医药企业在海外本土化生产或技术转让，为南方国家加强卫生体系建设提供了可资借鉴的、更为本土化和具体化的方案。

中国努力使南方国家国内的机构成长起来，与国际接轨，承载更多中国对外援助的功能。缅甸有 135 个少数民族，民族矛盾导致的冲突和战乱不断，国家卫生体系无法深入到少数民族地区，所以很多地方处于"无医无药"的状态。缅甸妇女在 45 岁以前生十一二个孩子的情况是常见的，高出生率、高死亡率、低存活率是人口出生现状。中国的援助方案，一是培养大批助产士，慢慢建立起卫生体系；二是预防儿童常见疾病。许多南方国家没有儿童免疫的服务。中国多渠道开展健康扶贫行动，联合专业人道主义卫生援助机构，从事人道主义和公共卫生传染病控制工作。在此过程中，也促使当地政府治理发生改变。由于缅甸卫生服务体系还覆盖社区人员，他们不被认可能行医。经过医疗系统人员的培训，中方卫生援助机构培养的社区人员能做力所能及的事，协助中央政府的卫生体系来发挥更大的功能。通过这种方式，医疗服务覆盖乡村。

（四）分享对妇女儿童教育扶贫的经验

在世界范围内，妇女劳动力接受职业技术培训的比例、外出就业比例和收入状况、社会参与程度等均明显低于男性。中国一贯重视提供妇女发展学历学位教育机会，助力妇女赋权，提高女性地位。聚焦消除贫困、妇女赋权，通过智志双扶，提升教育和培训水平以提高妇女能力，激发性别平等和妇女福祉的内生动力，是中国妇女儿童脱贫的经验。加大妇女培训力度，重点关注培养女性人才，助推教育事业发展，是中国在南方国家长期深耕细作的帮扶主阵地。南方妇女教育水平整体偏低，这一方面导致南方国家妇女难以掌握现代化大生产的职业技能，多滞留于日渐衰落的传统生产部门和技术层次较低的部门；另一方面，知识的匮乏使大多数妇女缺乏参与社会事务管理的意识和维护自身权益的意识。在南方国家开展妇女教育的能力相对有限的情况下，中国对其妇女教育援助，提升妇女技能和文化素质、发挥妇女的特点特长，满足妇女自身和家庭需求，具有重大意义。

近年来，中国不断接纳发展中国家妇女来华参加职业培训，承诺邀请3万多名南方国家妇女来华参加培训。这些举措，基于中国帮助南方国家脱贫减贫的具体制度，关注南方国家妇女特点和特长，特别考虑了南方国家妇女在文化传承、经济社会发展、家庭生活中的重要作用以及照料家庭等的传统需求。宁波职业技术学院自2007年开展职业教育国际援助以来，10年共为70个发展中国家培训了265名女性学员。女性学员培训数量整体呈上升趋势，2015年培训数量达76人。在有年龄记录的251名女性学员中，年龄最大的女性学员63岁，年龄最小的女性学员20岁。女性学员主要来自萨摩亚、坦桑尼亚、多米尼加、摩尔多瓦和乌兹别克斯坦等大洋洲、非洲、美洲、欧洲和亚洲国家。从女性学员的专业领域来看，来自港口管理领域的女性学员91名，来自汽车产业领域的女性学员12名，来自职业教育领域的女性学员162名。从女性学员的职务来看，这265名学员大都为所在国的行政官员、工程师、教师、校长。[1]全国妇联举办的多期澜湄妇女研修班和实用技术培训班，"全球妇女事业发展合作交流培训基地"的挂牌成立等，为促进民心相通、促进区域经济社会可持续发展发挥了积极作

---

[1] 张慧波：《科学援助发展中国家妇女职业教育》，《光明日报》2016年3月29日。

用。到 2024 年，中国为 180 多个国家和地区培养了 20 多万名女性人才，显著提升了妇女参与政治经济活动的能力。中国持续开展"小而美"项目，共享发展成果；凝心聚力、厚植友谊，强调发展要惠及包括妇女在内的全体；充分发挥全球发展倡议框架下全球发展项目库和资金库作用，加大多种形式融资支持，在脱贫、教育、医疗、气候变化等妇女发展重点领域实施各类时间短见效快的项目；改善妇女福祉，支持和帮助妇女在干中学。

中国积极与南方国家开展儿童事务的发展合作，在联合国框架下，连续向联合国妇女署捐款，通过普遍性促进教育使妇女儿童更充分、平等地享有权利和尊严。中国与南方国家共享教育公共产品，努力减轻南方国家教育负担、推动教育公平。中国承诺实施 100 个"快乐校园工程"，向贫困女童提供就学资助，提高女童入学率。中国在国内举办多期发展中国家中小学教育提升研修班，在缅甸、尼泊尔开展中小学管理人员及骨干教师教育交流项目，助力发展中国家提升基础教育师资水平；在巴基斯坦、柬埔寨、老挝、纳米比亚、乌拉圭等多国修建改建数十所中小学校，并提供计算机、实验室设备、图书教材及文体用品等教学物资；在加纳、莫桑比克等国开展远程教育项目，援建的智慧教室相继落地投入使用，帮助当地儿童享受数字化便利，不仅提升了学生的学习兴趣，还开阔了他们的视野，同时对提升教师的教学水平也有很大帮助，让孩子们能上学、上好学。在许多南方国家，窗明几净的村小学、门类齐全的村卫生室，让曾经饱受贫困、环境脏乱、看病难困扰的村民们对生活满怀幸福的憧憬。

案例一:培育边疆民族地区特色产业——敖鲁古雅鄂温克民族乡的经验

当前,边疆民族地区相较于东中部地区整体发展滞后,密切结合地区实际,走特色产业化的发展道路,是实现边疆民族地区高质量发展的现实选择。中国是统一的多民族国家,边疆民族地区的特色文化产业不同于一般产业,不仅具有经济属性,还具有意识形态属性以及文化安全、边疆安全的属性。形式多样的边疆民族地区少数民族民俗文化古老丰厚,独具特色,具有国际影响力。如何使边疆民族地区特色产业与少数民族民俗文化保护共同繁荣共同发展,是深入研究习近平总书记对中华文化传承发展一系列重大理论和现实问题论述,并作出全面系统阐述的题中应有之义。

敖鲁古雅鄂温克民族乡位于内蒙古自治区呼伦贝尔市根河市最北部的敖鲁古雅河畔,是一个地处大兴安岭腹地的纯林区民族乡镇,也是我国最后一个狩猎部落,唯一饲养驯鹿的少数民族聚居乡。目前,敖鲁古雅鄂温克族猎民仅有308人,是我国少数民族中人口较少的民族,现有14个猎民点,饲养驯鹿1200余头。敖鲁古雅鄂温克族由于人口较少、文化独特,被称为"北方民族的活化石",形成了特色鲜明的森林文化、狩猎文化、驯鹿文化、兽皮文化、桦树皮文化、萨满教文化等。近年来,敖鲁古雅鄂温克民族乡不断探索边疆民族地区特色产业发展与少数民族民俗文化保护的路径,具有典型性。

第一,始终坚持立足历史渊源和发展脉络,将鄂温克使鹿的生产历史作为以"多元一体"为特色的中华优秀传统文化组成部分来阐释。鄂温克族由于地理位置特殊,形成了奇特的狩猎和驯鹿风俗文化,构成了中华各民族文化的多样性和差异性。在特色产业发展创造性转化民族民俗元素中，根河市坚持以社会主义核心价值观为引领，巩固各族人民团结奋斗的共同思想基础，使之既保持民族文化的特色，又传承中华优秀传统文化，与新时代的社会发展及时代要求相结合，从而保持旺盛的生命力。通过博物馆展陈、节目演出、非物质文化遗产创作、地方史志编纂、景观设计等多种形式凝心聚力，让人们在特色产业发展中正确认识这个以游猎为主的弱小部落几百年来经历的风雨。从清朝政府的严酷剥削，到日伪时期的残暴统治，鄂温克使鹿部落过着居无定所、爬冰卧雪的艰苦生活。直到新中国成立后，这个历经沧桑部落的猎民才盼来了新生活，生产、生活方式和精神面貌都发生了巨大变化。近年来，鄂温克民族乡建设了博物馆，出版了《使鹿部情韵歌曲集》等作品，协助拍摄了《最后的猎人》和《母鹿》等一批反映鄂温克猎民生产生活的影视作品，打造了敖鲁古雅风情舞台剧，培育出特色产业的文化名片。

第二，注重在民族地区特色产业发展中让鄂温克文化"走出去"，不断提升国家文化软实力和中华文化影响力。第五届世界驯鹿养殖者大会在敖鲁古雅乡召开，这是根河市第一次承办国际性会议，来自挪威、芬兰、瑞典、丹麦、俄罗斯等国家和地区的200多位国际友人出席了大会。"敖鲁古雅部落"加入国际驯鹿养殖者代表大会，中国正式成为北极理事会永久观察员国，为民族特色产业的发展开辟了更为广阔的前景。

第三，依托敖鲁古雅鄂温克族独特的民俗文化，打造"敖鲁古雅风情、驯鹿文化特色"品牌名片，构建以文旅为龙头的特色产业体系。近年来，敖鲁古雅鄂温克民族乡围绕驯鹿文化、森林文化、狩猎文化等特色民俗，谋划深度融合一二三产业。以驯鹿文化为主体的文化创意业，以宾馆、博物馆和艺术中心为主体的旅游服务业，以敖鲁古雅旅游网站为主体的智慧服务业，以《敖鲁古雅记忆》《凛冬——野雪迁徙》等驯鹿原生态实景演出为主体的现代演艺业等新产业、新业态、新商业模式不断涌现，规模化集聚化发展趋势明显，原有的驯鹿养殖、兽皮制作、鹿茸采集、树皮制作等也在不断深化产业链，逐步形成产业链内循环生态。敖鲁古雅鄂温克民族乡对民俗文化元素的利用采用特而强、聚而合、精而美的模式，如专门委托深圳公司设计敖鲁古雅标志和旅游纪念品，由当地妇女制作与驯鹿文化有关的手工艺品。桦树船、皮包、驯鹿角项链等各种手工艺品独具民族特色，上面的驯鹿形态优美、灵动活泼。

第四，秉持"先保护、后开发"的原则，实现少数民族民俗文化与特色产业发展的共赢，全面树立保护文化传统印记的意识，不断挖掘、开发具有民族风格的高质量特色产业标的物。目前，敖鲁古雅驯鹿文化博物馆、敖鲁古雅艺术中心、传奇老人玛利亚·索的生平展馆等均已经开放。驯鹿文化博物馆展出敖鲁古雅鄂温克少数民族生产、生活用品，展示了使鹿部落的历史、文化、宗教、习俗沉淀历程。敖鲁古雅艺术中心展示鄂温克族的非物质文化遗产，还收集了鄂温克族画家的精美画作。玛利亚·索的生平展馆还原了茅盾文学奖小说《额尔古纳河右岸》的原型，敖鲁古雅鄂温克部落最后一任女酋长玛利亚·索的日常生活，收集了她的服饰和狩猎所获得的野生动物标本、采集的猎民草药、祖辈遗留的工艺器皿、亲手用鹿皮线缝制的手套挎兜等实用品和工艺品。商品集市太阳城里，运用了鄂温克族文化元素制作的桦树皮画、兽皮画、太阳花等民族手工艺品和文创产品琳琅满目。使鹿部落景区里，游客深度体验与驯鹿的亲密接触。

第五，多元化引资建立完善各项基础设施，引导资金、技术、人才、信息、设施、装备等向特色产业融合聚集，让少数民族民俗文化在保护与传承、活化中焕发新的生机。2014年，呼伦贝尔旅业旅游集团有限公司通过招商引资形式，入驻敖古雅景区，参与敖鲁古雅景区管理及开发，签订了价值3亿元人民币的旅游开发合同，包括建设乡政府办公楼、医院敬老院等公共服务单位楼房，以等面积置换的方式，将上述公共服务单位迁至敖鲁古雅景区东侧，与新建的职工住宅楼形成行政服务区等。近年来，呼伦贝尔旅业旅游集团有限公司又陆续完成狩猎文化和使鹿文化两处大型主题雕塑，复原了老敖鲁古雅乡旧址驯鹿雕塑，启动了敖鲁古雅西山观光木栈道项目。2022年，根河市制定《根河市敖鲁古雅鄂温克族乡旅游提升概念规划及改造方案设计》，敖鲁古雅旅游公司以敖鲁古雅乡为项目实施主体，积极谋划基础设施18公顷改扩建项目，总投资5596.74万元，建设内容包括原始部落修缮、景区道路改造、电缆落地等。目前，根河敖鲁古雅酒店、树屋酒店、"撮罗子"体验酒店（"撮罗子"是鄂温克民族的桦木房屋）、萨满广场、射箭场、观光平台等基础设施已投入使用。

通过对内蒙古呼伦贝尔根河市敖鲁古雅鄂温克族的实地调研，形成了边疆民族地区发展中既使少数民族民俗文化得到可持续保护、传承，又促进特色产业形成体系，并向优势特色产业集群方向发展的三点建议。

一是要坚持党政部门领导，以培育形成中华民族共同体意识为主线，发展边疆民族地区特色文化产业。边疆民族地区特色文化产业是社会效益与经济效益的统一，社会效益始终处于优先地位。少数民族民俗文化是打造特色产业高质量发展的重要载体，要始终以铸牢中华民族共同体意识为主线，以边疆民族地区特色产业的发展为平台，在少数民族民俗文化因子的挖掘、提炼和利用上彰显中华民族共同体意识的意义。一定要防止在特色产业的发展中，古老独特的少数民族民俗文化要素被过度的商品化和庸俗化，甚至被别有用心的民族分裂主义者利用。

二是综合发挥文旅管理部门、民委、政协等的作用，真正打通少数民族民俗文化保护的"最后一公里"。边疆民族地区发展特色文化产业，在为民族地区产业发展提供新动能，促生一二三产业融合发展，助力实现共同富裕的同时，还肩负着推动民族特色优秀文化资源充分挖掘、民族文化影响力与凝聚力充分发挥的重任。内蒙古自治区的全国政协委员和敖鲁古雅鄂温克族猎民政协委员，多次通过提案反映使鹿部落特色产业发展的现实诉求，特别是有关生产、生活方式完整性与文化的传承性，有助于上级部门及时作出相应的政策解释和政策调整，多做有利于边疆稳定、社会和谐与民族团结的事。

三是政府应多搭建平台积极扩大少数民族民俗文化影响力，满足全人类对多元文化相互交流、借鉴的需要。近年来，敖鲁古雅鄂温克族使鹿部落入选文化部"中国民间文化艺术之乡"，被内蒙古自治区命名为"桦树皮文化乡"和"驯鹿文化之乡"，被国家民委命名为"中国少数民族特色村寨"。2022年9月，敖鲁古雅使鹿部落景区被定为国家4A级旅游景区。全球的驯鹿种群共有9个亚种，敖鲁古雅的驯鹿种群属于西伯利亚亚种。目前，世界上只有9个国家20多个民族在饲养驯鹿，驯鹿文化是敖鲁古雅鄂温克民族鲜明的文化标签，也是泛北极圈的共同文化桥梁。边疆民族特色文化产业应在各类平台的支持和推广下"引进来""走出去"，深入挖掘民族文化内涵，向世界展示中华优秀传统文化价值内涵，使之成为吸引更多活跃市场主体的重要抓手。

案例二：中国教育推动脱贫减贫的经验在南方国家的交流传播——发展职业教育培训

就中国的经验来看，职业教育在教育中的地位日渐提升，这不仅是教育层面的发展问题，更是激发内生动力，是社会、经济以及民生等层面的问题。发展职业教育对于脱贫减贫的落实有着重要意义，产业的发展更加需要优秀的职业技术教育与培训，以确保实现就业转型。中国结合基本国情以及脱贫攻坚工作的具体要求，针对脱贫攻坚提出了改革职业教育的方案。全球化、技术进步、人口结构转型和气候变化，劳动力市场发生快速变化，劳动力的技能需求不断发展。中国援助建设的开展带动了巨大的建设需求，迫切需要大批高素质应用技术人才成为经济发展的重要动力。南方国家的广大民众特别是青年一代就业面临重大挑战，主观上有着强烈的通过职业发展以脱贫减贫的需求。企业也希望对接重点产业，强化工学结合，更加注重实训，以从市场上选择到具有较高素质的工程技术人才、管理人才和劳动者，提高企业劳动生产率。受聘于企业的外国学员通过教育培训，能更快适应生产需求，补上缺口，获得更加积极的个人成长。项目所在国政府则希望本国青年通过建设项目得到实际锻炼和有效培训，成为推进国家工业化和现代化的生力军，最终改善贫困处境。中国在其他国家建设项目时，也更容易学习、理解、尊重相关国家的法律、制度、文化等，积极融入社会环境，与相关国家及其合作伙伴共同发展。

但是，南方国家职业教育发展水平普遍较低，职业技术教育与培训体系及技能和劳动力市场需求不匹配，需要更多中外合作的职业培训项目培养人才。中国职业技术培训机构随着中国援助的快速推进走向南方国家开花结果，带来积极的国际影响力与外部效应，是成功的

第四章 妇女儿童脱贫减贫的中国经验及与南方国家路径分享

例子。

2023年5月19日，习近平总书记在陕西省西安市主持中国—中亚峰会并发表主旨讲话，明确指出要"在中亚国家设立更多鲁班工坊"[1]。鲁班是中国古代杰出工匠的名字。鲁班工坊以"小而美、见效快、惠民生"思路设计建设，目的是培养熟悉中国技术、了解中国工艺、认知中国产品的技术技能人才。近年来，鲁班工坊在海外不断发展，成为国际人文交流合作和南方国家脱贫减贫中的一张中国金名片。自2016年3月，天津渤海职业技术学院在泰国建成第一个鲁班工坊以来，中国陆续在"一带一路"国家展开合作，搭建中外职教合作的新舞台。2019年3月，非洲首家鲁班工坊在吉布提揭牌运营，两个铁道类专业弥补了吉布提该类专业的空白，商科类的国际贸易、物流管理专业是对当地职校已有专业的提升。吉布提鲁班工坊还填补了当地没有高等职业教育层次的空白。在中非合作论坛框架下，非洲多国开始设立鲁班工坊。吉布提鲁班工坊为中国土木工程集团有限公司培养和培训了一批铁路建设运营人才，肯尼亚鲁班工坊、南非鲁班工坊为当地物联网和3D打印技术产业发展提供了人才支撑，摩洛哥鲁班工坊为当地培养了紧缺的跨境电子商务人才，埃塞俄比亚鲁班工坊为当地人工智能领域输送了大批人才。2022年中亚首家鲁班工坊在塔吉克斯坦运营，哈萨克斯坦、乌兹别克斯坦协议加快建设鲁班工坊。伴随着一家又一家鲁班工坊的成立，包括工程、实践、创新和项目四大核心理念的教育部工程实践创新项目（EPIP）正沿着"一带一路"走出中国。

鲁班工坊的人才培养标准和专业建设质量获得广泛认同，受到合作国的普遍赞誉。泰国鲁班工坊建成后，合作校泰国大城学院学生在

---

[1]《习近平主持首届中国—中亚峰会并发表主旨讲话，强调携手建设守望相助、共同发展、普遍安全、世代友好的中国—中亚命运共同体》，《人民日报》2023年5月20日。

东盟第 11 届技能大赛自动化生产线赛项获得有中以来第一个一等奖。泰国政府授予天津渤海职业技术学院"诗琳通公主奖"。埃塞俄比亚鲁班工坊骨干教师团队在 2021 年世界机器人大赛锦标赛上，取得了一金两银两铜的优异成绩，实现了埃塞俄比亚在世界级技能比赛中的参赛获奖双突破。2023 年 5 月的第三届埃塞俄比亚国家技能大赛上，埃塞俄比亚总理阿比·艾哈迈德·阿里专门来到鲁班工坊展台，对鲁班工坊给予高度肯定。肯尼亚信息与通信技术部部长乔·穆切鲁也表示："鲁班工坊正在为肯尼亚 2030 发展蓝图的落实发挥重要作用，感谢中国政府，提供了肯尼亚所需要的先进技术和服务。"

目前，鲁班工坊已先后在泰国、塔吉克斯坦、英国、葡萄牙、吉布提、埃及等亚非欧国家建成，在哈萨克斯坦、乌兹别克斯坦等国有在建项目。2021 年 10 月，中国《关于推动现代职业教育高质量发展的意见》中提出，"探索'中文＋职业技能'的国际化发展模式。服务国际产能合作，推动职业学校跟随中国企业走出去。完善'鲁班工坊'建设标准，拓展办学内涵。"[1] 到 2022 年 12 月，中国已在 19 个共建"一带一路"国家建有 23 家鲁班工坊。已建成的鲁班工坊围绕智能科技、新能源新材料、先进制造等重点领域，结合合作国家产业需求，开设工业机器人、新能源、云计算、动车组检修等 14 个大类 53 个专业。从 2016 年至今，鲁班工坊打造了从中职到高职再到本科、从技术技能培训到学历教育全覆盖的职业教育输出体系；合作举办的学历教育包括中职、高职、应用本科、研究生 4 个层次，人数超 3200 人，面向师生以及合作国当地企业、中资企业员工的培训规模超过 1.2 万人。

鲁班工坊在各国打造"一带一路"技术驿站的模式因地制宜，充

---

[1]《中办国办印发意见推动现代职业教育高质量发展》，人民网，2021 年 10 月 13 日。

分考虑当地国情民情。泰国鲁班工坊依托校际合作开展建设，以天津职业院校国际交流合作为基础，在海外择优合作院校共同建设；肯尼亚鲁班工坊依托校企合作，与华为公司合作培养本土化的ICT技术技能人才。到2020年底，72家院校、企业、科研机构和社会组织组成鲁班工坊建设联盟，研究制定鲁班工坊建设标准，开展鲁班工坊立项、质量监管和终止退出工作，推动鲁班工坊在世界各地加快项目建设、提升办学质量、扩大影响力。

鲁班工坊传承中国工匠精神和古老智慧，提供师资培训和实训场地，并保持卓越的办学质量。老师、学生来自不同国家，在职业技术和管理技能培训中不断增进彼此之间的了解、理解与信任，交流生活工作的经验。天津市鲁班工坊研究与推广中心通过问卷调查对已建成运营的鲁班工坊进行评估，结果显示对鲁班工坊建设现状表示满意的教师和学生均超过九成。鲁班工坊在多国多地落地生根，成为共建"一带一路"上的技术老师。鲁班工坊不仅向合作国家输送与当地经济发展需求相契合的技术技能，给当地人民带来看得见、摸得着的成果和实惠，而且有效推动了职业教育的中国标准、中国模式、中国装备、中国方案与合作国国家学历教育体系的融合发展。目前已有多个国际化专业教学标准获得合作国教育部批准，在各国推广应用，纳入其国民教育体系。许多国家专门成立实践创新项目教学研究中心，推广中国职业教育教学模式，凸显中国在国际脱贫领域对职业教育的改革与创新。

案例三：中国对摩洛哥半个世纪的医疗援助

摩洛哥王国，简称摩洛哥，地处非洲西北部，是一个沿海阿拉伯国家。它东部以及东南部与阿尔及利亚接壤，南部紧邻西撒哈拉，西部濒临大西洋，北部和西班牙、葡萄牙隔海相望。摩洛哥以第三产业为经济支柱，是一个中等收入水平的南方国家。摩洛哥实行公共卫生机构与私人卫生机构共同发展的政策以及医药分开管理的政策。医疗资源主要集中在西部沿海和中部几个大城市，东部、东南部、南部荒漠、半荒漠地带则缺医少药、设备落后。

为改善摩洛哥整体医疗状况，中国自1975年起开始向摩洛哥派出医疗队，由上海负责援助工作。这些医疗队分别在穆罕默迪亚、拉希迪耶、塔扎、舍夫沙万、阿加迪尔、梅克内斯、本格里、塞达特等地区的公立医院开展医疗业务。从1975年至今，中国已派出196批医疗队，共计1944人次，诊治门急诊患者578万人次以上，收治住院病人80万人次以上，完成手术近53万例。

（一）中国对摩洛哥医疗援助具有时间长、范围广、方式多的特点

第一，中国医疗队根据摩方需求分配医疗资源。摩洛哥有些地区面临严重的医疗资源短缺，特别是条件艰苦的偏远山区和荒漠地带，流行疾病多，有结膜炎、结核、麻疹和急性风湿性关节炎等。中国医疗队致力于弥补缺口，提供更广泛的医疗覆盖，为摩洛哥民众的健康福祉作出贡献。例如，梅克内斯分队在当地医院首次实施多项高难度手术；阿加迪尔分队向当地医院捐赠大量医药器械；舍夫沙万分队积极参加义诊，完成100多例白内障手术；拉希迪耶分队为一名107岁的摩洛哥老人成功实施肝脓肿手术。

第二，中国援摩医疗队医术高超，还带去技术和经验，与当地医疗机构合作，分享中国经验，帮助本地医疗系统提升医疗技能，培养一批带不走的医疗人才，建设医疗经验共同体。例如，梅克内斯穆罕默德五世医院的烧伤中心是摩洛哥具有一定影响力的科室，就是由上海瑞金医院援摩队员创建的。位于穆罕默迪亚的中医针灸中心，已开

诊 30 余年，群众基础深厚，患者慕名而来，络绎不绝，年门诊量超过 1 万人次。近年来，该中心增加了推拿门诊。根据当地居民的多发疾病，推拿门诊遴选了颈椎病、腰椎间盘突出症、脊柱小关节紊乱以及头痛、抑郁症、失眠等辨证施治，效果很好，慕名前来治疗的人越来越多。

第三，中国援摩医疗队用医术和爱心为当地人民的健康保驾护航，与当地医生同事和社区、民众都建立了深厚友谊。1975 年，上海市卫生局组建的第一支援摩洛哥医疗队到摩洛哥塞达特省哈桑二世医院工作。半个世纪以来，援助覆盖心内科、普外科、妇产科、骨科、眼科、耳鼻喉科、儿科、呼吸内科、消化内科、肾内科、烧伤科、麻醉科、针灸科、推拿科、护理等 10 余个专业，由中国医生、护士组成的多学科医疗队分批来到摩洛哥各个地区，与当地医护人员齐心协力提升摩洛哥医疗水平，结下深厚友谊。目前，在摩中方医疗队设有 1 个总队部和 8 个分队，总队部在首都拉巴特，8 个分队分别位于穆罕默迪亚、梅克内斯、塞达特等偏远山区和荒漠地带，几十名队员在当地公立医院开展诊疗工作。中国医生注重人文关怀。摩洛哥糖尿病足高发，骨科经常要做截肢/趾手术，有效沟通被列为医疗程序中的重要一环。

（二）中国援摩医疗队为南方国家妇女儿童的健康扶贫提供了范本

中国在妇女儿童健康扶贫方面取得的成就举世瞩目。摩洛哥医疗水平不高，发展不平衡体现在妇女儿童医疗资源的缺乏和不均上。1975 年至今，中国援摩医疗队队员们用过硬的医疗技术守护摩洛哥的母婴健康与安全，并积极对当地医护人员进行诊疗教学和临床指导，有效降低了孕产妇、新生儿及儿童死亡率。

摩洛哥妇女生育率很高，妇产科医生面临巨大压力，单次门诊需接待 30—40 人，一个班次常常有 4—5 例剖宫产，最多时需要进行 8

台手术。由于未普及规范的产前检查，疑难重症如子宫破裂、宫外孕大出血并失血性休克、前置胎盘和广泛瘢痕粘连等在中国已不多见的病症在这里却屡见不鲜。塞达特分队是中国援摩医疗队最早设置的医疗点，在塞达特省哈桑二世医院专门设立了妇产科，确保每位患者都能获得必要的医疗服务。《中国援摩洛哥医疗队妇产科临床工作手册》在当地出版发行，提升了摩洛哥的妇产科建设水平，为当地妇女带来了更多健康保障。

非洲新生儿和青少年数量持续增长，巨大的人口基数、逐渐加重的非传染性疾病负担、薄弱的卫生系统对儿童健康是一个挑战。中国与摩洛哥持续拓展在儿童卫生方面的合作，新生儿死亡率显著降低，在儿童营养、生长发育等方面也显著向好。梅克内斯默罕默德五世医院是梅克内斯市唯一设立小儿外科的综合性医院。2018年以前，默罕默德五世医院的小儿外科只做传统手术，未开展过微创领域最为著名的腹腔镜技术。2018年，上海医疗队向默罕默德五世医院捐赠了一套价值30万元人民币的中国产腹腔镜设备。上海交通大学医学院附属上海儿童医学中心小儿外科协助当地开展了首例儿童腹腔镜手术，标志着摩洛哥儿科手术迈入了微创时代。

第五章

"一带一路"倡议共建框架下中国与全球南方国家脱贫减贫的路径分享

"一带一路"是"丝绸之路经济带"和"21世纪海上丝绸之路"的简称。2013年9月和10月，中国国家主席习近平先后提出共建"丝绸之路经济带"和"21世纪海上丝绸之路"的合作倡议。10年来，共建"一带一路"取得显著成绩。中国与152个国家、32个国际组织签署了200多份共建"一带一路"合作文件，覆盖中国83%的建交国。设施联通更加通达通畅，成功建设了中欧班列、西部陆海新通道、中老铁路等一批标志性项目。投资贸易水平持续提升，2013—2022年，中国与沿线国家货物贸易进出口额、非金融类直接投资额年均分别增长8.6%和5.8%，与沿线国家双向投资累计超过2700亿美元。

一、"一带一路"倡议共建框架下中国与全球南方国家脱贫减贫的路径

2013年9月，习近平总书记说："这是一项造福沿途各国人民的大事业。"[1]发展是解决一切问题的总钥匙，也是实现脱贫减贫的关键。倡议的实施不仅要消除贫困，而且要共同发展。10年之后，共建"一带一路"已成为全球最大的国际合作平台，各国在互联互通中实现了

---

[1]《习近平关于中国特色大国外交论述摘编》，中央文献出版社2020年版，第81页。

第五章 "一带一路"倡议共建框架下中国与全球南方国家脱贫减贫的路径分享

高质量发展。2023年5月，习近平主席在中国—中亚峰会上发表主旨讲话指出："我们要继续在共建'一带一路'合作方面走在前列，推动落实全球发展倡议，充分释放经贸、产能、能源、交通等传统合作潜力，打造金融、农业、脱贫、绿色低碳、医疗卫生、数字创新等新增长点，携手建设一个合作共赢、相互成就的共同体。"[1] 近年来，世界工业生产低速增长，贸易持续低迷，大宗商品价格大幅下跌，世界经济整体复苏乏力，南方国家贫困状况加剧。贫困问题已成为引发一些国家和地区矛盾冲突的根源。"一带一路"倡议沿线国家都将经济发展作为首要任务，这为互利共赢的合作奠定了基础。"一带一路"倡议提出，通过推动贸易和投资来创建一种更加开放和发展驱动的互补关系。沿线各国在资源禀赋、劳动力、区位和产业基础方面各有优势和不足，相互依存，受益沿线地区的整体发展是最佳的途径。比如，老挝和尼泊尔都是内陆国家，没有直接的出海口。但老挝与周边国家的公路、铁路联通条件较好，尼泊尔河流众多，国内航运业和水力发电潜力很大。长期以来，沿线国家在东盟框架内密切协调与合作，区域合作和一体化发展取得了显著成效，形成众多区域性的多边、双边合作机制。自中国与东盟启动自贸区建设以来，双方贸易额以年均30%的速度增长。大湄公河次区域，马来西亚—印尼—泰国成长三角区、中亚经济合作区等经济合作也取得了进展。然而，在"一带一路"倡议提出之前，沿线国家的统一发展缺少强有力的政策支撑和内在动力。在过去的10年中，"一带一路"倡议聚合了多方力量，推动了中国—斯里兰卡自由贸易谈判等多项重要共建伙伴间的合作机制谈判，旨在通过质量和效率的整合提升，发挥沿线各国的比较优势，找到脱贫减贫的长

---

[1] 习近平：《携手建设守望相助、共同发展、普遍安全、世代友好的中国—中亚命运共同体——在中国—中亚峰会上的主旨讲话》，《人民日报》2023年5月20日。

期路径。

脱贫减贫一直以来是全球民生问题中至关重要的内容，中国坚持以人民为中心的发展思想，实现由"输血式"扶贫向"造血式"帮扶转变，始终把脱贫作为重要方向，扩大开放。让更高水平开放促进更高质量发展成为消除贫困最有效的办法，是中国打赢脱贫攻坚战的重要法宝。中国在积极履行脱贫国际责任，在帮助"一带一路"共建国家消除贫困、增强自主发展能力方面发挥着积极作用。共建"一带一路"归根结底是为了让各国人民都过上更加富裕的日子。习近平的讲话说明，中国发起的共建"一带一路"倡议，在理念和目标上与全球脱贫减贫高度契合，推动了更大范围、更高水平、更深层次的区域经济社会发展合作，支持帮助了相关国家更好实现脱贫发展。2023年10月，前来参加第三届"一带一路"国际合作高峰论坛的柬埔寨首相洪玛奈在论坛上表示，"一带一路"倡议是伟大的全球性倡议，为许多发展中国家提供发展的有利条件。10年来，中国与柬埔寨围绕共建"一带一路"，在全业态、多领域开展积极合作，成果丰硕。

10年来，借助共建"一带一路"这一重要途径，中国把脱贫减贫的经验带到了世界，传递中国人民的爱心和友谊，促进各国之间的民心相通。中国开展国际脱贫合作，与世界分享中国发展机遇，为共建国家带来了实实在在的民生福祉。在此过程中，提供破解全球发展难题的中国方案，为推动全球南方国家共同走向现代化提供了力所能及的帮助。让发展成果铺就"脱贫之路"，倡议承载沿线各国人民对更美好生活的向往，中国式现代化广泛公平地惠及更多的南方国家人民，书写各国命运与共的篇章。

"一带一路"倡议的受益地区是全局性的，它不仅推动了中国的经济改革、产业的升级创新，也为沿线国家和地区的经济发展注入了强大的增长动力。沿线基础设施建设不仅促进沿线国家的经济繁荣,为当地提供了大量的就业机会,而且对南方国家的经济资源产生了积极的影响,促进了资源的有效利用。对于南方国家在倡议框架内摆脱贫困的强劲需求,中国基于自身经验,给予了全面的回应与帮助。具体来说,在共建国家合作推广水稻、玉米、菌草、水果等的种植以及禽畜养殖,推动当地脱贫事业发展;从非洲的亚吉铁路、蒙内铁路,到东南亚的中老铁路、雅万高铁,向共建国家员工传授从铁路项目建设到运营维护的专业知识;等等。丝绸之路的核心是贸易之路,贸易投资往来有利于双方经济发展,为当地提供就业机会,是"一带一路"倡议中成效显著、民众疑虑较少、政府顾忌较少的部分。中国在共建框架下达成多边或双边协议,在"一带一路"沿线120多个国家安排2000多个援助项目,建立80多个经贸合作区。

习近平总书记始终心系中巴经济走廊建设,重视项目的普惠性。2015年他访问巴基斯坦时强调:"走廊规划和布局要兼顾巴基斯坦各地区,让发展成果惠及巴基斯坦全体人民,进而惠及本地区各国人民。"[1]连接南端瓜达尔港区的东湾快速路2022年6月通车,经10号国道直通巴基斯坦腹地,为货物集散和进出口提速;白沙瓦—卡拉奇高速公路苏库尔至木尔坦段进一步打通巴南北交通大动脉;喀喇昆仑公路二期项目连通中巴友谊公路,货运大巴可直抵北部的红其拉甫山口……中巴双方以走廊建设为中心,北连新疆喀什,南抵瓜达尔港,穿越高原峡谷,纵横盆地沙漠,书写了"一带一路"合作的生动故事,沿线人民感受到了实实在在的好处。此外,马尔代夫第一座跨海大桥连通岛屿,黑山共和国第一条高速公路穿越群山,中老铁路开通运营,

---

[1]《携手打造命运共同体的典范——记习近平主席对巴基斯坦进行国事访问》,《人民日报》2015年4月23日。

中欧班列开出加速度，雅万高铁、比雷埃夫斯港等项目不断取得新进展。

10多年来，"一带一路"倡议紧密联系民生，关系社会稳定、经济发展，改善了沿线民众的生活。中国从自身的经验出发，参与贫困治理的重点在于提供力所能及的国际公共产品，提升合作伙伴国家的脱贫能力，如"一带一路"农业合作机制增强了倡议各国贫困人口获取粮食和应对粮食危机的能力。中国注重公路、铁路、电站、电力设施、公共卫生设施的建设，注重脱贫成果惠及当地民众。国际局势跌宕反复、发展鸿沟加剧等问题日益显现。新冠肺炎疫情暴发后，中国提供大量抗疫物资和疫苗，基本实现对"一带一路"重点国家全覆盖，聚焦"六廊六路、多国多港"，推进了骨干通道、关键节点的重大战略性项目援建。中国努力实现援助一个项目、发展一个产业、造福一方百姓，助力共建国家加快发展，全球南方脱贫减贫合作的崭新路径得以开辟。共建"一带一路"与联合国《2030年可持续发展议程》对接不断深入。世界银行研究报告显示，到2030年，共建"一带一路"有望帮助全球760万人摆脱极端贫困、3200万人摆脱中度贫困，全球收入增加0.7%—2.0%。中国和巴基斯坦在农业、教育、医疗等6个方面开展了务实高效的合作，建立了第一个社会民生合作机制，签署了第一个落实全球发展倡议备忘录。

尤为值得一提的是，在共建"一带一路"过程中，中国同有关国家携手合作，为南方国家经济增长和民生改善贡献力量，拉动近万亿美元投资规模，突破了制约南方国家发展的基础设施瓶颈，越来越多共建国家通过"一带一路"合作获得自我"造血"能力，民众获得就业机会。中国与相关国家积极推进产业园区建设，引导企业通过开展高水平产业合作为当地居民创造就业岗位，实现了"一人就业，全家脱贫"。中国院校与亚非欧三大洲的 20 多个共建国家院校合作建设一批鲁班工坊，为提升当地青年就业能力作出重要贡献。在"一带一路"框架下的产业投资、基础设施项目对世界脱贫减贫贡献巨大，中国企业在共建国家建设的境外经贸合作区已为当地创造了 42.1 万个就业岗位，培训各领域人才 10 万余人，带动 4000 万人摆脱贫困，彰显了中国的大国担当。作为共建"一带一路"的标志性工程和重要先行先试项目，中巴经济走廊于 2013 年启动建设。2015 年，中巴两国明确了以走廊建设为中心，以瓜达尔港、能源、基础设施建设、产业合作为重点的"1+4"合作布局。为巴基斯坦当地人带来就业机会，使他们学到了技能。[1]

10 多年来，"一带一路"倡议秉持绿色发展理念，成为绿色能源国际合作的典范。截至 2023 年 4 月，"一带一路"绿色发展国际联盟吸引 40 余国的 150 余家合作伙伴加入。中国政府实施的绿色丝路使者计划，已培训 120 多个国家的环境官员、科研人员和技术人员 3000 余人次。签署了"一带一路"绿色投资原则的全球大型机构已达 39 家，管理资产达 48 万亿美元。

二、"一带一路"倡议共建框架下中国与全球南方国家脱贫减贫路径的精神内核

共建"一带一路"是全球最大的国际合作平台，同落实 2030 年议程高度契合。在人类命运共同体这一精神内核的感召下，越来越多的南方国家成为"一带一路"合作伙伴，在互联互通中实现脱贫减贫，实现高质量发展。2013 年 3 月，习近平总书记在莫斯科国际关系学院

---

[1]《"五通"助力"一带一路"高质量发展》，国家发展改革委网站，2023 年 10 月 20 日。

发表演讲指出:"这个世界,各国相互联系、相互依存的程度空前加深,人类生活在同一个地球村里,生活在历史和现实交汇的同一个时空里,越来越成为你中有我、我中有你的命运共同体。"[1]这是习近平总书记第一次对命运共同体的走向作出明确判断,蕴含着中国对国际规制基础的基本看法,内含着对南方国家共同减贫路径的展望。此后,他在众多场合数十次阐释命运共同体理念,赋予了命运共同体以丰富的内涵。

人类命运共同体理念的内在本质,是一种全球价值观念变革的理性探索,是中国智慧对全球化超越性的纠偏修正。客观地说,人类命运共同体包括共同体成员在生产生活中共同接受的思想、观念、风俗等,其理念是全球化大趋势积累到今天,人类利益交汇点不断扩大激发出的心灵共感。人类命运共同体成员对人类共有一个地球的客观事实和人类情感息息相关的共生性的承认是其逻辑起点,体现的是消除贫困等对人类社会未来和世界走向的终极关怀。

人类命运共同体理念提出的目的,是增进不同信仰、制度和民族国家的共同利益。2008年全球金融危机后,世界经济持续低迷,以初级产品出口为主的发展中国家受创尤深。思想界弥漫着对目前困境和世界未来的普遍焦虑,以及对全球经济如何健康发展的反思[2]。人类文明史反复证明,一国之盛,一国之荣,若无休戚与共的理念,一味掠夺争强,难以长久,更难以延续,在"全盛""极荣"中已呈衰败之征。

---

[1]习近平:《顺应时代前进潮流 促进世界和平发展——在莫斯科国际关系学院的演讲》(2013年3月23日),《人民日报》2013年3月24日。
[2]参见张宇:《金融危机、新自由主义与中国的道路》,《经济学动态》2009年第4期;何秉孟:《重拾"第三条道路"?——金融危机后美欧的政治思潮与经济选择》,《国外社会科学》2014年第6期。

这种焦虑和反思并不仅限于经济领域，而是对人类社会相互依存、和谐发展的新型发展模式的思考探索。人类命运共同体理念内含的平等协商精神顺应了人类社会对危机的共同担当，对未来的共同期许，对人民福祉的共同创造，符合世界和平稳定的普遍愿望。

人类命运共同体理念凸显的是以民众为主体的新观念和新路径，在具体措施上也更加注重体贴民意，努力取得看得见、摸得着的早期民生利益收获。"一带一路"倡议提供给沿线国家的，不是一个强加的正式国际秩序，而是一个基于人类普遍情感和未来展望的弹性空间。这打造了国际合作无涉意识形态、不以自身发展模式划界的基础。不均衡的全球化在发达国家和南方国家之间造成的财富鸿沟打击了南方国家民众对于脱贫减贫的美好愿望和信心。西方国家凭借经济与科技优势，固化其对全球话语权的控制与操纵的事实也日益显现。

人类命运共同体理念重视主流民意的认可和从政府到百姓的共识，特别是重视加强与各国民众间的精神联系。"一带一路"沿线国家和地区的人民在目标、理念、情感和文明方面相互沟通、相互理解、相互认同。不同的国家有了共同的目标、相近的理念、深厚的情感和包容的文明，"民心相通"就可以实现。中国以人类命运共同体为理念的"一带一路"倡议逐步完善，负责任大国形象的建立不仅使得自身国际形象更加正面，而且对于倡议的落实也有着极为重大的意义。真正尊重民众主动性的合作模式，显然是真正实现合作与发展，给世界带来和平、稳定与繁荣的方式。如招商局集团在沿线国家和地区展开了一系列切实可行的民心工程，包括旨在培养当地治国理政精英人才的青年领袖社区项目、解决贫困人口住房问题的安居房工程、提升当地劳动力素质的培训中心项目、帮助白内障患者进行复明手术的"光明行"项目等。这些民心工程让当地百姓得到了实实在在的好处。

案例一：应形成精准扶贫、乡村振兴与"一带一路"建设相互促进的格局——基于海南省琼海市博鳌、潭门、嘉积、中原、塔洋、会山六镇的考察

城乡发展不平衡、农村发展不充分，是新时代我国社会主要矛盾的突出表现。乡村是"一带一路"建设"五通"的点线基础，也是产业、物流、信息、人才流的短板。"一带一路"需要夯实乡村支点基础，提供投资引资力和民心基础，乡村振兴也需要"一带一路"的推动力和引导力，乡村振兴的展开离不开精准扶贫常态化和长效化。"一带一路"倡议提出7年多来，海南省琼海市在形成精准扶贫、乡村振兴与"一带一路"建设的相互促进格局方面积累了成功经验。

（一）实施乡村产业发展提升

一是以传统产业为基础实现产业升级。产业结构不合理，产业基础薄弱是"一带一路"沿线发展待突破的瓶颈之一，乡村更是如此。琼海市按照"一区＋三园＋N基地"的发展模式，结合国家现代农业示范区建设，把全市规划为龙寿洋国家农业公园、热带滨海国家农业公园、万泉河国家农业公园三大公园，按照"一村一业，一洋一品"，打造高效水果、优新瓜菜、热带作物、特色畜禽、海洋渔业五大农村主导产业，建立起各具特色的农产品生产基地，形成农业和旅游业品牌。目前，琼海已建成全省规模较大影响较广的莲雾、珍珠石榴、柠檬、榴梿蜜等优新水果标准化生产基地。同时，依靠潭门、龙湾两大渔港，大力扶持发展远洋捕捞业，发展对虾、精品鱼等高效渔业养殖生产。2023年，全市水产品总产量达到10.8万吨。2017年，农民增收完成脱贫2753户11096人，基本实现了"一年脱贫攻坚"的任务目标，并探索出了多渠道、多元化的精准扶贫新模式。

琼海潭门是南海的门户，当地渔民从明朝开始世代耕海牧渔，称南海为"祖宗海"。乡村产业的发展保持和推进了琼海"牧渔守海"的生产生活传统，这对"一带一路"倡议下琼海的安全发展意义重大。2013年，习近平总书记视察潭门镇时专门关心了解渔业生产，要求采取各种措施扶持渔民发家致富奔小康，实现潭门渔民的中国梦。

二是建立多渠道投资机制。多渠道投资机制是实现精准扶贫，完成乡村振兴战略的内生动力。从琼海的经验看，受制于当地较低的发展水平与投资能力，仅仅依靠各村镇自身的力量难以推动乡村振兴建设。政府提供一定的资金扶持，包括来自国家文物局的专项投资等，支持建设关键性的基础设施、服务设施，例如帮扶留客村蔡家宅等一批在"一带一路"建设中起关键作用的文化项目、2017年的政府投资项目嘉积镇椰子寨红色美丽乡村项目等。同时，引导村镇、企业、民间资金以不同方式参与乡村振兴建设，探索农村集体和农户在当地资源开发中以土地、劳动力、资金入股，增加农民财产性收入，使扶贫从"输血"转化为"造血"，达到精准扶贫长效化的目的。一批精准扶贫与"一带一路"建设融合发展的产业项目启动、建成。会山镇加脑村采取"政府+公司+农户"模式建立合作社，开发和生产苗族特色产品；博鳌镇南强村乡村建设工程由碧桂园集团出资、旗下子公司腾越建筑承建。2014年，南强村18户村民以每股1万元的方式自愿参股建起农家乐。开业两年多年营业额达80多万元。塔洋镇"七星伴月"景区6户农民也合股投资130多万元兴建"草根三味"农家乐，效益良好。

三是依据乡村资源特色发展新业态，调整升级乡村产业结构。琼海市的乡村新业态集中在观光旅游休闲产业、"互联网+"乡村电商产业、农产品加工业、农业生产性服务业四大产业。乡村公园建设是琼海市发展乡村观光旅游休闲产业的特色。潭门镇借助滨海农业公园核心区，产业从以渔业为主转变为渔业、旅游和工艺品生产销售融合发展的产业体系。嘉积镇龙寿洋文化教育、运动健身、卫生保健等服务业从无到有，咖啡屋、农家乐、房车营地、儿童游乐园等设施日渐齐全。嘉积镇北仍村48户158人中，80%的村民都参与本村旅游项目经营，实现农业和旅游业融合发展。乡村电商产业方面，2016年开始，农村淘宝逐渐覆盖琼海各镇村，以电子商务平台为基础搭建县村两级服务网络，通过线上线下经营模式促进本地农副产品外销。琼海市第一批开通33个农村淘宝服务站点，服务村民近2万人次，预计发展120个服务站。

（二）走就地城镇化的路径，构建区域性中心城市、建制镇、中心村三级城镇化空间体系

一是将各类配套基础设施勾连成线、联结成网。各类配套基础设施的所在地城镇化，增加农民就业机会，提高农民收入的基础，也是"一带一路"道路联通的微观基础。琼海市在基础设施建设上统筹各村路网、林网、供水网、电网、通信管网、垃圾处理网、污水处理网等一体化建设，实施水、路、电、讯、气、房和优美环境"七到农家"工程。例如，潭门镇排港村整个渔村接入污水管网。优化建立现代交通道路网，已经完成潭门、博鳌、中原、塔洋、万泉等镇的田园绿色通道建设，把周边的乡村、鱼塘、河道、槟榔园、椰子林等乡村元素串联起来。实现乡镇小中巴的公交线路衔接，增加停车场等功能设施和休闲设施。通过优化道路和引导自行车等各种交通工具贯穿村镇，使当地农民成为农旅结合、便利出行的受益者。

二是打造"一镇一特色、一镇一风情、一镇一产业"特色鲜明村镇。琼海市各村镇科学挖掘地域自然资源和当地优势人文资源，凸显

特色，设计功能定位，在此基础上进行相应的景观提升和环境改造。如博鳌乡村公园就分为"觅景岭头""寻味大路坡""枕水朝烈"等功能划分明确的板块；潭门镇排港村定位"美丽渔村"，设计了环村景观路、渔民文化广场、渔港外滩改造等项目；会山镇加脑村是海南最大的苗村，按照"苗族特色村寨"的思路打造；中原镇素有"琼海南部商埠"之称，街道经过南洋风格的立面改造后，重现了中西结合的传统特色。

三是建设村镇新型社区，由传统农村向城乡融合发展的现代农村转变。琼海市在推进公共服务均等化方面，注意缩小与城镇之间在基础教育、公共医疗、社会保障等基本公共服务方面的差距，实施每个镇建一所优质中学、一所优质中心小学、一所优质公办幼儿园的"一镇三优"工程。到2016年，中心镇普遍建立了居家养老服务网点。

（三）注重乡村文化建设

激活文化的综合功能，形成文化产业的亮点，能为精准脱贫和乡村振兴提供广阔空间。在"一带一路"建设中，传统海洋文化的内涵更是民心相通之源。近年来，琼海市依据资源条件打造富有文化特色的乡村。目前，琼海市共有41处重点文物保护单位、40项市级非物质文化遗产，具有鲜明的"一带一路"的特征和海洋内涵。其中南海航道更路簿、东坡笠制作技艺、祭祀兄弟公出海仪式、椰胡制作技艺、鲤鱼灯闹春、乐城闹元宵等6项为省级非物质文化遗产，南海航道更路簿入选国家级非物质文化遗产名录。侨乡文化也是琼海市村镇文化的特色之一。博鳌镇留客村的国家文物保护单位蔡家宅被称为"海南侨乡第一宅"。2012年底，蔡家宅进行保护性整体维修翻新和周边环境设计改造。琼海民族众多，民族文化丰富多彩。2015年开始，加脑村进行苗家传说整理和苗绣技术、苗家建筑的保护传承，发掘了一批苗家美食，成为琼海乡村以民族文化脱贫的典型。以红色基因传承提升村落文明是近年来琼海市村镇文化建设的重点。椰子寨村是琼崖人民革命武装的诞生地。2017年，椰子寨以红色文化底蕴为依托，打造生态景观、红色旅游项目，推进村委会行政办事综合楼、主题雕塑、街居风貌、生态修复等项目。

在"一带一路"倡议下，沿线乡村与外部世界的联系日趋频繁。有了文化形象作为乡村特色旅游目的地的底蕴，琼海市实施"一带一路"框架下"走出去，引进来"的多元化宣传，积极向新疆、内蒙古、港澳台等大中城市以及日本、韩国、俄罗斯等国外新兴客源市场推介新型消费业态，促进中高端消费释放。2015年，习近平主席夫人彭丽媛邀请出席博鳌亚洲论坛的部分外方领导夫人参观北仍村，介绍开放式的传统民居建筑"北仍客厅"，观看黎锦、椰雕等海南民俗文化展示。

（四）夯实乡村振兴和"一带一路"的生态基础

首先，尊重保留村庄的自然原貌。琼海市按照"不砍树、不占田、不拆房，就地城镇化"的指导思想进行村庄绿化，实现村在景中的优美生态景观。2013年，博鳌镇南强村被列入博鳌乡村公园的建设，村庄进行了保护性改造，修旧如旧，突出天然优美的环境。会山镇加脑村以民俗古建筑保护为基础，新建会山苗族民居。椰子寨渡口清理邻近猪圈、民房，改造村民文化广场。琼海市的古树名木散布在各乡村，树龄最长的超过500年。琼海市对古树名木进行了登记、拍照、定位、建档、挂牌。

其次，综合整治乡村环境卫生，改善人居环境。整治乡村环境卫生，改善人居环境是精准扶贫提高群众生活质量的一项重要工作和乡村产业升级的必备硬件，也是打造"绿色丝绸之路"的微观基础。琼海市提出并实施村庄人居环境改造标准，在各镇配垃圾转运车，对垃圾进行分类管理，在所有自然村设立卫生负责人，完善垃圾池、果皮箱等环卫设施。在污水处理上，修筑排水沟，建立完善的污水处理设施。有的乡村还引入现代化的绿色治理手段。博鳌镇美雅村投资74万元升级改造污水处理站，日处理污水20吨，铺设污水收集管网1224米。处理站选用上海交大HyWaT生物滴床工艺，外形美观，将污水最终转化为气体和水，达到人与自然的和谐共生。此外，各村镇还进行了路灯安装、河道净化等多种人居环境改造。

琼海市的经验证明，通过先规划、后发展，使精准扶贫、乡村振兴与"一带一路"建设具有联结的整体性，形成相互促进的格局。更为富裕的农民家庭，更为丰富的乡村业态，更为美丽的乡村面貌，都将为乡村振兴和"一带一路"的深入、安全建设提供坚实基础和发展动力。

案例二：全域旅游促进产业转型升级的伊犁范例

2016年7月，习近平总书记在宁夏回族自治区考察时指出："发展全域旅游，路子是对的，要坚持走下去。"[1]2017年的政府工作报告首次明确提出"全域旅游"概念，作为旅游业发展的国家战略，"全域旅游"也是对产业转型升级发展方向的重要引导。新疆是旅游资源富集区，有着发展全域旅游得天独厚的条件。同时，由于自然历史因素，新疆的产业格局相对封闭，结构性矛盾比较突出，资源开采和初加工业比重大，深加工产业延伸不足，产业配套能力弱，是我国产业转型升级的薄弱地区。新疆伊犁哈萨克自治州以全域旅游为方向，推动旅游产业和相关产业从数量增长到质效提升、从粗放经营到集约发展，

---

[1]《从"景点旅游"走向"全球旅游"——宁夏旅游业五年发展回顾》，人民网，2017年6月6日。

成效显著。从2013年开始，伊犁州先行先试全域旅游发展道路，现有国家全域旅游示范区2个。2016年，旅游接待人数、收入分别占自治区总数的29%和18%，成为新疆快速发展的增长极。

（一）从供给侧结构性改革的角度，融合现有产业实施全域旅游的理念与模式

供给侧结构性改革是应对经济新常态下经济发展下行的重大对策，是有效应对当前的市场需求不足、产能结构性过剩、经济增速放缓等的重要选择。旅游业是资源消耗低、带动系数大、就业容量大、综合效益高的综合产业，全域旅游具有与现有产业之间的融合力和带动力，有利于扩大内需，培育新的经济增长点，带动区域产业的转型升级。

伊犁州从2013年开始构建全域旅游发展模式，改变景点景区封闭建设的格局，细化公共服务体系配套、全民共建共享，促进旅游资源协同整合开发。从破除供求结构性矛盾这一制约旅游业深度融合发展的问题入手，将本区域作为功能完整的旅游目的地来建设、运作，实现景点景区内外一体化。2023年，新疆伊犁以文旅品牌的创建为旅游市场提振动能，推动伊犁老城创建5A级景区，昭苏玉湖、特克斯阿克塔斯创建4A级景区，全州共有4A级以上景区29家，占全疆的18.35%，累计培育国家级、自治区级文旅品牌105个。10年来，伊犁州旅游业发展成为具有旅游企业、经营户780个以上的数量型、规模型、系统型、带动型产业。2023年伊犁哈萨克自治州共接待游客7368万人次，实现旅游收入508.3亿元，分别增长101.8%、162.1%。

（二）培育壮大全域旅游优势主导产业，带动区域产业转型升级

新疆的旅游业普遍存在淡旺季明显、旅游产品单一、团散客比例失调、旅游宣传不力等问题，培育壮大旅游优势主导产业是全域旅游带动区域产业转型升级的基础。

一是通过丰富和提供全域旅游产品有效供给体系，改善旅游业自身的产业结构。旅游产品的开发、旅游新业态的孵化是一个系统工程，不是旅游部门"单打独斗"就能做好的。这需要各产业跨界融合的合力，推进整个旅游产业结构的转型升级和提质增效，由数量增长向质量效益提升转变。自2003年试点全域旅游以来，为了适应个性化、多样化的旅游偏好的新特征，通过统筹整合旅游资源、产品和线路，伊犁州相继推出自然生态游、历史文化游、民俗风情游、跨国边境游、冬季冰雪游5大系列产品，由单一夏季观光旅游向四季旅游全域全时方向发展。如下辖的昭苏县初步形成"观格登碑、游夏塔古道、赏油菜花海、感受天马文化、体验冰雪之乐"完整的旅游产品链。2016年，伊犁州举办伊宁杏花节、霍城薰衣草节、巩留世界互联网大赛暨库尔德宁森林旅游文化节、天马国际旅游节等57项节庆活动。同时，组织旅游商品参加各类博览会，如参加2016年9月在乌鲁木齐举办的第五届中国—亚欧博览会并推介伊犁·国际旅游谷。2023年，伊犁州大力发展"冰雪经济"，以冬季旅游为伊犁文旅事业发展增添活力。累计投入近8亿元实施那拉提哈茵赛滑雪场、霍城县福寿山滑雪场等项目。制定秋冬季旅游奖补办法及实施细则，拿出700万元用于秋冬季旅游奖补，先后推出丝路雪府·伊宁市、天鹅恋曲·伊宁县等10大冰雪旅游产品，以及那拉提景区追风大道暖阳滑雪、昭苏玉湖赏神秘蓝冰等10大网红打卡地，激活伊犁冬季旅游市场。

二是政府以全域旅游为龙头，在本地区资源禀赋的基础上，引导实现对新型工业化、网络信息化、农业现代化和发展生态化等方面的宏观整合。全域旅游不同于以往以抓点方式为特征的景点旅游模式，要求具备宏观的区域产业管理能力，对地区的服务水平、产品创新、资源配置、环境整治等都有很高要求。新疆地域广大，大部分地区旅游起步较晚且发展水平不高。政府对产业升级的规划，对于全域旅游从经济产业转向社会产业的格局转变，避免因为经济成效而急功近利上马"短平快"项目，维护地方持续繁荣具有更加重大的意义。伊犁州制定《伊犁国际旅游谷全域旅游行动方案》，完成《察布查尔县旅游发展总体规划》《特克斯河国家湿地公园综合管理服务区修建性详规》等各类规划评审 11 部。察布查尔县坎乡坎村、昭苏县喀夏加尔镇克乌克加尔村、特克斯县琼库什台村等 21 个旅游扶贫村旅游开发修建性详细规划完成 15 部。旅游规划的编制为产业的规范有序发展和环境保护起到了统筹作用。

三是通过全域旅游形成品牌效应，充分发挥旅游业的产业催化、集成作用。以品牌打造为产业链条的关节点，创新拉动"旅游＋农业、工业、文化、体育、商贸、健康"等相关产业融合式发展，带动生态观光农业、旅游特色产品加工、商贸物流、交通运输、餐饮酒店等产业联动发展。在伊犁州，主要打造的是"伊犁国际旅游谷"和"塞外江南·大美伊犁"两大旅游品牌。2004 年以来，伊犁河谷先后获得中国最美草原、中国最美森林、世界自然遗产地称号，拥有国家级森林公园 5 个，国家湿地公园 5 个，国家全域旅游示范区 2 个，全国、自治区休闲农业与乡村旅游示范区、示范点 18 处，自治区康养产业发展示范县 2 个；州直 5A 级景区数量占自治区总数的近 20%，取得了良好的经济效益和社会效益。

（三）以全域旅游的发展为着力点，落实产业援疆的当地化和集聚化

产业援疆是党中央、国务院的战略部署。第二次中央新疆工作座谈会强调产业支撑，提出提高资源开发当地加工、深加工比例，把资源优势转化为经济优势，增强地方自我发展能力。第五次援疆工作会议又提出对口援疆工作以产业带动就业作为优先目标，引导当地群众

就近就地稳定就业。产业援疆的当地化，也就是说与当地的自然资源、产业现状、人民生活相结合，培育新疆发展的内生动力是实现新疆社会稳定和长治久安的重大举措。

新疆部分地区受制于地域特点和发展实际的影响，工业基础薄弱，生态脆弱，发展工业的基础配套和市场开拓能力有限。有的受援工业园区虽然建成，但是整体发展水平不高，难以对当地产业形成集聚力。有的县市的工业园区建成后，甚至无力开工，造成了严重的资源浪费。2016年，伊犁州昭苏县被评为首批国家全域旅游示范创建县。江苏泰州深度进入伊犁州昭苏县全域旅游，引入资金和管理经验，拉动农牧民就业。这些经验证明，全域旅游战略是落实产业援疆当地化和集聚化的一个很好的着力点。江苏泰州以全域旅游为产业援疆的着力点，到2018年，成功为昭苏县招引落地项目4个，投资总额达3.8亿元。江苏大酒店、亚高原温泉城已建成营业，昭苏县城南旅游商品一条街开发项目进入基建阶段。昭苏已建成国家级旅游景点23个，研发旅游产品（商品）58类380余种，带动各族群众就业7160人，发展各项特色产业带领8000人成功脱贫。

（四）以特色旅游小城镇塑造为载体带动全域旅游品质，突出产业布局中的文化因子

2017年中央一号文件提出以"田园综合体"为路径的特色村镇建设。全域旅游对城镇自然风貌和基础设施建设的完善，尤其是对当地历史人文古迹的挖掘形成了促进新型城镇化深入发展的契机。伊犁州有中国历史文化名城名镇名村3处、中国传统村落1个，是世界非物质文化遗产十二木卡姆麦西来甫的传承地，有中国首批非物质文化遗产2项。文化产业和旅游产业都是融文化和经济为一体的新兴产业。全域旅游本身就是一种对文化历史的推介，与文化产业紧密联系。新

疆地貌风光独特，民族特色浓郁，人文历史厚重，特色小城镇建设与全域旅游客观要求的多点开花、打破城与乡的界限相互契合。"旅游＋美丽乡村建设、新型城镇化、脱贫攻坚"的城乡一体发展，使建设美丽乡村大有可为。昭苏县打造夏塔亚高原特色小镇、灯塔牧场知青馆等，成为伊犁州全域旅游高成长性的龙头。特别是依托天马文化而打造的天马旅游文化园、天马文化博物馆、天马国际旅游节等，构建了全域旅游的文化产业发展平台。

（五）抓住"一带一路"互联互通机遇，跨境连片合作，深耕全域旅游新业态

"一带一路"倡议给新疆旅游经济提供了更加广阔的平台与前所未有的机遇。新疆的定位是"丝绸之路经济带核心区"，连接周边口岸，成为亚欧大陆桥的大通道。伊犁州紧邻哈萨克斯坦、吉尔吉斯斯坦，是历史上古丝绸之路的重要通道，是丝绸之路经济带上的一个重要节点。"一带一路"倡议增强了旅游发展新动能，为实现制度创新和政策调整，破除各种市场和人员流动壁垒，激发新一轮旅游市场活力提供了前景和可能。2016年2月霍尔果斯口岸实施落地签政策，7月国务院批准哈萨克斯坦国为中国公民组团出境旅游目的地，伊犁全域旅游的新业态获得边境游跨境游的发展空间。2024年4月的数据，霍尔果斯2024年已接待游客138.09万人次，同比增长10.07%，实现旅游收入10.35亿元，同比增长6.59%。

第六章

南方国家分享中国脱贫减贫经验的国际舆论及应对

一、讲好中国脱贫故事的必要性和目标任务

(一)讲好中国脱贫故事的必要性

习近平总书记指出:"我们有本事做好中国的事情,还没有本事讲好中国的故事?我们应该有这个信心!"[1]中国脱贫道路的成功实践打破了"现代化"就是"西方化"的迷思,为全人类特别是广大发展中国家提供了走向繁荣富裕的全新选择,是对世界现代化理论的重大创新之一。在中国脱贫经验的框架内,不乏诸多精彩的中国故事。在新中国成立特别是改革开放以来长期探索和实践基础上,经过党的十八大以来在理论和实践上的创新突破,中国共产党成功推进和实现了中国人民的脱贫,为促进国际脱贫减贫事业发展提供了中国方案。中国的脱贫道路创造了人类发展史上的奇迹,不论是本质规定、路径选择、实践基础还是发展过程、根本追求等,都与西方式的脱贫减贫道路存在质的差别。在中国脱贫的巨大成就面前,其历程和特点需要相应的宏观框架和微观叙事。在第四次工业革命方兴未艾的时代背景下,一种不同于西方的中国式脱贫道路开始吸引世界的目光。贫困不仅是经

---

[1]《习近平关于社会主义文化建设论述摘编》,中央文献出版社2017年版,第208—209页。

济问题，更是关涉人权和国家安全、世界和平。中国解决困扰中华民族几千年的绝对贫困问题取得的历史性成就，贫困地区发生翻天覆地的变化等，从政治、学术和民间等层面打造属于中国的自主话语体系成为必然，是中国式现代化的题中应有之义。

1992年12月22日，第47届联合国大会正式将每年的10月17日定为国际消除贫困日。2014年起，中国将每年的10月17日定为"扶贫日"，目的就是响应联合国的决议，引导关注贫困问题。中国的脱贫经验不仅为中国未来的发展开启众多全新的可能性，而且为世界提供了新理念、新思维和新目标。因此，抓住扶贫故事扶真贫、真扶贫的主题主线，讲好中国脱贫故事，总结其成功经验，也是对全球贫困治理的贡献。西方世界特别是美国，对中国的行动和动机有疑虑，而对中国脱贫的宣传正是打破这种刻板印象的最佳途径。中国脱贫的历程，是国际传播工作十分重要的素材源和故事库。讲好中国脱贫故事，有情更要有理。要带着真情去讲，讲出感情来，用真情实感串起扶贫历程中一个个感动瞬间和细节，让人受到感染。同时，要讲出新时代脱贫攻坚的伟大成就，生动诠释中国共产党为什么"能"、马克思主义为什么"行"、中国特色社会主义为什么"好"，使人获得感悟。中央电视台中文国际频道的国际新闻专题节目《深度国际》、中国首部以人权为主题的电视政论片《新时代中国人权》，都在中非友好交往中发掘了大批人物故事，讲述中国和南方国家共同发展的精彩故事。这是中国的大国担当，也是构建人类命运共同体理念的生动实践。中国将为加快落实联合国《2030年可持续发展议程》、建设没有饥饿贫困的世界作出更多贡献。

（二）讲好中国脱贫故事的目标任务

中国的脱贫作为"最成功的中国故事"，荡气回肠、波澜壮阔，不仅受到世界瞩目，也为众多南方国家摆脱贫困提供了新的借鉴。习近平总书记强调："脱贫攻坚不仅要做得好，而且要讲得好。"[1]讲得好，就要有目标任务，要讲清楚中国脱贫的背景、底色、为了谁，讲明白脱贫的过程、成就、对未来的展望，用生动故事塑造负责任大国形象。中国助力各国人民脱贫的一个个生动感人故事、一幕幕充满希望的图景，深刻证明了脱贫减贫的不竭动力、明确方向和可行方法。向世界讲好中国脱贫的故事，证明任何国家的贫困都并非不可战胜，给全球南方国家带来巨大鼓舞与激励的范式是一项重大而紧迫的时代课题，真正让中国的发展成果更好造福各国人民、惠及全世界。近年来，中国为此作出了积极的努力。例如，菌草援外项目的长期实施，增进了中国同合作国的理解和信任，该项目被赞誉为"民生工程""民心工程"。菌草技术团队通过举办培训班和培养硕士、博士留学生等方式，为援助国或合作国培养了大量技术人才。这些学员在培训过程中对中国有了更加深入的认识和理解，能够利用所学所思、所见所闻，把真实、立体、全面的中国介绍给更多的朋友，展现一个可信、可爱、可敬的负责任大国形象。菌草技术已经被推广至全球100多个国家，给项目所在地人民带来了实实在在的利益。生活水平提升、特殊人群和典型家庭在脱贫致富上的向好，向人们生动展示了中国利用菌草技术与发展中国家共同可持续发展的故事。中国继续向全世界讲新时代的中国故事，讲好中国与南方国家友好交往、互学互鉴的故事。

在实现脱贫的近1亿贫困人口中，妇女约占一半。全国妇联聚焦脱贫与发展，出版了介绍中国脱贫经验的《勤劳敲开致富门》《每个她都了不起》等书籍，制作了介绍中国妇女脱贫政策和成就的《她们一

---

[1]习近平：《在决战决胜脱贫攻坚座谈会上的讲话》，人民出版社2020年版，第14页。

个都不能少》视频。通过讲好中国妇女脱贫故事,中国妇女脱贫经验日益走向世界,展示中国特色社会主义制度和国家治理体系的显著优势,为全球脱贫事业和消除妇女贫困贡献中国智慧和中国方案。

二、应对国际舆论对中国与南方国家分享脱贫减贫经验的疑问和质疑

(一)国际社会对中国脱贫成就的正面评价和客观报道

中国脱贫是人类历史上亘古未有的伟大壮举,是中国人自己创造的人间奇迹。改革开放 40 多年来,中国 7 亿多人摆脱贫困,对世界脱贫贡献率超过 70%。2000 年,联合国将贫困人口比例减半列为"千年发展目标"的首要任务。中国是最早完成这一任务的国家。2015 年,联合国提出新的愿景,呼吁到 2030 年全球消除极端贫困。到 2020 年,中国提前 10 年实现了这个目标。2021 年 2 月,习近平总书记在全国脱贫攻坚总结表彰大会上庄严宣告,我国脱贫攻坚战取得了全面胜利,完成了消除绝对贫困的艰巨任务。这是人类反贫困历史上的一件大事。中国脱贫实践持续引发国际社会广泛关注和普遍点赞。联合国秘书长安东尼奥·古特雷斯致信习近平主席,表示"这一重大成就为实现《2030 年可持续发展议程》所描绘的更加美好和繁荣的世界作出了重要贡献","中国取得的非凡成就为整个国际社会带来了希望,提供了激励"。[1]

中国一直以来就是国际脱贫减贫行动的中坚力量,倡导将脱贫作为首要目标,为南方国家提供力所能及的帮助,促进全球合作与安全。人们通过中国的实际行动也日益认识到,中国脱贫工作的卓越成就推

---

[1]《联合国秘书长古特雷斯致函习近平 祝贺中国脱贫攻坚取得重大历史成就》,中国政府网,2021 年 3 月 9 日。

动了全球贫困人口的下降，在减少极端贫困人口方面尤其突出。中国的直接对外投资对众多南方国家来说意义非凡，发挥了举足轻重的作用。比如中国在电信和基础设施建设等领域带来的机会在相关地区产生了深远影响。因此，中国在助力世界脱贫方面所作的贡献也得到了充分肯定。2022年，中国脱贫人口人均纯收入达到14342元人民币，同比增长14.3%。联合国有关负责人多次赞赏中国的脱贫实践与经验。联合国秘书长古特雷斯在致"2017减贫与发展高层论坛"的贺信中，高度评价中国精准扶贫成就，称赞"精准脱贫方略是帮助贫困人口、实现《2030年可持续发展议程》宏伟目标的唯一途径。中国已实现数亿人脱贫，中国的经验可以为其他发展中国家提供有益借鉴。"[1]古特雷斯还盛赞中国在消除贫困方面取得的成就，并指出中国在致力于使人类摆脱一切形式的贫困方面，表现突出。联合国粮农组织驻华代表马文森也指出："由于拥有相似的发展环境，中国的脱贫经验对于其他发展中国家十分宝贵，许多国家对借鉴中国脱贫经验表示出强烈兴趣。"[2]国际劳工组织总干事盖伊·赖德认为，中国成为全球脱贫榜样的重要法宝之一，就是"中国非常明确地将消除贫困作为本国重要政策目标"，更多国家应将消除贫困纳入本国政策目标的优先项。"40多年来，中国成功让数亿人摆脱贫困，全世界都认为这是绝无仅有的成就。"在完成联合国千年发展目标的脱贫目标方面，"很明显，大部分进展都归功于中国（脱贫）的成功"。

西班牙中国问题专家胡利奥·里奥斯在西班牙中国政策观察网站上发表题为《一个没有极端贫困的中国》的文章。文章说，中国几代人

---

[1] 中共国务院扶贫办党组:《脱贫攻坚砥砺奋进的五年》,《人民日报》2017年10月17日。

[2] 马文森:《中国脱贫经验十分宝贵（国际论坛）》,《人民日报》2017年6月27日。

的坚持让数亿人摆脱了发展不足和贫困的痛苦,对世界脱贫贡献率超过70%,而且比联合国《2030年可持续发展议程》确定的目标提前10年实现。里奥斯强调,中国成功消除了极端贫困。这首先表明,脱贫是可以实现的。这需要毅力和政治意愿,还需要制定一种模式,让大家可以根据当地具体情况采取应对措施。例如,中国优先考虑发展经济,发展基础设施、贸易、就业、创新、技术、教育、公共服务等。"中国基本上依靠自己实现了这一目标。它首先制定计划,利用独特的系统进行强大的公共投资和目标设定。西方应同中国在这方面建立对话,以在国际层面帮助各个国家摆脱贫困的束缚。"

尤里·塔夫罗夫斯基是俄罗斯最知名的汉学家之一,他说,"中国摆脱绝对贫困,值得记入全球史册",中国共产党的坚强领导,保证中国政府政策的连续性稳定性。即使在新冠肺炎疫情肆虐的2020年,中国的脱贫仍稳步推进,经济最落后的山区也实现了脱贫。南非约翰内斯堡大学非洲—中国研究中心主任戴维·蒙亚埃表示,过去40年来中国脱贫人口占同期全球脱贫人口总数的70%以上,中国的发展成就也为世界的脱贫事业作出了巨大贡献。[1]

还有不少国际友人对中国举世瞩目的扶贫成就——官方数据以及日常接触——感受真切,他们通过制作影像产品深入了解、大力宣传中国脱贫的具体过程和成就。他们认为中国的贫困治理实践有坚定的决心、丰富的经验、科学的规划和完善的制度,其所反映的中国特色反贫困理论,为回答全球贫困治理向何处去提供了中国智慧和中国方案。他们力图介绍中国在脱贫实践中形成的许多行之有效的好做法、好经验,为南方国家提供重要启示和有益借鉴。2019年7月

---

[1] 参见《"中国脱贫经验为发展中国家提供有益借鉴"——国际人士积极评价中国脱贫攻坚和持续改善民生》,中国政府网,2019年3月10日。

31日,中美合拍纪录片《前线之声:中国脱贫攻坚》(*Voices from the Frontline: China's War on Poverty*)在美国公共电视网南加州电视台(PBS SoCal)首播。这是第一部在国外播出的关于中国扶贫工作的深度纪录片。主持人和撰稿人库恩是中国问题专家、"中国改革友谊奖章"获得者。库恩及其团队探访贵州、甘肃、山西、四川、海南以及新疆维吾尔自治区6个地区的贫困家庭,全面讲述中国截至2020年在全国范围内为消除极端贫困目标所作的努力。纪录片围绕6个案例细致记录中国的脱贫之路,将精准扶贫归纳为5种方法:发展产业,在当地创建可持续的小微企业;从偏远地区转移人员;发展教育和培训;对生活在环境脆弱地区的居民给予生态补偿;加强社会保障和医疗补贴,向没有工作能力的人直接给予经济救助。纪录片采访了中央、省、市、县、乡镇和村庄各级政府的领导干部,获取了大量一手信息。例如,库恩实地走访贵州省惠水县,有一个村庄集体从偏远山区搬到70公里外的新社区。纪录片拍摄了搬迁的村民免费获得的住房,一个四口之家有多达80平方米的居住空间,每人20平方米。政府提供所有的基本设施,包括沙发、床、厨具以及电视。库恩说:"尽管全世界都在与贫困作斗争,但是其他地方没有像中国这样在全国范围内大规模迁移整个村庄的——将人们从偏远地区搬迁到城市及郊区,给他们提供住房和工作,让他们获得过上更好生活的机会。"〔1〕

厕所关系着千万人的生活甚至生命。2008年联合国有关机构发布消息说,全球还有25亿人无法用上安全卫生的厕所。中国的"厕所革命"成效明显,卫生厕所不断推广普及,农村人居环境得到明显改善,也引发了国际社会的好评。中国的"厕所革命"已成为展示中国

---

〔1〕《美国专家罗伯特·库恩:中国脱贫成果丰硕 值得全世界赞赏》,中国日报网,2020年8月3日。

形象、讲好中国故事的窗口,为全球特别是发展中国家解决厕所问题提供了中国方案、贡献了中国样本。据不完全统计,美国、英国、德国等境外媒体关于中国"厕所革命"的报道超过 16 万条,正面报道超过 93%。正面评价和客观报道,让世界更加全面、系统、深刻地理解中国共产党治国理政的脉络和逻辑。"厕所革命"成为国际合作新亮点,产生了积极的国际示范效应。2015 年 5 月,国家旅游局局长李金早在访问世界旅游组织时,建议西班牙也来一场旅游"厕所革命",世界旅游组织秘书长瑞法依回应说,是个非常棒的主意。

(二)中国脱贫成就遭遇的来自西方叙事话语霸权的打压和围堵

在国际关系的角力场上,基于各自利益和价值观立场的话语权之争,早已成为国家间综合国力较量的集中场域。多年来,美西方出于一己之私,唯我独尊、非此即彼,囿于东西方冷战非此即彼的思维定式,构建出一整套基于"西方中心主义"的叙事框架,以对内对外赤裸裸的双重标准,在全球范围内通过设置议题、操控媒体进而左右舆论、影响人心,实现对"秩序""正义""自由""民主""人权"等国际话语权的掌控,妄图长期占据国际道义制高点。虽然受制于自身悖论,话语霸权已成颓势,但是依然在经济、科技、军事和金融等领域具有超强的实力。长期以来国际话语权"西强我弱",中国仍然时时处处遭遇来自西方叙事话语霸权的打压和围堵。这就要求针对一些说法讲清我们的立场,讲好中国对外援助故事,同时从中国话语、中国叙事以及中国知识体系出发,集中反映中国的价值目标及其所代表的文明样式,酝酿和创造一种完全崭新的阐释框架。这是一项涵盖广泛、关乎全局的系统工程,涉及基础知识、叙事文本、话语生成、传播体系、战略策略以及队伍建设等各层面。

例如,按照西方反贫困理论,只有经济实现了持续健康发展,贫困才有可能得到消除，靠物质来消弭贫富差距，达到脱贫减贫。10年来，共建"一带一路"改善了基础设施互联互通水平，促进设施联通，搭建起国际贸易和投资新平台。这成为缩小发展鸿沟的助推器、推动共同繁荣的发动机，为增进各国民生福祉作出了新贡献。作为最大的发展中国家，中国始终将自身发展置于人类发展的坐标系中，在自身发展的同时为广大发展中国家提供援助。但是，面对中巴经济走廊、中老铁路、比雷埃夫斯港、中欧班列、鲁班工坊等对当地民生改善和脱贫产生巨大效应的标志性工程，美西方仍然充满质疑，甚至在话语霸权之下将之妖魔化。美国曾直接把中国脱贫的纪录片连夜下架审查。《纽约时报》充满偏见地表示，一个连被称为民主典范的国家都无法完成的任务，对一个超过14亿人口的发展中国家来说，更是无能为力。BBC曾写过一篇报道《中国真的有1亿人口脱贫吗？》，质疑中国扶贫的真实性。中国助力南方国家脱贫减贫也遭遇了类似攻击。有些人故意抹黑中国，他们没有根据地以典型的西式政治话语指责"中国援助导致发展中国家陷入债务危机"，甚至将中国的对外援助与所谓"新殖民主义"联系起来。有的声称要拆穿"中国的谎言"，对统计口径、统计数据等都充满怀疑。《纽约时报》等西方媒体，质疑中国的脱贫项目投资"耗费高昂"和"不可持续"，推出"无法效仿"说，在名为《工作、住房和牛：中国为消除极端贫困而开销巨大》的报道中，说中国为帮助本国最贫困的民众而投入巨大，但这个做法很多发展中国家都难以效仿，就连中国自己也难以维持，以此分化南方国家的阵营，动摇南方国家向中国学习脱贫经验的信心。中国对这些荒谬的言论予以驳斥，同时对不明真相的国际社会和南方国家民众耐心解释、有效宣传，以翔实的数据，逐年对比中国与世界近40个国家和地区的贫困人口比例，直观展示中国脱贫的力度和对全世界消除贫困作出的贡献。

三、从根本上打破西方对于反贫困的话语垄断

(一)加强舆情研判、寻找共鸣点

从理论上来说，在全球史叙事的视野中，欧洲中心论所谓的脱贫理论，本质上是特定时空条件下西方历史叙事模式，不能藉由"客观"的名义把它看作唯一的、终极的全球减贫治理方案，更不能把仅是特例的西式脱贫历程当作普适性的模式到处推销。从历史性角度看，欧美的脱贫只是近200年左右的事情，频发的经济危机特别是两次世界大战的爆发早已说明其具有的脆弱性，不能把地域性、阶段性的脱贫固化下来，简单地将脱贫成就归之于西方文明的优越性。从拉美国家深陷"中等收入陷阱"到所谓的"阿拉伯之春"等，从"新干涉主义"到"基于规则的秩序"等，都说明贫困治理不是一件容易的事，而是异常繁重、复杂而艰巨的任务，需要大量经验和智慧。每个国家的基本国情不同，适合本国国情的贫困治理的发展道路也必然不同。中国与南方国家分享脱贫减贫的经验，有力推动了受援国经济社会发展，为缩小南北差距、促进南南合作和构建人类命运共同体作出了巨大贡献，在国际上树立起了负责任大国形象。在实际对接工作中，中国坚持平等互信、合作共赢理念，探索创新共同脱贫减贫的路径，为南方国家脱贫和发展自强提供必要的物质援助和有益的经验参照。

(二)精心设计，广泛设置正面议题

习近平总书记指出，"我们的哲学社会科学有没有中国特色，归根结底要看有没有主体性、原创性"。[1]中国对南方国家脱贫减贫的经

---

[1] 习近平：《在哲学社会科学工作座谈会上的讲话》，人民出版社2016年版，第19页。

验分享，展示了实现人类共同发展的生动故事，应创造出全新的话语主体性和完整的叙事体系，阐释拓展相应的新概念、新理念。无论是要提升南方国家民众对中国脱贫道路的认知，还是要增强中国经验的国际影响力，或者要发掘中国脱贫内在的文化价值与魅力，都需要提高中国的国际话语权。议题设置理论是美国传播学者麦库姆斯、唐纳德·肖最早提出的。他们认为，虽然大众传播媒介不能直接决定人们怎样思考，但是它可以为人们确定哪些问题是最重要的。大众媒介只要对某些问题予以重视，为公众安排议事日程，那么就能影响公众舆论。因此，当大众传播媒介大量、集中地报道某个问题或事件，受众也就会关注、谈论这些问题或事件。与南方国家分享脱贫减贫经验核心话语表达的成功，最关键的因素是顺应地区和全球合作潮流，契合沿线国家和地区发展需要。打造相应的话语体系，使南方国家更加关注交流与合作，有助于树立中国良好的国家形象。在脱贫经验交流中以顺应世界发展潮流的理念构建核心话语，广泛设置丰富的正面舆论议题，培养影响舆论发展内容和方向的能力，这是中国作为负责任大国的必要之责，也是分享脱贫减贫经验的题中应有之义。

例如，2013年，习近平主席在谈到中非关系时，提出真、实、亲、诚四个字。习近平主席说，对待非洲朋友，我们讲一个"真"字；开展对非合作，我们讲一个"实"字；加强中非友好，我们讲一个"亲"字；解决合作中的问题，我们讲一个"诚"字。[1]国际话语权反映着道德制高点，特别是根本价值取向。习近平主席谈论中非关系的这些演讲和文章具有国际视野，符合国际话语规范，广受国际媒体传播，充分说明中国在创造话语、提升话语吸引力、把握话语权方面走向理念

---

[1]参见《永远做可靠朋友和真诚伙伴——习近平在坦桑尼亚尼雷尔国际会议中心的演讲》，人民网，2013年3月26日。

自觉。核心话语是国家综合实力达到一定程度后的自我表达，也是对原有国际话语体系的调整。这些中国核心话语以顺应世界发展潮流的理念，构建了文化话语体系的总布局和总路线，破除了"零和博弈"的竞争叙事，引起了国际媒体极大的反响和各国政府的关注。从这种意义上看，与南方国家脱贫减贫经验的分享对当前的中国来说实际上是一种话语提升。通过核心理念推动与相关国家的人文交流，实现中国国际话语权的突围，进而提升中国在国际事务处理中的地位并构建更深层次的话语权。

与南方国家脱贫减贫经验的分享是中国争取国际话语权的契机。中国帮助南方国家的脱贫减贫取得了有目共睹的成就，因此引起广泛共鸣。但是，要南方国家将之形成与各自国家发展战略的积极对接，尚有诸多的议题。一方面，要多换位思考，加强舆情研判，寻找共鸣点。可以预见，在当前以西方为主的国际话语权制约下，必然会产生形形色色的负面议题和偏见表达，中国面临一定的国际话语困境制约。对此，要增强政治敏锐性、政治鉴别力和政治定力。对于一些争论较大的问题，需要通过舆论说明的、需要让民众知情的，一定要主动设置相关议题。在深入分析研究的基础上切实搞清源头本质，对别有用心的负面议题找出破绽软肋。在话题设置和内容选择上，站在维护贫困治理核心话语的高度，积极回应南方国家民众的关切，开展有准备的正面交锋，讲清楚历史和事实的真相。同时，努力发掘南方国家和地区民众的共鸣点，激发对方的兴趣，通过心理上的认同带动行动上的协同。

另一方面，作为脱贫减贫经验的提供国，中国要精心设计，广泛设置质量高、具有普适性的正面议题，始终如一地倡导贫困治理理念，才能逐渐扩大脱贫减贫话语的影响，赢得舆论空间。与南方国家脱贫减贫经验分享的话语的建设是一个从量变到质变的过程,其中可能遇见的风险和问题许多是全球框架下的,只有在南方国家规制合作的基础上,提出令多方信服的制度和方案才能落实。主要的途径是利用好现有的国际通行话语规则;力图促进与南方国家人民之间的民间往来与文化交流,搭建经济和人文桥梁;深入细化地提出更多带有中国自身经验理念的合理方案。这也体现出一国的话语构建能力。做好贫困治理理念的倡导者十分重要。贫困治理的核心国际话语要在中国与南方国家关系建设中逐渐转化为长期的、有效的话语,需要以开放的平台来推广,为各国所熟知,扩大中国国际话语影响。秉承"亲诚惠容"原则,积聚更多力量渐进地影响南方国家行为体的认知。

事实证明,中国共产党人在实践中创造性提出的生命至上、人民至上、共同富裕、人类命运共同体、文明交流互鉴、人与自然是生命共同体等,建立在以中国为观照、以时代为观照,以立足中国实际、解决国际治理问题为基础,在根本上体现着和平、发展、公平、正义、民主、自由的全人类共同价值。

案例:"一带一路"倡议话语影响舆论内容和发展方向的能力培育

(一)形形色色的"中国威胁论"

"一带一路"倡议提出以来,大多数国家对实现倡议提出的核心目标表现出积极的响应态度和参与意识。随着建设的推进,许多报社、电台、网络加强这方面的报道力度。但也不可否认,"一带一路"沿线地缘政治复杂,大部分国家曾经是欧洲国家殖民地,各国各地区文化各异,民族宗教复杂,经济发展水平差异显著,贫富差距和国情差异导致民众利益诉求不一。由于多种原因,印度、东南亚的一些国家对中国崛起充满担忧，在政治与外交上的信任还不是很充分。在此背景下，媒体极容易进行舆论操作，发布危言耸听的言论。一些国家的防务专家观察中国的一举一动，进行过度解读，不断制造和散布形形色色的"中国威胁论"。总的来说，主要有以下几类。

1．"中国版马歇尔计划""新马歇尔计划"

马歇尔计划（The Marshall Plan）即欧洲复兴计划（European Recovery Program），是第二次世界大战结束后，美国对被战争破坏的西欧国家给予经济援助和协助重建的计划，对欧洲国家的发展和世界政治格局产生了深远的影响。该计划于第二次世界大战结束后不久的1948年4月正式启动，1951年宣告结束。濒临破产的西欧各国在4个财政年度里，通过参加经济合作与发展组织（OECD）总共接受了美国包括金融、技术、设备等各种形式的援助合计131.5亿美元。美国利用马歇尔计划实现其地缘政治目标，西欧国家全部加入了以美国为首的反苏反共阵线，大大加剧了刚刚开始的东西方冷战。有的西方媒体以马歇尔计划套用"一带一路"倡议，抓住中国基础设施投资，特别是亚洲基础设施投资银行项目实施，认为中国具有霸权思维，运用本国的财力和资源去带动区域经济发展，影射"一带一路"倡议是中国从事霸权主义或新殖民主义的工具，让沿线各国误以为中国提出"一带一路"倡议别有用心。比如，2014年10月，在李克强总理访问欧洲期间，英国媒体《金融时报》刊登文章《新"马歇尔计划"》，称中国利用欧洲衰落这百年一遇的机会，大肆进入欧洲。

2．"朝贡体系变相继承论"

朝贡体系是公元前3世纪到19世纪末期，东亚、东南亚和中亚地区以中国为主要核心的政治秩序体系，呈现等级制、网格化的特征。有的西方媒体强行将中华民族伟大复兴的中国梦与朝贡体系相联系。

2014年11月,在中国提出计划出资400亿美元成立丝路基金后,"朝贡体系变相继承论"更是屡屡见诸西方媒体。这一论调认为中国提出的丝路基金是变相的传统朝贡恩赐体系,是精心策划的计谋的一部分,旨在把美国赶出东亚并将该地区恢复至古老秩序。这种论调无疑是以"西方中心论"的思维对古老海上丝绸之路交流互通特性的解构。

3. "海上丝绸之路黄祸论"

"黄祸论"(Yellow Peril)由来已久[1],这种极端民族主义理论宣扬黄种人对于白种人是威胁,白种人应当进行战略联合,对付黄种人。在"一带一路"倡议提出之后,有人质疑中国企图,认为中国是潜在威胁。这种论调的核心是认为随着中国经济持续高速增长,中国的崛起对世界自由构成威胁。"黄祸论"比较集中地体现在中国的高铁项目的建设上,日本、法国、德国等国高铁与中国高铁在国际市场上进行竞争,不排除利用国际文化话语对中国经济层面的有意打压。

4. "丝路文明冲突论"

美国哈佛大学政治学者亨廷顿20世纪90年代提出了"文明冲突论"。按照亨廷顿的说法,文明之间最重要的区别不是种族或民族,而是宗教,未来的冲突将沿着分割这些文明的断裂带爆发。一种处于强盛时期的文明必然殖民、扩张、称霸,输出自己的文化,用自己的文化来消灭、代替异己的文化。亨廷顿认为:"文化几乎总是追随着权力。历史上,一个文明权力的扩张通常总是同时伴随着其文化的繁荣,而且这一文明几乎总是运用它的这种权力向其他社会推行其价值观、实

---

[1] 一般认为,"黄祸论"的始作俑者是无政府主义创始人之一俄国人巴枯宁,他在1873年出版的《国家制度和无政府状态》一书中开鼓噪"黄祸论"之先河。英国殖民主义者皮尔逊在他的《民族生活与民族性》一书中进一步完善,使得这一理论基本形成。后来,德国的海因茨更是以《黄祸论》为名出版书籍,鼓噪"中国威胁论"。

践和体制。"[1]中国提出"一带一路"倡议后,"文明冲突论"频频出现在国际媒体中。中泰高铁建设的波折、"一带一路"沿线国家多为文明板块交接处的事实都曾被利用,作为新丝路存在"丝路文明冲突",具有极大安全风险和隐患的证据。

5. "新殖民主义""后殖民主义"

这种论调认为历经二战以后的民族解放浪潮,绝大多数民族国家已取得政治独立。在全球化的背景下,强国实施政治、经济、文化渗透,控制手段较强权手段更为隐蔽、间接。"新殖民主义""后殖民主义"的实质是文化殖民主义、文化霸权主义,尤擅于利用经济优势配合文化渗透,使落后国家充当强国的商品市场、原料产地和投资场所,最大限度地榨取当地财富。

6. "软实力扩张论"

这一论调以哈佛大学教授约瑟夫·奈的软实力理论为支撑,认为中国的"一带一路"倡议实质上是以自身政治经济硬实力为基础获得他国认同,柔性实现扩张和价值观输出的新路径,可能扰乱国际秩序。

总的来说,这些论调是以往"国强必霸""中国威胁论"的翻版和衍生,认为中国的崛起必然意味着西方国家的利益和安全受到潜在威胁,本质上是担心中国挑战美国在二战以来建立的国际秩序。这些论调抛出后,经过精心的策划渲染,在"一带一路"沿线国家民众中引起不小的反响,不可低估其对倡议共有文化基础的破坏作用。

(二)在"一带一路"倡议实施中不断加深文化价值观的内涵和理论创新

"一带一路"共建沿线国家族群繁多,文化差异较大,筑牢人文基

---

[1][美]塞缪尔·亨廷顿:《文明的冲突与世界秩序的重建》,周琪等译,新华出版社1998年版,第88页。

础不能一蹴而就，必须根据新的条件不断丰富深化内容，进行内涵和理论的创新和探索。在倡议实施的动态过程中，文化话语体系的建设是一个综合、长期、系统的过程。以全方位的文化合作和交流为基础，建设富有创造力、感召力、公信力的话语体系，全面清晰地阐释人类命运共同体意识、中国梦的深刻含义，增强综合国力中的软实力因子对"一带一路"倡议的顺利实施十分必要。

首先，坚定道路自信、理论自信、制度自信、文化自信，持续推进社会主义核心价值观建设，传播好中国声音，是夯实海外话语权建设的基础。中国是一个社会主义国家，西方媒体长期对社会主义国家的妖魔化报道，使沿线各国的民众极容易误解中国，因此，作为"一带一路"倡议的首倡者，中国面对不同政治制度、不同宗教信仰、不同社会状况的沿线各国，在坚持社会主义的基本理念、价值体系和基本制度的基础上，在倡议实施中取得话语权，阐释好丝路文化的特色，是一项艰巨任务。中国是人民民主专政的社会主义国家，社会主义在中国客观存在且显示出强大生机和活力，坚持社会主义国家的立场和身份，参与国际事务也是必然的，道路自信、理论自信、制度自信源自中国对中国特色社会主义道路的自信、对马克思主义旗帜的自信、对社会主义制度的自信。

"一带一路"倡议提出后，"新马歇尔计划"或"中国版马歇尔计划"的说法甚嚣尘上，曾经进行了一场关于"一带一路"倡议是不是马歇尔计划的大辩论。中国商务部和外交部借各个场合对此类观点加以澄清和辩驳。国内学术机构和主要媒体撰文正面回应"一带一路"倡议是"新马歇尔计划"的议题[1]。2015年3月，外交部部长王毅在十二届全国人大三次会议记者会上明确提出，"一带一路"倡议不是美国二战后用资金援助欧洲复兴的"马歇尔计划"。因为"'一带一路'诞生于全球化时代，是开放合作的产物，不是地缘政治的工具，更不能用过时的冷战思维去看待"[2]。

其次，密切关注沿线国家所共同面临的各种现实问题，关注国际话语结构新动态，克服话语僵化，适时调整提炼出具有普遍意义的话语，形成富有针对性的集中宣传回应。我们要对沿线国家所共同面临的各种现实问题加以关注。"一带一路"倡议的提出和建设，不是大国崛起，而是文明的共同复兴，应当向国际社会传播和发掘丝路文明所

---

[1] 这组澄清中国"一带一路"倡议并非"新马歇尔计划"的文章，比较有代表性的有《人民日报》刊发的系列文章：《"一带一路"与马歇尔计划存在根本差别》（钟声，《人民日报》2015年2月13日）、《用"新马歇尔计划"诋毁中国无聊之极》（《人民日报·海外版》2015年10月18日）、《别用"新马歇尔计划"来诋毁中国》（杨子岩，《人民日报·海外版》2015年10月18日）、《"一带一路"根本不同于马歇尔计划》（张鑫，《人民日报》2015年3月18日）、《"一带一路"绝非中国版"马歇尔计划"》（蔡淳，《经济日报》2015年6月17日）等。学界的文章有：《"一带一路"绝非中国版"马歇尔计划"》（王义桅，《求是》2015年第12期）、《"一带一路"：中国的马歇尔计划？》（金铃，《国际问题研究》2015年第1期）、《"一带一路"不是中国版"马歇尔计划"》（张鑫、杨海泉，《中国社会科学报》2015年2月13日）等。主要观点：一是"马歇尔计划"是在冷战大背景下，美国对付以苏联为首的东方阵营的举措，有着浓厚的意识形态色彩。"马歇尔计划"助推欧洲有关国家实现了战后复兴，也推动建立了北约组织，巩固美国主导的布雷顿森林体系。二是当今世界正由单极向多极化发展，中国提出的"一带一路"倡议与马歇尔计划有本质区别，不挑战现有的国际政治经济秩序。三是，在具体操作上，马歇尔计划是美国独资援助，中国提出的"一带一路"是通过亚投行等众筹的方式获得资金，并不排斥任何国家加入，更没有意识形态和全球战略竞争的政治诉求。就亚投行来说，是一种合作共建模式，需要其他沿线国家一道努力来共同携手建设，旨在满足亚洲对基础设施建设的资金需求，与亚洲开发银行、世界银行是互补合作关系而非竞争关系。

[2]《就中国外交政策和对外关系答中外记者问》，《人民日报》2015年3月9日。

蕴含的普遍性价值和世界性意义，构建融通中外的话语体系。在此过程中，可以借鉴西方文明的一套话语体系和规则。中国多次使用"公共产品"这一话语阐释"一带一路"构想的利益共同体意识，亚投行、丝路基金的开放是要实现与沿线 60 多个国家的合作共赢，在共同发展中寻求各方利益的最大公约数。

最后，必须清醒认识中国特色的国际话语权建设不足、未成格局的现状。应当以"一带一路"倡议的实施为契机和平台，积极争取突破西方发达国家拥有的强势国际话语权，尤其是吸引沿线国家对"一带一路"文化价值观的认同。应当理解，由于社会制度的差异，各国有不同意见和声音是正常的。当前一些沿线国家与中国缺乏战略互信的基础，民间交往并不广泛，甚至还存在一定的历史包袱。中国媒体应当理解并主动回应沿线国家对倡议实施过程中的关切与担忧，化解双边互疑的风险。"一带一路"的理念传播建立在文化认同上，对文化接受了，对"一带一路"的价值认同才能巩固，才能取得沿线各国民众的理解和支持。中国学界必须倡导全方位的理论创新，积极鼓励占据视野高度、具有宏观主导力与影响力的研究项目，形成强大力量建构中国特色的"一带一路"文化话语体系，切实在全球脱贫减贫理论建设中发挥"中国作用"，完成世界性表达。

结语：开辟助力南方国家脱贫减贫的新范式

习近平总书记指出："消除贫困，自古以来就是人类梦寐以求的理想，是各国人民追求幸福生活的基本权利。"[1]发展是和平的基石，也是人类生存和尊严的必要条件。人类发展史是一部与贫困不懈斗争的历史。中国在现代化进程中消除了与人类相伴的绝对贫困，全面建成小康社会，由此走出了一条致力消除贫困、走向共同富裕的中国式现代化道路。这个过程体现的是一个国家的动员和组织能力、改造和发展整合能力。

2021年2月25日，习近平在全国脱贫攻坚表彰大会上指出，脱贫攻坚取得举世瞩目的成就，靠的是党的坚强领导，靠的是中华民族自力更生、艰苦奋斗的精神品质，靠的是新中国成立以来特别是改革开放以来积累的坚实物质基础，靠的是一任接着一任干的坚守执着，靠的是全党全国各族人民的团结奋斗。我们立足我国国情，把握减贫规律，出台一系列超常规政策举措，构建了一整套行之有效的政策体系、工作体系、制度体系，走出了一条中国特色减贫道路，形成了中国特色反贫困理论。这主要是：坚持党的领导，为脱贫攻坚提供坚强

---

[1] 习近平：《论坚持推动构建人类命运共同体》，中央文献出版社2018年版，第262页。

政治和组织保证；坚持以人民为中心的发展思想，坚定不移走共同富裕道路；坚持发挥我国社会主义制度能够集中力量办大事的政治优势，形成脱贫攻坚的共同意志、共同行动；坚持精准扶贫方略，用发展的办法消除贫困根源；坚持调动广大贫困群众积极性、主动性、创造性，激发脱贫内生动力；坚持弘扬和衷共济、团结互助美德，营造全社会扶危济困的浓厚氛围；坚持求真务实、较真碰硬，做到真扶贫、扶真贫、脱真贫。这些重要经验和认识，是我国脱贫攻坚的理论结晶，是马克思主义反贫困理论中国化最新成果，必须长期坚持并不断发展。

2021年7月1日，在庆祝中国共产党成立100周年大会上，习近平总书记庄严宣告，在中华大地上全面建成了小康社会。中国提前10年实现联合国《2030年可持续发展议程》的脱贫目标，为全球脱贫事业发展和人类发展进步作出了重大贡献。中国共产党和中国政府立足国情，始终把促进中国的社会共同富裕作为目标，把握脱贫规律，构建了一整套行之有效的政策体系、工作体系、制度体系，走出了一条中国特色脱贫道路，积累了许多丰富宝贵的经验。可以说，中国创造了人类脱贫的中国样本，而且，对外展示了开放和包容的态度，愿意与其他国家分享自身脱贫的宝贵经验。

总的来说，中国的脱贫成就，得益于不断提升的综合国力，这为脱贫攻坚提供了强大的经济支撑。通过基础设施建设、公共服务、产业发展，中国有效解决了区域性发展不平衡问题，带动了就业，提高了贫困人口的收入水平。在具体方式上，精准扶贫找对了门径。中国政府在全国范围内一个不落地把贫困户和贫困人口找出来，综合施策解决贫困问题。中国政府充分发挥了社会主义集中力量办大事的制度优势，动员全社会力量和资源共克脱贫难关。中国始终秉持共同发展的理念，以实际行动有力提振国际社会实现脱贫发展的信心，展现大国担当。在推动多边合作的同时,中国积极对接各国需求、合作机制、各界伙伴,欢迎各方共同参与。中国始终坚持多边主义,推动建立以合作共赢为核心的新型国际脱贫交流合作关系,凝聚国际脱贫合力,为全球脱贫事业注入强大动力。中国的脱贫经验在许多南方国家开花结果,不仅让当地百姓受益,也促进了民心相通。

世界各国一直在努力地探索贫困治理方式。实现联合国《2030年可持续发展议程》中的17项可持续发展目标和169项具体目标对全球的均衡发展至关重要,全球发展"一个也不能少"。全球南方国家已经成为世界上最具活力的经济体和重塑全球治理的重要力量,尽管各自拥有不同的资源和优势,却面临着相似的发展难题与挑战,尤其是脱贫减贫问题。全球南方国家普遍把脱贫放在治国理政的突出位置。鉴于贫困问题的广泛性和复杂性,以及不同地区、国家甚至社区内部的差异性,脱贫减贫的路径多样化,这决定了全球南方国家的脱贫减贫是长期的也是艰难的。南方国家正在寻找适合自己国情和发展实际的治理结构、治理过程、治理机制和治理战略。然而近年来,世界百年未有之大变局加速演变,南北发展差距扩大,许多国家和地区矛盾冲突出现。2019年新冠肺炎疫情席卷全球,世界经济陷入衰退,对各经济体和社会造成了严重破坏。近1.2亿人陷入贫困,全球出现新一轮失业潮,其中大部分集中在南亚和撒哈拉以南国家。全球发展进程因此遭受严重冲击,国际发展合作动能减弱。指导各国和全球发展合作的纲领性文件——联合国《2030年可持续发展议程》的落实受到重创,逆转了几十年来在消除贫困和极端贫困方面取得的进展。在实践中,各国的具体治理效能并不相同。贫困治理并非一蹴而就,外部环境变动、产业政策的失当都可能导致大规模返贫,甚至导致系统性危机。如2022年,斯里兰卡外汇枯竭、物资匮乏、物价飞涨、交通瘫痪，宣告"国家已经破产"。根据世界银行简报，斯里兰卡的贫困率从 2021 年的 13.1% 激增至 2022 年的 25.6%，保持在 25% 以上。城市和农村人口的贫困水平分别增加了三倍和两倍，2022 年分别达到 15% 和 26%。种植园行业（在茶叶、橡胶和咖啡产区生活和工作的人）出现了最高程度的贫困，超过一半人口生活在贫困线以下。中国与世界命运休戚与共，与世界各国团结合作消除贫困。尤其在与南方国家的合作中，中国不懈努力，以确保各国的国家安全和稳定。中国脱贫减贫经验已经成熟，形成了完整的理论和实践体系，并提出了有效的证据和观点。中国路径分享的态度集中表现在中国提出的破解发展难题，促进全球共同发展的全球倡议、"一带一路"倡议、中非高水平合作等的实施中。

进入新时代以来，中国提出构建人类命运共同体，"以落实全球发展倡议、全球安全倡议、全球文明倡议为战略引领"。全球发展倡议、全球安全倡议、全球文明倡议，从发展、安全、文明三个维度指明人类社会方向，成为推动构建人类命运共同体的重要依托，也成为解答事关人类和平与发展重大问题的总体中国方案。方案对多个国家的发展战略产生深远影响，并被运用到脱贫策略当中。中国为推动构建人类命运共同体作出新的贡献，其中全球发展倡议与南方国家的脱贫工作联系尤为密切。2021 年 9 月，习近平主席在第 76 届联合国大会一般性辩论时发表重要讲话，郑重提出全球发展倡议，提出"以人民为中心"的核心理念，呼吁构建更加平等均衡的全球发展伙伴关系，加快落实联合国 2030 年可持续发展议程，推动实现更加强劲、绿色、健康的全球发展。"共同营造人人免于匮乏、获得发展、享有尊严的光明前景"[1],"共同消除一些国家民众依然面临的贫穷落后,共同为孩子们创造衣食无忧的生活,让幸福和欢乐走进每一个家庭"[2],"我们应该坚持以人民为中心,提升全球发展的公平性、有效性、包容性,努力不让任何一个国家掉队"[3]……为推动国际社会形成合力,破解发展赤字难题,实现联合国2030年可持续发展议程贡献了中国方案和中国智慧。全球发展倡议回应了国际社会对于粮食安全、脱贫、能源安全等突出问题的最迫切需要,为缩小南北鸿沟、破解发展不平衡指明了方向,诠释了构建人类命运共同体的真义。全球发展倡议提出后,得到国际社会广泛响应,落实机制不断健全,务实合作逐步落地,不断夯实构建人类命运共同体的物质基础。如2022年5月,中国—东盟关系雅加达论坛强调全球发展倡议与《东盟共同体愿景2025》合作对接,推动早期收获,创建最佳实践,从减贫扶贫等双方共同关心的课题做起,由点带面,建立中国东盟全球发展倡议项目库。

中国在南南合作框架下致力于脱贫减贫工作。南南合作是全球南方国家联合自强共同推动解决全球挑战的重要机制。全球南方国家在反帝反殖斗争中团结抗争,相继获得民族独立和解放。自1955年万隆会议以来,南南合作历经数十年发展,合作领域不断扩大,参与伙伴日益多样化,展现出强大活力。对于联合国17个可持续发展目标,南南合作均提供了支持,尤其是在消除贫困、促进合作等方面。在国际舞台上,全球南方国家的重要性日益得到彰显并受到各方重视,中国

---

[1] 习近平:《携手构建合作共赢新伙伴,同心打造人类命运共同体》(2015年9月28日),《十八大以来重要文献选编》(中),中央文献出版社2016年版,第697页。

[2] 习近平:《深化文明交流互鉴 共建亚洲命运共同体——在亚洲文明对话大会开幕式上的主旨演讲》,《人民日报》2019年5月16日。

[3]《团结行动,共创未来》(2021年10月30日),《习近平外交演讲集》第2卷,中央文献出版社2022年版,第402页。

在其中起到重要作用。解决全球南方国家问题的关键在于发展。近年来，南方国家致力于加快推进经济社会发展。作为最大的发展中国家，中国的发展不仅推动了自身进步，也为全球发展作出了贡献。中国在越来越多的南南合作中，为南方国家实现自主和可持续的发展提供了"中国样本"。这不仅为广大发展中国家提供了启迪与借鉴，也为全球治理探索出不同于西方的新模式和新路径。多个南方国家表示，自从中国投资当地并开展基础设施建设以来，他们的经济实现了显著增长，很多原本生活在贫困中的人们有了更好的社会保障和更高的生活质量。

突如其来的新冠肺炎疫情使全球南方国家医疗卫生体系面临严峻挑战，这些国家往往资源储备不足，受疫情冲击更加剧烈。同时，发达国家深陷疫情和经济泥潭，对国际发展合作的投入明显降低。低收入国家的债务问题也因此变得更加突出。当前，正值2030年可持续发展议程落实中期，南北发展差距可能进一步拉大。习近平总书记将脱贫摆在重点合作领域的首位，有助于有效凝聚共促发展的国际共识与合力，缩小南北差距、弥合发展鸿沟、推动包容发展，加快落实联合国2030年可持续发展议程。中国在全球南南合作中扮演着日益重要的角色，始终心系全球南方国家普通民众的生活改善，支持和帮助南方国家摆脱贫困。中国在南南合作中倡导尊重受援国意愿和主导权，追求平等互利，并采用灵活多样和"因地制宜"的合作方式，这推进了南南合作的迅速发展，并使之成为南北合作的有效补充。例如，在乌干达，从2012年开始，中国在联合国粮农组织（FAO）的南南合作框架下向乌干达派遣农业专家和技术人员，积极向当地农民分享知识和技术，助力提升当地农业生产能力。中国—联合国粮农组织—乌干达南南合作项目已执行至第三期，为当地农民开拓了脱贫新路径。乌中双方在基础设施建设、贸易、投资、农业等领域加强合作，为乌经济社会转型发展创造了条件,乌方对此表示衷心感谢。乌方高度肯定前两期合作项目富有成效,希望并相信第三期合作项目将助力乌中农业合作再创佳绩,推动乌干达实现可持续发展。

实践证明,南南合作是南方国家谋求自身发展和优化全球治理的重要途径。南方国家脱贫减贫的实践,有助于加速全球经济、社会和环境的可持续发展;有助于解决全球性问题,建立一个更加公平和包容的国际社会。为此,需要形成有效的理论框架,强调平等、尊重和相互合作的原则。中国与南方国家在脱贫减贫上根据各自的资源和需求的合作,实现了资源的互补性,为南方国家提供了一个相互支持与合作的平台,使其能够共享经验、技术和资源。这种合作为国际合作提供更多的选择性和灵活性,更有效地推动了包括"零饥饿"目标在内的联合国2030年可持续发展议程。东亚的极端贫困发生率从1990年的61%大幅降至2015年的4%,[1]绘制出了一条持续下降的漂亮曲线。其中,中国贡献巨大。在脱贫方面,中国至少向166个国家和国际组织提供过援助,帮助其他发展中国家脱贫。2020年,中国积极支持二十国集团(G20)历史上首次各方共同参与的多边债务处理——"暂缓最贫困国家债务偿付倡议"及《缓债倡议后续债务处理共同框架》,为最贫困国家提供支持。

中国的脱贫实践,为人类解决贫困问题贡献了中国智慧和中国方案。中国参与南南合作是开放的、包容的,在脱贫、粮食安全、绿色可持续发展和数字连接等方面,深耕南南合作。发达国家解决贫困问题是几十年前的事,它们的经验对发展中国家并不适用。中国的脱贫经验、做法和对贫困治理理论的创新,有着许多优秀案例,为拥有相

---

〔1〕转引自李培林:《中国式现代化和新发展社会学》,《中国社会科学》2021年第12期。

似的发展环境的广大全球南方国家加快摆脱贫困带来启迪。而且，中国不像西方国家那样附加政治条件和要求，而是以南方国家需求为导向，为南方国家提升自身能力建设，提升发展水平和发展效率提供机遇。中国为加快全球脱贫进程作出重要贡献，深刻展现出中国共产党坚持中国人民与世界各国人民同呼吸、共命运的理念。

中国积极倡导和推动建立公正合理的国际秩序。习近平总书记指出："推动建立以合作共赢为核心的新型国际脱贫交流合作关系，是消除贫困的重要保障。"[1]全球减贫历史表明，反贫困具有明显的阶段性特征，从绝对贫困治理向相对贫困治理过渡，从满足贫困人口物质需求转向提升贫困人口综合能力。在新冠肺炎疫情发生之前，减少多维贫困的工作取得了稳步进展。疫情对脱贫减贫的负面影响是显著的，并且可能带来长远的后果。在此背景下，中国脱贫减贫方案为全球脱贫事业提供了强有力的支持，注入了更多信心与动力。多年来，中国倡导国际社会秉持相互尊重、公平正义、合作共赢原则，建设性参与饥饿、难民、疾病、冲突等问题的解决，致力于铲除贫困滋生的土壤。中国坚持南北合作为主渠道、南南合作为补充的国际发展合作格局，鼓励发达国家加大对发展中国家的发展援助，构建更加平等均衡的新型全球发展伙伴关系，为脱贫营造良好外部环境。中国提倡国际社会交流分享脱贫减贫经验，支持发展中国家把资源优势转化为发展优势，提升自身发展能力，不断增强国际脱贫的内生动力。

---

[1]《携手消除贫困，促进共同发展》（2015年10月16日），《习近平外交演讲集》第1卷，中央文献出版社2022年版，第301页。

附录一

脱贫减贫的中国案例：江西上犹县

一、江西上犹县脱贫概况

（一）上犹县概貌

上犹县隶属江西省赣州市，地处江西省西南部、赣州市西部，罗霄山脉诸广山支脉东麓。东邻南康区，南连崇义县，西接湖南省桂东县，北毗遂川县。全县土地面积 1543 平方千米。截至 2019 年末，上犹县辖 6 镇、8 乡，共有 131 个行政村、16 个居委会，总人口 32.38 万。上犹县地形从西北向东南倾斜，东、北、西和西南多高山，东南为丘陵、河谷盆地；属亚热带季风湿润气候区，气候温和，雨量充沛，日照充足，四季分明，无霜期长。上犹县森林覆盖率达 81.4%，空气质量始终保持在优等，水质均达到二类以上。上犹县有国家一级景点 4 处，二级景点 12 处，三级景点 31 处，四级景点 55 处，五级景点 60 多处，有"水电之乡、茶叶之乡、旅游之乡、观赏石之乡、中国天然氧吧"等美誉。

南唐保大十年（公元 952 年）置县，因治所建于大犹山之南，犹水口上侧而得名"上犹"。此后，历代王朝撤场建县，都沿用"上犹"作名。上犹是客家人的主要聚居地和客家文化的重要发祥地之一，属纯客家县，形成了上犹独特的客家文化和风俗人情，有着"九狮拜象"、"客家门匾"等客家传统文化精品,保留了木雕竹艺、土法造纸等一大批民间技艺。上犹有着光荣的革命传统,新中国成立后,上犹县被中央政府确立为革命老区县。上犹人民保持着革命老区的光荣传统,形成了以爱党信党、不屈不挠、求真务实、自强不息、艰苦奋斗等为核心的老区革命精神。

(二)上犹县的致贫之因

尽管上犹县历史悠久,自然资源和人文资源均属丰厚,但"老区+山区+林区+库区"叠加的特殊县情造成该县贫困面积大,贫困人口多,贫困程度深,自我积累能力差,扶贫难度大,因此被确立为国家扶贫开发工作重点县。

一是上犹县具备革命老区贫困县的典型特征。上犹是革命老区,是中央苏区和湘赣苏区的重要组成部分,一度成为第二次国内革命战争时期河西地区革命斗争的领导和指挥中心,全县登记在册的有名有姓的革命英烈2199名、开国将军4名。老区人民为新民主主义革命胜利和新中国的诞生作出的牺牲巨大,人口锐减,直接导致劳动力缺失。

二是新中国成立后支援国家建设留下的林区、库区贫困问题。20世纪60年代初,国家修建了一条赣州至上犹县的森林运输铁路专线,上犹大量木材以极其便宜的价格运输到全国各地支援国家建设,直至20世纪90年代才停止林木开采。过度开采让林业资源几近枯竭。同时,由于上犹县属赣江源头,建设有上犹江水电工程、国有犹江林场等,属于赣州饮用水源保护区、国家重点生态功能区。工业建设受到限制,难以依靠工业完成积累。

三是上犹县地属丘陵地带,"八山半水一分田,半分道路和庄园"是上犹地形地貌的生动写照,人均耕地不足半亩。国家和地方先后在上犹江梯级建设了5座大中型水电站,库区面积相当于全县耕地面积。

陡水电站蓄水后,阳明湖淹没大量良田,未被淹没的都是大山。上犹成为江西第三大移民库区县,全县 14 个乡镇中有 10 个乡镇是库区乡镇,库区面积达到 12.6 万亩,库区移民达到 3.8 万人。

四是交通极为不便,物流成本高,发展十分不易。上犹直到 2012 年才结束没有高速的历史,2017 年才结束没有国道的历史,此前没有高速,没有国道,仅有两条过境省道,县内仅赣丰线达到三级路标准,其余均为四级或等外公路。

正是由于以上诸多原因,上犹县是国家扶贫开发工作重点县、罗霄山区集中连片特困地区扶贫攻坚县,也是国家"十三五"贫困县。据统计,上犹县建档立卡贫困人口 12954 户 44606 人,"十三五"期间省级贫困村 50 个(其中 6 个深度贫困村)。贫困发生率 10.2%。总体上说,上犹县基础较为薄弱、群众较为贫困,脱贫任务十分艰巨。

（三）上犹县脱贫成果

中共中央作出打赢脱贫攻坚战的决策部署以来,上犹县深入贯彻落实习近平总书记扶贫开发重要战略思想,牢记总书记"决不能让老区群众在全面建成小康社会进程中掉队",江西"要在脱贫攻坚上领跑"的殷殷嘱托,坚持把脱贫攻坚作为头等大事和第一民生工程来抓。按照"核心是精准、关键在落实、实现高质量、确保可持续"的目标要求,上犹县充分结合国家给予的各项政策,制定实施了产业、就业、教育、健康、安居、兜底等十大扶贫工程专项行动,脱贫攻坚战采取超常规举措,全力攻坚,脱贫攻坚战取得了关键性胜利。2015 年,脱贫 3689 户 12319 人；2016 年,退出 5 个贫困村,脱贫 2425 户 8772 人；2017 年,退出 20 个贫困村,脱贫 2550 户 9525 人；2018 年,退出 20 个贫困村,脱贫 3588 户 11864 人；2019 年,退出 5 个贫困村（深度贫困村）,脱贫 841 户 2001 人。截至 2019 年底,全县 50 个贫困村（其中 6 个深度贫困村）已全部退出，已实现 12913 户 44496 人贫困人口脱贫，未脱贫困人口减少至 41 户 110 人。综合贫困发生率由 2014 年底的 14.59% 下降至 2019 年底的 0.039%，农村人均可支配收入由 2014 年的 6835 元上升到 2020 年的 12683 元，较上年同比增长 10.5 %。2019 年 2 月，上犹县顺利通过脱贫攻坚第三方测评，同年 4 月，上犹县以"零漏评、零错退、高满意度"的成绩顺利实现脱贫摘帽，正式退出贫困县。

二、上犹县脱贫攻坚的措施

（一）党建引领脱贫攻坚战

上犹县委、县政府坚持以党建统揽脱贫攻坚战全局，健全党建工作机制，强化责任担当。上犹县切实抓好县级顶层设计和精准部署，召开各类会议研究、调度脱贫攻坚工作，出台了一系列推动政策落实、工作落实、责任落实文件，量身制定了产业、就业、教育、健康、安居、兜底等十大扶贫工程专项行动方案。通过脱贫攻坚，上犹县广大群众深切感受到了党和政府的温暖，切实体会到了党和政府"全心全意为人民服务"的宗旨。为打赢脱贫攻坚战，上犹县委、县政府采取了一些举措。

一是把最强的人员力量向脱贫攻坚聚集。坚持"县委书记、乡（镇）党委书记、村支部书记"三级书记抓扶贫，逐级签订责任状，严格落实党政"一把手"负责制。建立县领导挂点包乡（镇）、县直单位驻点包村、帮扶干部联系到户的"三包"帮扶责任机制。把优秀干部、精干力量派往脱贫攻坚主战场。全县 112 个县直（驻县）单位、11 个市派单位、4 个省派单位和 1 个中央部委机关，向 131 个行政村派出了第一书记和驻村工作队，形成了县、乡、村三级推进脱贫攻坚的力量体系。同时,大力整合市场、社会的资源力量,形成了决战脱贫攻坚、决胜同步小康的强大合力。驻村工作队和选派的第一书记充实到贫困村,极大地提高了村级干部的队伍素质,使最基层村干部能力明显提高,有力助推了村里各项事业的发展。通过脱贫攻坚工作,一大批干部攻坚克难的能力得到了锻炼和提高,特别是青年干部熟悉了基层、学会了做群众工作,密切了党群、干群关系。

二是把最多的时间精力向脱贫攻坚投放。县委、县政府大力实施"765"结对帮扶制度,压实结对帮扶责任。县级领导帮扶7户、科级干部帮扶6户、一般干部帮扶5户,组织全县2901名帮扶干部实现了结对帮扶贫困户和走访联系非贫困户"全覆盖"。在常态化开展结对帮扶的基础上,集中在每个星期六开展"周末扶贫日"活动。县委书记带头遍访贫困村,县党政主要领导、县委副书记挂点深度贫困村,乡镇党委书记遍访贫困户。推行"332"工作机制,全县帮扶干部3天时间做业务工作(周一至周三)、3天时间集中扶贫(周四至周六)、2天晚上开展"乡间夜(午)话"活动(周四、周五),做到时间精力"一边倒",确保时间有保障、工作有落实。

三是用最严的纪律作风为脱贫攻坚护航。县委、县政府坚持奖优与罚劣相结合,常态化开展上户抽查、明察暗访、视频曝光等督查工作,大力开展扶贫领域腐败和作风问题专项治理,集中整治形式主义、官僚主义等问题。2018年以来,县纪检监察系统累计查处扶贫领域腐败和作风问题125起355人,其中2019年查处23起31人,打造了"风清气正、廉洁扶贫"的优良环境;累计提拔重用扶贫一线干部98人,树立了鲜明的选人用人导向,营造了"众志成城、聚力攻坚"的良好氛围。

四是以党建引领村集体经济发展,用活村里山、水、田、地资源,狠抓村集体经济发展，增强村党支部的战斗堡垒作用，提高村级组织服务群众的能力，让村子有了兜底。上犹县凝聚发展村集体经济事关巩固党在农村的执政基础的共识，在村集体经济发展过程中提升基层党组织的组织力，提升村干部队伍整体素质。农村有些事情缺乏推动主体和平台抓手，村集体发展了，就有了财富可以兜底。上犹县破除村干部"等靠要""搭便车"思想，根据村情，一村一策，将发展村集体经济摆在抓党建、促脱贫攻坚重中之重，作为基层党建质量提升行动的重点任务来推动。例如，营前镇蛛岭村通过光伏、土地增减挂钩、公益林补助等政策，为村集体带来了一大笔兜底财富。

（二）以"七步工作法"开展精准识别、精准退出

精准扶贫，精准是要义。精准扶贫工作开展以来，上犹县把精准识别作为精准施策的前提和基础，多次召开精准扶贫工作专题调度会议，要求摸清贫困人口底数，搞准扶贫对象、盘清家底，夯实精准扶贫基础。

上犹县严格遵循精准识别的"七步工作法"——农户申请、村民小组评议、组级公示、村民代表大会审核、村委会公示、乡镇人民政府复核和县扶贫和移民办批准、村公告以及扶贫对象签字——采取全程拍照、录像的方式，通过乡村干部走访农户、谈话交流、调查问卷等形式，按照"两不愁三保障"下线标准，紧盯低保户、残疾户、大病户、无劳动力户、住危房户等重点人群，做到符合条件的按程序"应纳尽纳"，不符合条件的"一户不进"，确保不"漏评"。对建档立卡的贫困对象逐村逐户进行拉网式排查和精确复核，从因灾、因病、因学、缺技术、缺劳动力、缺发展资金等方面，综合考虑家庭收入和就学、就医、住房等支出情况，建立信息化、大数据比对机制，确保不"错评"。上犹县科学划分出扶贫户28041人、扶贫低保户9707人、

低保户 8851 人、五保户 1543 人。为了防止出现"优亲厚友"等不公平现象，全县建立了扶贫对象纠错机制，通过在县乡两级设立举报邮箱、电话和群众来访办公室等方式，对有异议的识别对象，由帮扶责任人、村委会、小组长和驻村工作队联合调查核实处理。2014 年底全县 12954 户 44606 名贫困人口已基本识别到位，并建档立卡。上犹县对贫困人口实行严格动态管理，把脱贫质量摆在首位，坚决杜绝"数字脱贫""虚假脱贫"。通过持续、定期开展"回头看"，采用大数据平台、规范业内资料、实行返贫预警等措施，实现贫困人口进退有序、分级管理、动态监测，确保不"错退"。对已脱贫贫困人口落实"脱贫不脱政策"，避免出现返贫现象，做到应扶尽扶。

（三）划分出"三类"对象，突出精准施策

为了提高帮扶工作的针对性和时效性，上犹县根据群众的意愿，把精准扶贫对象划分成"给点帮扶就能脱贫的、给了帮扶也较难脱贫的、再怎么帮扶也脱不了贫的"三种类型，其中"给点帮扶就能脱贫的"23159 人，"给了帮扶也较难脱贫的"16676 人，"再怎么帮扶也脱不了贫的"4771 人。针对这三种类型，上犹县分类采取产业帮扶、移民帮扶、教育帮扶、就业帮扶、保障帮扶等精准帮扶措施。

对"给点帮扶就能脱贫的"建档立卡贫困户，主要采取三个方面的帮扶措施：一是把"两茶一苗"（茶叶、油茶和珍贵苗木）及生态鱼、休闲农业及乡村旅游、电子商务、光伏等产业作为重点扶贫产业，以"企业＋合作社＋贫困户"的形式，积极引导贫困户参与产业开发。为了解决贫困农户发展产业资金困难问题，全县筹集了近 2 亿元的精准扶贫资金专项用于产业帮扶，并在此基础上积极开展产业扶贫担保贷款试点工作，给每个试点村合作组织提供 20 万元风险补偿金，由银行按照 1∶8 的比例发放贷款。二是在县城、工业园附近、圩镇和中心村启动实施 6 个易地扶贫搬迁安置点、9 个"水上漂"专项集中安置点建设，帮助库区、深山区、地质灾害易发区等恶劣环境下的贫困户彻底"挪穷窝"。全县 563 户"水上漂"群众全部上岸，3124 户 1.16 万库区、深山区、地质灾害易发区群众实施了搬迁。三是实施教育、就业等多种帮扶。综合采取提高贫困生补助标准、发放助学金、安排就业培训等措施帮扶贫困户。通过职业中专、培训机构、"雨露计划"等各种途径，对贫困劳动力进行烹饪、家政、工匠、种养等培训，提高贫困户就业技能。

对"给了帮扶也较难脱贫的"，采取"开源节流"双向措施，促进贫困户改善生活状况。一是给缺少劳动力的贫困户安排公益性岗位，增加固定收入。增加应急性帮扶措施，如扩大消费扶贫，新增以工代赈、扶贫公益性岗位等。二是引导丧失劳动能力的低保户以土地入股的方式参与产业开发，通过分红获得稳定的收入。三是加强对"等靠要"贫困群众的教育引导，通过社会舆论倒逼增强脱贫意愿。四是通过提供廉租房、提高新农合补偿标准和减免起付线等措施，压缩贫困户的刚性支出。对"再怎么帮也脱不了贫的"，综合利用好低保、社会救助机制，在最低生活、养老、医疗、救助等方面进行保障兜底，确保特困群体脱贫。

（四）依托"三化"，增强造血功能

脱贫致富关键要找对路子。上犹县把扶贫开发放在"新型工业化、新型城镇化和农业现代化"的大局中去谋划，把最好的政策资源向脱贫攻坚倾斜。围绕培育壮大两大工业主导产业集群、以旅游为龙头的现代服务业和现代生态休闲农业，加快推进贫困群众脱贫致富。上犹县自 2016 年以来，累计投入 22.83 亿元（其中，2020 年投入 2.52 亿元）用于精准扶贫、精准脱贫，全力保障脱贫攻坚工作需要。

一是围绕贫困村退出标准，把项目建设作为加快推进扶贫攻坚的重要支点，全面推进"七改三网"基础设施建设和"8+4"公共服务功能配套，增强扶贫开发的物质基础。在交通基础设施上，大力推进有利于上犹县及沿线乡镇经济发展的项目建设。上犹县累计投入近10亿元资金用于贫困村和非贫困村基础设施改善，25户以上自然村组全部修通了水泥路，各类道路全面升级。围绕"融入赣南公路网，打通出境连接线，完善县内联络线"目标，上犹县大力实施G220国道、三中至南塘公路、220千伏输变电站、双溪风力发电等一批事关上犹县发展的基础设施项目。特别是把改善农村公路作为脱贫攻坚的首要工程，着力联通"主动脉"、畅通"支血管"、疏通"微循环"，打通贫困地区交通基础设施"最后一公里"，加快县省、县乡道改造升级，完善上犹县公路交通网络。上犹县积极实施农村公交和农村客运公交化改造试点工作，重点实施"上太线"安和乡、寺下镇、紫阳乡、双溪乡4个乡镇的农村班线公交化改造，开通社溪至大安、社溪至蓝田、社溪至石崇3条镇村公交，为县城乡客运班车向行政村延伸打下基础，解决"出行难"问题，让百姓有更多获得感。一路通，百业兴。交通的改善激活了上犹县农村产业发展，相继有企业投资脐橙基地、油茶基地等农业基地。上犹县打通南河湖、五指峰、双溪草山等重点景区的旅游通道，天沐温泉、南湖国际垂钓中心、桃花源等13个亿元以上特色旅游项目串珠成线，加速形成全域旅游公路圈。从东山镇沿湖村出发，沿南河湖西北骑行，去往阳明湖，除了宽8.5米的两条机动车道，临湖还增设3.5米宽的自行车道供骑行。到2019年，上犹出境公路已是四通八达，全域旅游公路圈加速形成，"四好农村路"建设快步推进，绿色能源保障水平不断提升，有力助推了全域旅游，促进了脱贫攻坚。

通过项目建设，上犹县大力实施水利扶贫，农田灌溉能力、江河防洪能力、水资源配置水平进一步提高。100%的农户通了生活用电，100%的村委会通了动力电；村村都有卫生室、活动场所、综合公共文化服务中心；组建了公共设施管护（维护）队伍，加强对"四好农村路"等基础设施的管护。此外，对6个深度贫困村按每村500万元标准增加投入，破解贫中之贫、困中之困。

二是大力发展县域经济，提升产业扶贫全覆盖质量，壮大扶贫开发的产业支撑。把扶贫开发与推动以旅游为龙头的现代服务业、工业和农业产业转型升级结合起来，不断壮大县域经济综合实力，提升县财政民生保障能力和水平，从根本上解决贫困落后。在2019年第四次全国经济普查中，上犹县GDP总量在赣州市排位前进4位。

上犹县根据贫困户自身实际，立足产业基础和特色优势实施产业扶贫，为贫困户定制帮扶菜单，积极引导帮助贫困户发展产业、参与产业建设。以"选准一个产业、打造一个龙头、建立一套利益联结机制、扶持一笔资金、健全一套服务体系"的"五个一"产业扶贫机制为抓手，上犹县制定了3个大类17项23条产业奖补政策，引导贫困群众因地因户制宜发展产业。上犹县创新产业扶贫利益联结机制，通过发展蔬菜产业、食用菌产业、茶叶和油茶产业、特色种养产业、光伏产业、电商产业6项扶贫主导产业，落实到户奖补、扶贫信贷、扶贫专岗、贷款入股、业务培训5项扶持措施中；发挥龙头企业、大户和合作社的带动作用，引导贫困户通过土地流转、劳务务工、资源资产资金入股等多种形式，使资源变资产、资金变股金、农民变股东，增加资产性、工资性收入。在此基础上，上犹县全面建立起蔬菜产业大棚租金收益分红、食用菌产业收益分红、贫困户家庭式产业收益、大户链接收益、村集体资产收益分红、光电产业就业务工收益、电商产业链接收益、旅游扶贫收益等贫困户增收渠道，帮助贫困户在家门口实现脱贫梦,持续增收稳定脱贫。

为让失能弱能贫困群众共享产业发展红利,上犹县以蔬菜和光伏产业为重点,通过县级产业扶贫基地链接失能弱能贫困户。上犹县大力支持光伏扶贫,将光伏扶贫做成上犹县产业扶贫的朝阳产业和民心工程。具体措施是:采取建设 5 千瓦奖补 1 万元、3 千瓦奖补 0.6 万元,不足资金实行"10 年等额本息偿还"方式向农商银行申请"光伏贷"。两项政策一组合,贫困户不仅无须掏一分钱即可建成电站,而且还充分保障了贫困户前 3 年每年有 3200 元以上的收入。光伏电站建成验收后,由县政府组建的国有监管和运维企业,负责全县电费结算、设备保养和故障维修,保证贫困户利益。同时,光伏电站以村民为业主做好固定资产登记,实行单独设账、独立核算,规定电站收益只能用于扶贫产业和事业,确保电站收入用到最急需的地方。脱贫攻坚期间,上犹县建成了营前镇蛛岭村、东山镇中稍村、油石乡花园村、社溪镇严湖村 4 个地面集中式电站,链接贫困户 954 户,户均增收 3000 元以上;建成 107 个村级集体经济光伏扶贫电站,为每个村增加集体经济收入 2.5 万元以上;100 多户贫困户自发建设户用光伏电站,年收益 3200 元以上。

上犹县重视食用菌等蔬菜产业扶贫工作,力图做大做强。上犹县组建了县级蔬菜产业合作社,建设标准化基地 1030 亩。按照"乡村 + 基地 + 贫困户"等模式帮助建成多个食用菌产业智能扶贫示范基地,通过日常管理收入、务工采摘收入和村集体收益分红收入等途径有效链接贫困户实现增收。全县规划建设了食用菌产业智能车间 74 间(占地 15 亩)、普通栽培棚基地 85 亩,总投资 4180 万元,覆盖 14 个乡镇的 126 个村,共订购了袖珍菇、茶树菇、香菇、黑木耳栽培袋约 300 万袋。

上犹县不断激发贫困户内生动力,发展产销对路的家庭产业,借助各类平台解决有劳动能力的贫困户发展产业难、销售产品难的问题,实现长久、稳定脱贫致富。全县156家企业(商会)通过产业、就业、公益、消费等不同形式的扶贫行动参与脱贫攻坚,签约帮扶企业(商会)66家,辐射带动贫困户近5200余户,投入帮扶资金1680万元,实施帮扶项目165个。全县在社溪镇、寺下镇、油石乡等4个乡镇10个行政村开展试点,录入115户有农产品的贫困户信息,开展农产品义购508次,实现交易额10万多元,获益贫困户81户,户均增收1284元。

三是聚焦短板攻坚,着力保障和改善民生,涵盖教育扶贫与健康扶贫,完善扶贫开发的公共服务。在精准扶贫推进中,上犹县大力保障和改善民生,把解决就业、社会保障、住房、教育、医疗卫生等民生问题作为政策扶持和扩大内需的重点,围绕上学、就医、住房、用水、用电、出行等方面,加大新增财力向民生领域的倾斜力度。上犹县推进思源学校、"梦想家园—城南社区"、保障性住房等民生工程,稳步推进库区、深山区群众向县城集中、向圩镇集中、向聚居区集中,有效缓解了群众住房难、上学难、饮水难、行路难、看病难等民生难题。脱贫攻坚补齐了民生短板,公共服务得到极大完善。卫生室、学校、有线电视、宽带等覆盖率大幅提高,群众生产生活条件明显改善,增强了人民群众的幸福感、获得感。

在教育扶贫方面,上犹县坚持把教育扶贫作为"斩穷根"的治本之策,补齐教育短板,提升乡村教育质量。全面落实义务教育和各项教育资助及免费教育政策,严格落实教育扶贫资助政策、学校校长与乡镇属地双负责制度,整合教育资源,完善扶持政策,阻断贫困代际传递,决不让一个学生因贫失学、因贫辍学。2016年至2021年,全县发放各类资助金8629.06万元，资助学生11.09万人次，为15930名高校学生办理助学贷款（含续贷）12669.11万元。其中，2019年发放资助金1919.51万元，资助学生27957人次。开展"千名教师访万家"活动，积极探索送教上门新模式，为69名重度残疾儿童提供送教上门服务，全县没有学生因贫失学、因贫辍学。在实现"两基"目标，义务教育迈向优质均衡发展基础上，上犹县改善乡村学校办学条件，加强乡村教师队伍建设，发展"互联网＋教育"，促进优质资源共享。上犹县教育逐步走向信息化、现代化，到2019年，基本实现宽带网络"校校通"、优质教育资源"班班通"，推进网络学习空间"人人通"和县域教育城域网建设。

在健康扶贫方面，上犹县在大力实施健康扶贫"四道医疗保障线"的基础上，创新基层医疗健康服务模式，加强与贫困人口的联系和沟通。首先是立足"精准"：精准摸清贫困人口患病情况，尤其是为患病的贫困人口提供更加精准的健康服务和支持，精准解决扶贫困难户的实际困难。确保健康扶贫政策落实到人，精准到病，患病贫困人口应治尽治，不落一人。第二，展开县级医院医生进万家、家庭医生签约服务等措施，要求每位县级医生走访10户以上贫困患者家庭，提供贴心服务。以家庭医生为核心，以家庭医生服务团队为支撑，通过签约的方式，实施家庭医生签约服务。签约服务采取团队服务形式，由家庭医生、护士和公共卫生医生组成家庭医生服务团队，同时县级医院选派医生参加家庭医生服务团队，为家庭医生签约服务提供全方位的技术支持和业务指导。上犹县已有2万多户家庭签约了家庭医生。将优质医疗资源配置到一线，让困难群众享受到安全、方便、经济的基本医疗服务和基本公共卫生服务。第三，落实健康教育、健康咨询及疾病防治等健康服务，及早干预和防范重大疾病的发生。上犹县组织县人民医院、县中医院、县妇保院等医院医生成立义诊队伍，加入当地的家庭医生服务团队，深入贫困患者家中，通过开展义诊、发放宣传资料、跟踪签约服务等形式，让贫困户足不出户就能享受县级医疗服务。义诊队为平富、营前、五指峰、水岩、陡水、梅水、东山镇等山区精准扶贫困难户集中办理大病免费救治审批、专项救治疾病审批、门诊慢性病审批工作，宣传相关健康扶贫政策，对确有行动困难的个别精准扶贫对象，提供上门审批。减少建档立卡贫困户办理慢性病跑腿的次数，解决"最后一公里"问题。

近年来，上犹县大力提升人居环境，坚持贫困村与非贫困村一体推进，以"三清洁四整治""五净一规范"为抓手，建设"整洁美丽、和谐宜居"美丽乡村。一是大力整治农村危旧"空心房"。上犹县严格执行"一户一宅""五必拆""拆旧建新"的政策规定，大力推进农村"空心房"整治，全县累计拆除"空心房"435万平方米。二是集中攻坚环境短板。上犹县按照"不漏村组、不留死角、户户过筛、处处必整"的要求，实现全县25户以上村组环境整治全覆盖，庭院整治覆盖80%以上的农户，全县农户都用上了卫生厕、住上了安全房。三是持续关注饮水安全。近几年上犹县新、改、扩建农村饮水安全工程200多处，全县共有农村集中供水工程581处，形成了7个以千吨万人集中供水工程为核心，小型供水工程为辅，水井、引泉工程补齐工程短板的农村供水体系，解决了13.2万农村居民的饮水安全问题。2020年，上犹县对所有村的水质进行了检测，检测合格率为100%；开展了农村贫困人口饮水安全大排查和动态清零行动，安装了233套水质净化消毒设备，农村小微供水工程水质保障水平不断提高。四是加快推进农村垃圾污水治理。上犹县累计投入7600万元用于农村生活垃圾治理，13个乡镇有压缩式垃圾中转站，14个乡镇均配备了垃圾清运车辆，

25户以上自然村安排有保洁员,实现了垃圾日产日清;建成集中式农村污水处理设施44座、分散式农村污水处理设施56个,农村污水处理能力整体提高,村容村貌大为改善,农村人居环境整治成效显著。

(五)生态扶贫水土保持脱贫模式

上犹县的水土污染和流失有着历史原因。20世纪90年代,上犹江库区开始出现围网、网箱养殖,这种做法在一段时间内确实帮助库区渔民实现了脱贫致富,受到鼓励。然而随着时间的推移,这种做法带来的负面影响逐渐显现。如随意侵占水域、投放网箱和设置拦江网等现象逐步增多,水域中的饲料、鱼药等养殖投入物给上犹江库区的生态环境带来严重的污染,水资源遭到破坏。上犹村庄整体环境普遍存在"脏乱差"的现象,也直接影响了乡村旅游资源的开发利用,严重影响农村和农业经济的发展。从2012年开始,为保护生态环境,上犹县深入开展以清洁家园、田园、水源及整治建房、渔业、林业、河道秩序为主要内容的"三清洁四整治"行动,坚持治山、治水、治污"三治同步",取得显著成效。各级干部知难不畏难,他们下湖听取群众意见,上岸商量政策措施,提升脱贫攻坚的内生动力。一条条兼顾"温饱"与"环保"的转产上岸政策迅速出台,得到了群众的理解和支持,库区湖面上聚集着的上万套网箱网具被逐一清理,数十家鱼棚餐馆全部搬迁上岸,560多户群众告别了近半个世纪的"水上漂"生活。经过全面环境整治,库区湖面环境得到修复,水质逐渐变优。

生态环境的改善不断为脱贫攻坚释放红利,上犹县依托生态优势和丰富的渔业资源,加速延伸拓展"生态鱼+体育+旅游+休闲"的产业链,推进"生态休闲百里长廊"建设,以渔产业、渔文化、水上运动为主题的新业态蓬勃发展,形成了集品鱼宴、听渔歌、赏渔景、观鱼趣、钓湖鱼于一体的渔业产业链。不少渔民和农户也跟着吃上了

"旅游饭",他们开特色鱼馆、精品民宿、农家乐等,大大加快了脱贫的步伐。

三、上犹县脱贫的特色亮点

(一)就业扶贫的"6+1"模式

上犹县在就业帮扶中,不大包大揽、不包办代替,千方百计调动群众的积极性。为带动更多村民脱贫致富,上犹县探索就业扶贫新模式,采取企业主导、政府扶持、贫困户受益的举措,重点打造集就业、创业、培训"三位一体"的六大就地就近就业平台,为建档立卡贫困户打开了一扇脱贫致富新窗口,走出了一条贫困劳动力就地就近就业实现脱贫的新路子。扶贫车间、社区工厂等平台和载体的建设,不仅为贫困群众提供了脱贫致富的重要渠道,更赋予了贫困家庭创造美好生活的希望。

2017年以来,上犹县开创就业扶贫"6+1"模式[1],积极引导帮助全县建档立卡贫困户直接发展产业或参与产业建设,全面实现产业就业扶贫全覆盖目标。千千万万市场主体的"微行为",汇聚成了就业扶贫的"众力量",不断激发贫困户内生动力,贫困人口家庭就业率达到100%。

一是做大做强六大就业创业平台,让贫困户就业有岗位、创业有舞台。六大就地就近就业平台,包括就业扶贫园区、龙头企业扶贫基地、乡村就业扶贫车间、新型农村合作社、非正规就业组织和就业扶贫专岗托底平台。如以"乡村车间+贫困户"方式,建设乡村就业扶贫车间。针对扶贫车间货源不稳定、持续发展难的问题,将产业中后

---

[1] "6"是搭建六大就业创业平台,"1"是建立一套扶勤不扶懒的工作机制。

端产品分发到乡村及千家万户进行手工制作。上犹县引进光电、服装等亿元产业，发展了 100 多个持续稳定的车间，链接了 1047 名贫困人口就业创业；引进光电企业投资商组建全球首个新型铜线灯科技园、全国就业扶贫示范园区——中国·上犹光电科技产业园，闯出了一条高科技企业与脱贫攻坚有机结合的新路子。

同时，上犹县还推出了"农业基地 + 贫困户"模式，建立"订单式"就业扶贫农业基地；"合作社 + 贫困户"模式，建立政企共帮就业扶贫合作社；"农村能人 + 贫困户"模式，建立资源共享劳动就业组织；"公益性岗位 + 贫困户"模式，开发扶贫就业专岗；"小微企业 + 贫困户"模式，打造"四有五保"小微企业园等就业创业平台，带动贫困户就业创业。上犹县村庄充分利用"6+1"模式，助力就业扶贫。元鱼村为带动村民增收，村里成立了油茶合作社；为发展集体经济，建了一个 30 千瓦光伏发电站。仅 2019 年，村集体收益就有 23 万元左右。

二是建立一套扶穷不扶懒的工作机制，让贫困户就业有激情、创业有能力。针对贫困劳动力无资金、无技术、无门路，以及就业流动性大、管理难度大等现状，上犹县建立健全了涵盖政策扶持、资金奖补、就业培训、金融支持、督促考核动态管理等一套扶勤不扶懒的双向奖补激励工作机制，对在平台项目就业的贫困人口给予扶持政策，为就业扶贫工作提供有力保障。同时，通过加强培训提升就业创业能力，上犹县充分发挥上犹职业中专的作用，实施"订单式"培育模式。例如，数控技术应用专业与数控企业密切合作，共同制定教学计划和培养目标，有效提升了学生的职业技能，部分数控机床专业中专毕业生起薪达到每月 6000 元。针对当前农村实用人才紧缺的现象，上犹县还开办了种植、养殖、电商、缝纫、烹饪、家政服务等培训班，增强贫困群众的就业技能和创业机会。在制定产业奖补、就业补贴等各项扶持政策时，充分考虑群众预期，鼓励多劳多得、多劳多补。在政策的引导下，千家万户自主发展了产业，山上、田上、水上、栏上、网上等资源被激活。

2020年突如其来的新冠肺炎疫情，使村民外出务工困难，农户农产品销售难度加大，这都增加了返贫的风险。上犹县政府驻村工作队、村"两委"多次上户开展外出务工人员动态、农产品种养及销售情况调研，及时与企业协商，鼓励促成企业与建档立卡贫困户中的外出务工人员签约，实现在家门口本地就业，增加收入贴补家用。例如，东山镇广田村甜蜜蜜农庄与12户贫困户进行了集中签约。签约的12户贫困户中，劳务输出3户、农产品购销助销9户。正是面对突发情况采取的一系列政策措施，让很多可能致贫、返贫的人大大减轻了负担，为他们提供了通过劳动致富的保障。

三是规范设置公益性岗位，激发贫困群众内生动力。2019年以来，为防止出现"一些地方就业扶贫公益性岗位开发不够、管理不到位"等类似问题，上犹县对就业扶贫公益性岗位实行"三规范三明确"，不断激发贫困群众脱贫致富内生动力，让全县4013名就业扶贫公益性岗位有位置、有票子、有面子，取得政治、经济、社会三大效益，得到国家财政部、江西省委改革办和人社厅的充分肯定。

上犹县就业扶贫"6+1"模式的创建，不仅探索出就近就地转移就业的新路径，还充分挖掘了贫困乡镇在劳动人口、特色产业、闲置土地等方面的优势资源。将贫困人口转移就业的先天劣势转化为人力资源的后发优势，意义深远。

2017年7月以来，来自中央国家部委和省委、省政府10多名省（部）级领导，以及全国260多个调研组，先后到上犹县调研就业扶贫"6+1"模式并给予高度评价；《人民日报》、新华社、中央电视台等中央主流媒体，纷纷聚焦报道上犹县就业扶贫"6+1"模式。2017年9月，在全国首届创业就业服务主题展活动上，时任中共中央政治局委员、国务院副总理马凯莅临江西（上犹）就业扶贫"6+1"模式展厅调研并给予充分肯定；2017年10月，在全国"2017扶贫日县域发展与脱贫攻坚论坛"上，上犹县就业扶贫"6+1"模式作了典型推介发言；2019年11月，中共中央政治局常委、国务院总理李克强在江西考察调研时，也对就业扶贫"6+1"模式给予充分肯定。

（二）"乡间夜（午）话"弘扬苏区干部好作风

在推进脱贫攻坚工作中，上犹县坚持精神扶贫与物质扶贫并举并重，充分发挥"乡间夜（午）话"、新时代文明实践中心等宣传教育平台优势，积极开展扶贫扶志感恩行动、乡风文明行动和"赣南新妇女运动"，不断强化群众的"进取"意识和"感恩"意识，激发脱贫致富内生动力。从2014年起，上犹县常态化开展"乡间夜（午）话"活动。上犹县利用客家人闲暇时走家串户、围桌闲谈的习俗，组织党员干部利用工作之余深入基层，通过围桌座谈拉家常等方式，打开群众"心门"，倾听群众"心声"。干部群众"同照一盏灯、同围一张桌、同坐一张凳、同谈一席话"，谈政策、访民情、解民难、议发展，促使党员干部在一线办公、一线解决问题、一线服务群众。"乡间夜（午）话"成为干部的"练兵场"、干群的"连心桥"、发展的"助推器"，得到广大群众的点赞。

一是领导齐上阵，干部全参与。由县级干部带头，结对帮扶单位干部全员参与，深入挂点联系的1个贫困村、N个非贫困村开展"乡间夜（午）话"；乡（镇）党政正职、部门（单位）主要负责人，按照每周不少于2次的要求，组织本乡（镇）、本部门（单位）干部职工到挂点村组开展"乡间夜（午）话"活动。全县每年开展"乡间夜（午）

话"活动2000多场次,实现了全县所有行政村、组全覆盖,各级干部基本实现与每名在家村民见面、交流1次以上。

二是形式多样化,内容接地气。"乡间夜(午)话"活动,立足工作实际,精心策划了围桌闲谈、文艺活动、个别走访、现身说法、群众评议、电影下乡、观看视频等群众喜闻乐见的形式,充分调动广大群众的参与热情。"乡间夜(午)话"活动紧紧围绕当前中心工作、重点任务,特别是紧扣打好脱贫攻坚战,梳理了包括政策宣讲、征求意见、环境整治、乡风文明、产业发展、项目建设、释疑解惑、化解矛盾、党性教育、文化下乡等10个方面的主要内容,真正让"乡间夜(午)话"话出活力、话出成效。

"乡间夜(午)话"活动,既拉家常,更讲发展。上犹县是茶叶、油茶种植大县,但土地流转、种植技术、产品销售等问题一直困扰着产业发展。为此,当地干部不定期开展"两茶"产业发展的夜(午)专题会,有针对性地与村民商议解决遇到的问题。目前,上犹县"两茶"种植面积达53.8万亩,在"两茶"产业村,几乎家家有茶园。不仅如此,村民还结合"两茶"产业的发展,利用当地良好的生态环境,发展起了乡村游,全县有6个村列为全国乡村游重点村。在"乡间夜(午)话"活动中,农村村民、社区居民通过"阳光故事会"等形式,分享和聆听了身边人身边事,感受脱贫攻坚给城乡百姓带来的改变;通过一个个典型案例,政府宣传了中国共产党的制度优势,引导广大群众铭感党恩,激发村民居民爱党爱国的情怀。

三是群众有呼声,干部有回应。"乡间夜(午)话"活动始终坚持问题导向,把发现问题、解决问题贯穿始终,存在什么问题就商讨解决什么问题,什么问题突出就重点研究解决什么问题。同时,由县"两办"督查室会同纪检、组织、精准办等部门,定期对销号办结情况进行督查,确保件件有落实、事事有结果。特别是排水设施修缮、乡村环境整治、粮食生产等问题,干部向参加"乡间夜(午)话"的村民一一作出解答,能现场解决的现场解决,需要调查了解的作出时间承诺。2018年以来,"乡间夜(午)话"活动上共收集到基础设施建设、农村环境治理、村集体经济发展、医疗卫生、便民服务、乡风文明等方面的意见建议8463条,解决贫困群众增收、道路维修、水利设施、环境整治等问题3930个,一大批历史遗留问题和影响群众生产生活的节点难点得到有效破解。贫困群众既是脱贫攻坚的对象,更是脱贫致富的主体。在"乡间夜(午)话"活动的帮助下,干部群众"掏心窝子"说交心话,党员干部积极为贫困户找政策、谋思路、想对策,提供致富"金点子",有效引导村风民风。活动给群众带来了甜头,激发了贫困户自力更生、干事创业的劲头,因地制宜发展茶叶、油茶、民宿等致富产业。

四是从严抓管理,督查促长效。为保证活动效果,提高乡镇党委政府工作效率,促进乡村和谐稳定,上犹县要求干部做到"四必须、四不准",即必须说清会议意图、必须认真倾听、必须认真做笔记、必须耐心解答,不准随意接打电话、不准打断群众说话、不准顶撞指责群众、不准打官腔说套话;同时,对活动开展情况进行常态化督查,既注重活动到岗到位情况,更注重问题解决情况。根据掌握的情况,上犹县对部门单位和个人实行分类考核,纳入年度考核内容,使"乡间夜(午)话"活动由"软任务"变成"硬约束"。干部晚上成群结队到农村开展"乡间夜(午)话"活动,变群众上访为干部下访,变干部被动服务为主动服务,已经成为上犹县广大干部的基本工作状态。

(三)"精准防贫保"筑牢防贫"截流闸"

贫困县摘帽后,上犹县为进一步巩固脱贫成果,着力构建农村防止致贫返贫机制，按照"未贫先防"的部署要求，对农村"非贫低收入户"和"非高标准脱贫户"两类重点人群开设"精准防贫保险"。针对"因病、因学、因灾（含意外事故）、因赔偿责任、因生产资料损失"五类返贫致贫风险事项，县财政按"参保对象不事前确定、不事先识别"的原则，以全县农村人口10%左右的规模、每人每年60元的保费标准和"对发生五种赔偿责任的对象提供每人最高20万元"的赔付标准，承保农村人口30000人。这一举措有效减轻了低收入家庭的经济负担，防止脱贫户返贫和贫困边缘户致贫，从源头上筑起了发生贫困的"截流闸"，稳定了脱贫质量和成效。

一是防贫对象不事前确定，符合条件应保尽保。上犹县对防贫对象不事前确定、不事先识别，以防贫预警线对"两非户"进行实时监测。"两非户"出现因病、因学、因灾（含意外事故）、因赔偿责任、因生产资料损失而影响家庭正常生活有致贫或返贫风险的，均可申请精准防贫保险金。

二是申报时间不受限制，即时发生即时申请。上犹县的精准防贫保险采取即发生即申报原则，以个人申请、收集材料、村委开会评议、乡镇确认、保险公司核实、拟赔付公示、保险公司理赔的"大步法"操作程序，全面建立完善了"精准防贫保险"申报、审批、赔付操作体系。目前已接受申报16例，有效减轻了低收入家庭的经济负担，防止了贫困边缘户致贫，稳定了脱贫质量和成效。

三是在实施成效上实现了"两减一升"。"一减"，减少了因病、因灾等高风险致贫返贫现象。在上犹县，"两非户"群众享受基本医疗保险、大病保险、民政救助、商业补充保险"四道防线"报销；以年内累计，自付医疗费用超出免赔额且经调查认定符合条件的，按照阶梯式比例发放；遭受自然灾害的防贫对象，在享受临时救助、社会救助、商业保险等政策后,还可以享受保险保障。"二减",减轻了争评低保户、贫困户的压力。"精准防贫保"政策出台后,因多了一条救助渠道,城乡居民因病、因灾、因学、因生产资料损失、因赔偿责任等情况而要求吃低保、当贫困户的现象明显减少。"一升",提升了群众满意度。2020年,上犹县组织开展精准防贫保险涉及重点人群情况调查摸底工作,初步摸底排查出366户,已赔付54例36万元。这一举措为困难群众在"四道保障线"之外又增加了一道保障线,群众满意度不断提升。

(四)生态扶贫为贫困群众打造"绿色银行"

山水资源是上犹县最突出的优势资源,近年来,上犹县以推进生态扶贫试验区建设为契机,全面开展生态扶贫工作,大力推广"三治同步"(治山、治水、治污)、"三清洁四整治"、"森林添彩"、"四旁绿化"等工程,持续加强生态建设、落实生态补偿、壮大生态产业、创新链接路径,让贫困人口共享生态建设红利。更多的贫困群众喝上了干净的水,吃上了放心的食品,享受到了优美宜居的环境。生态扶贫为贫困群众打造了一个可持续发展的"绿色银行",实现了脱贫与生态环境保护的"双赢"。

一是抓实生态工业。上犹县构建了以玻纤新型复合材料、精密模具及数控机床、灯饰为主导的绿色工业体系,首位产业企业已达116家。上犹县是江西省首批"亩产效益"综合评价试点县,万年青新材料被工信部认定为绿色工厂,澳客家居、旭联新材等13家工业企业通过了国家高新技术企业认定。

上犹县在贫困村大力兴办扶贫车间,带动贫困群众"家门口就业",闯出一条工业发展与脱贫攻坚同步发展的新路子。全县发展持续稳定的工业扶贫车间64个、农业扶贫车间6个、劳动就业组织扶贫车间6个,链接贫困人口就业创业1392人。

二是抓实生态农业。上犹县不断壮大农业首位产业（茶叶），2019年新签约茶叶项目开发主体4个，总投资3.5亿元，新建标准茶园共9500亩。县茶叶交易市场第一期共21家店铺已陆续开始对外营业。全县1万多户农户直接或间接参与茶叶产业发展，实现户均增收1500元。

三是抓实生态旅游业。上犹县重点围绕6张上犹旅游名片[1]作文章，全力推进项目建设，天沐温泉、南湖垂钓、阳明湖景区、碧水湾游客服务中心和奇石小镇等一大批投资大、体量大、影响力大的重点项目得以快速推进。上犹县紧扣"生态休闲旅游度假区"功能定位，发挥上犹自然山水、田园风光、特色农业、客家古村民居、民俗风情等乡村旅游资源优势，深入践行"旅游＋扶贫"发展战略，发展了园村等一批旅游扶贫示范村（点），构建了以核心项目引领、示范乡（镇）支撑、示范点（村）带动的生态旅游扶贫体系。在上犹县，乡村变景区，农户变商户，土特产品变旅游商品。"美丽经济"直接带动贫困户48户160人，实现家庭年户均收入15000多元。

（五）构建"互联网＋扶贫"的电商扶贫模式

"互联网＋"不仅是新的经济模式，也是新的扶贫模式。为了让贫困户优质的农特产品走出大山，搭上电商"快车"，上犹县以实施国家电子商务进农村示范县项目为契机，让有发展意愿和发展能力的贫困户实现电商梦，脱贫增收。几年来，上犹县以贫困村和建档立卡贫困户为重点，汇聚多方力量，积极构建"公共服务体系＋农产品营销体系＋村级电商服务站点＋贫困户"的电商扶贫新模式，探索电商脱贫路子，促进"互联网＋"新经济形态与农村特色产业相融合。

---

[1]上犹县的6张旅游名片是：一幅画、一块石、一杯茶、一条鱼、一列小火车、一泓温泉。

上犹县出台了电子商务扶贫专项实施方案，明确了电子商务进农村的扶持政策，建设了一批"电商＋合作社（或企业）＋贫困户"模式的电商服务站点。为支持这些服务站点，县政府提供了资金扶持：给予"农村 e 邮"服务站不超过 2 万元的资金支持；对于电商产业平台，提供最高 15 万元的资金扶持。此外，对获得电商扶贫示范乡（镇）、村的电商企业县政府还分别给予奖励。上犹县把培训作为电商扶贫的重要内容，在全县 14 个乡镇分别举办了电商精准扶贫培训班。县政府优先安置贫困户子女到县电子商务产业园落户就业、创业，并协助他们解决小额创业贷款等需求。通过"特色馆＋贫困户""网销牵引＋贫困户""龙头引领＋贫困户"的模式，上犹县的电商扶贫成效显著。依托全县电子商务公共服务中心，上犹县建成了 1 个农产品运营中心和 102 个乡村电商服务站和益农社、1 个"邮乐购"县级服务中心，重点销售茶叶、茶油、生态鱼、笋干、蜂蜜等本地特色农产品。各服务中心及站点吸纳 642 名贫困人口在电子商务产业链中就业，为贫困户销售农副产品 820 万元，带动全县 1000 户以上贫困户增收脱贫。

上犹县还积极探索政府牵头、电子商务平台承办的各种类型的电商节模式，助推贫困户农副产品走进千家万户。2018 年 2 月 4 日上犹县成功举办了以"追忆犹味待君来·电商扶贫过大年"为主题的电商扶贫年货节暨京东中国特产·上犹馆的开馆仪式。这一活动展示了上犹农业产业化经营发展成果和特色优势农产品。活动首日便吸引市民近万人次参与，实现销售额 4 万多元。在 2019 年江西省消费扶贫展销会上，上犹县的农产品现场销售额达 10 多万元，同时还获得预约订单 20 余万元。2020 年，上犹县在梅水、社溪、寺下、平富等地举办的消费扶贫现场会上，累计订货金额达到了 80 多万元。通过这些活动，上犹县成功打响了"上犹富硒绿茶""上犹山茶油""紫阳生态米"

等一批上犹扶贫产品品牌。上犹县通过实践，成功探索出一条"以买代扶·以销定产"的精准扶贫新路径。它鼓励社会各界线下购买贫困户农副产品，从而激活农村消费扶贫市场，有效破除上犹农特产品线上线下融合发展的壁垒。在此过程中，上犹县还积极推动社会企业、城市居民、爱心人士与贫困户建立"一对一、一帮一"的精准帮扶关系，同时发展电子商务爱心购、网络捐赠、定制化种植、认购订养等新型消费扶贫模式，有效激发了贫困群众发展产业的信心与决心。

（六）创新实施河（湖）长制

自2019年1月1日起，《江西省实施河长制湖长制条例》正式施行。上犹县牢固树立绿水青山就是金山银山的发展理念，开展了全力呵护生态环境的系列生动实践，创新实施河（湖）长制就是其中重要一环。上犹县将河（湖）长制模式与脱贫攻坚、流域治理、全域旅游结合起来，助力水生态的系统治理与保护，探索实行水陆共治、部门联治、全民群治的长效保护管理机制。为确保"河长制"层层落实，上犹县健全河湖管护责任网络，建立了县、乡、村三级河长全覆盖责任体系，设立县乡村河（湖）长275名负责全县28座大小水库、35条主要河流的管护工作。通过深入实施清河、护岸、净水、保水等行动，以及对河道乱占乱建、乱围乱堵、乱采乱挖、乱倒乱排等"八乱"开展专项整治，上犹县持续加强渔业资源保护。此外，上犹县每年投入数十万元在上犹江流域进行生态渔业人工增殖放流。为推动全社会共同参与河湖保护，上犹县在实施河（湖）长制的实践中聘请"民间河长""企业河长"等254名。上犹县注重将水生态保护与脱贫攻坚、农业农村发展相结合，实现共融共赢。上犹县从建档立卡贫困户中聘请具有一定劳动能力、责任意识较强的贫困群众作为河道水库协管员，负责河道水库巡查管理、卫生监督保洁等日常工作。近两年，全县累计创新设立生态扶贫就业专岗 4179 个,为这些岗位的工作者提供每人每月 200 元至 1200 元不等的误工补贴。

上犹县"河(湖)长制"工作成效显著,境内九大河流水系的水质均达到二类以上(其中阳明湖水质常年保持一类标准),水源水质安全达标率达到了 100%。因此,上犹县获评全国"全面推行河(湖)长制先进单位"。上犹县坚持将湖、河、渠、溪、塘等水系治理向全流域美化发展,走出了一条水系治理与脱贫攻坚和谐共融之路。梅水镇园村曾是一个水土流失严重的村庄,小流域内水土流失面积高达 12.32 平方公里。为彻底改变这一状况,近年来,上犹县把小流域综合治理与推进以生态修复、水土资源保护、防治面源污染和生活污水、垃圾处理为主要内容的生态清洁型小流域建设紧密结合起来,开展清洁家园、清洁田园、清洁水源活动,全力建设洁净有序、和谐宜居的美丽乡村,高标准打造水土保持秀美乡村建设点和让群众"望得见青山、看得见绿水、守得住乡愁"的水土保持生态新村。园村通过恢复治理,生态系统得到显著改善。通过开展生态修复、河道整治、房前屋后绿化、农村垃圾处理、水污染防治、农田面源污染防治等一系列工作,村庄环境得到明显改善,小流域面源污染明显减少。农村生活垃圾无害化处理率达到 95.3%,生活污水处理率达到 92.6%。通过河(湖)长制的推行,上犹县园村不仅提升了生态环境,还推动了乡村旅游发展,实现了治水与治穷的双赢局面。

四、上犹县脱贫攻坚与乡村振兴的有效衔接

随着全面脱贫、全面建成小康社会宏伟目标的实现,我国进入全面建设社会主义现代化国家、向第二个百年奋斗目标进军的新征程,反贫困事业也进入新阶段。为应对我国乡村发展不平衡不充分尤其突

出的问题，国家适时启动了乡村振兴战略，要求做好实施乡村振兴战略与打好精准脱贫攻坚战的有机衔接。从"十四五"时期开始，我国已在整体上消除了绝对贫困，进入扶持相对贫困的历史阶段，这对脱贫攻坚与乡村振兴战略的衔接提出更高要求。

2019年4月，上犹县顺利实现脱贫摘帽，这是脱贫攻坚战一个阶段的结束。摘帽后，上犹县坚持目标导向和问题导向，进一步细化各项措施，做到脱贫攻坚不停顿、不大意、不放松，确保高质量完成脱贫攻坚各项目标任务。在指导思想上，上犹县注重把握脱贫攻坚与乡村振兴有效衔接的总趋势，持续发力稳就业、强产业、补短板，全面巩固脱贫成果，提升脱贫质量，向着新征程砥砺前行。上犹县提出"四个不摘"。

第一，坚持摘帽不摘责任，攻坚行动进一步推进。县政府持续压实县乡村脱贫攻坚主体责任、相关部门监督责任、行业部门扶贫责任以及挂点帮扶、驻村帮扶、结对帮扶责任，持续加大"两不愁三保障"帮扶力度。一是持续关注饮水安全问题。重点核实贫困户饮水问题是否解决、供水方式是否稳定。对23处"百吨千人"规模以上农村饮水安全项目重点管理，确保农村供水工程良性运行并发挥效益。加大水利扶贫力度，新投入资金3525.45万元建设了55个饮水安全项目和101处水利基础设施，进一步改善了农村安全饮水条件。二是持续关注住房安全问题。县政府对全县近万套农村土坯房进行了全面的安全鉴定工作，彻底排查住房安全隐患。县政府印发了《上犹县农村保障房长效管理办法》，确保农村保障房管理规范化、制度化、常态化。三是持续关注政策落实问题。县政府重点排查教育资助、控辍保学、"四道医疗保障线"、签约服务等政策的落实情况。每月至少开展2次送教服务，每年为签约对象提供1次免费健康体检，并对重点人群开展随访服务,打通了政策落实"最后一公里",使贫困群众能够享受各项政策福利,实现"应享尽享、不漏一人"。

第二,坚持摘帽不摘政策,资金投入进一步加强。一是政策措施不变。上犹县制定出台了《上犹县2019年脱贫攻坚巩固提升实施方案》(上精扶办字〔2019〕1号)和《关于印发〈2019年产业扶贫实施方案〉等12个行业扶贫实施方案的通知》(上精扶办字〔2019〕4号),从制度层面保证了脱贫攻坚"思想不松、队伍不散、政策不变、力度不减"。二是资金投入不减。2019年上犹县安排了2.66亿元用于脱贫攻坚项目。其中,用于产业扶贫9380万元、就业扶贫4000万元、教育扶贫220万元、健康扶贫2450万元、基础设施扶贫7677万元、金融扶贫1010万元、生态扶贫625万元、整村推进扶贫720万元、农村社会养老保险500万元。三是聚焦深度贫困。对剩余未脱贫的5个深度贫困村和882户2111名贫困人口,上犹县加大了资金投入,每个深度贫困村按每村300万元的标准增加投入,以解决贫中之贫、困中之困。同时,进一步加大社会保障力度,兜底解决无劳动能力的特殊困难群体。

第三,坚持摘帽不摘帮扶,"造血"功能进一步增强。脱贫后,上犹县保持县级领导挂点帮扶、单位驻村帮扶、干部结对帮扶贫困户不变,注重激发贫困群众内生动力,鼓励贫困农户参与产业就业发展,不断增强自身"造血"功能。一是加快产业发展。上犹县强力推进茶叶、蔬菜、食用菌产业发展。签约新增茶叶基地8000亩,完成新造高产油茶林4004亩,改造低产油茶林1万亩,抚育油茶幼林2万亩,采用"飞地模式"在社溪镇、油石乡集中建设1000亩标准设施蔬菜产业基地,现已建成832亩。集中式建设的光伏电站全年实际到账收益940万元,链接了128个行政村的全部特困群体。加快创业致富带头人技能培训。全县培育创业致富带头人174名，连接贫困户1673人。进一步规范合作社运行，对带贫益贫能力强的合作社给予支持，对运行不规范的予以清理。坚持引导贫困群众自主发展产业，沿用2018年的产业奖补到户政策，标准更合理，程序更简化。二是拓宽就业途径。全面落实就业扶贫政策，2020年已发放各类就业扶贫补助3703.7万元。其中，工作场所补贴783.6万元、创业补贴34.5万元、公益性岗位人员务工补贴1488万元、交通补贴282万元、就业基地奖补75万元、企业社会保险补贴56万元、培训生活费补贴14.3万元、求职补贴5.5万元、技能培训补贴155.8万元。全面规范公益性岗位管理，优化人员设置，明确管理主体，切实开展岗前培训，确保公益性岗位人岗相适，管理有序。积极开展就业扶贫培训，对全县2790名就业扶贫车间工人开展了岗位技能提升培训，其中建档立卡贫困劳动力874人。

第四，坚持摘帽不摘监管，脱贫成效进一步提升。一是在工作管理上，坚持原有的考核评估办法和监督指导体系不变，全力支持841户2001人脱贫，5个深度贫困村退出。上犹县推进持续攻坚和防止返贫同步，对1.2万已脱贫户围绕"两不愁三保障"开展"回头看"，加强动态监测，确保不返贫。二是在成效管理上，构建巩固提升长效机制，制定出台精准防贫保险，将"因病、因学、因灾（含意外事故）、因赔偿责任、因生产资料损失"五大致贫返贫因素纳入防贫保险范畴，以农村非贫低收入户和非高标准脱贫户为参保对象，以全县农村人口的10%左右确定精准防贫保参保比例，按照每人每年60元标准承保农村人口30000人，降低已脱贫人口返贫和非贫困人口致贫风险。同时，建立完善党建引领机制、动态监测返贫机制、稳定增收机制、综合保障机制、扶贫项目运维管护机制、志智双扶教育机制、持续投入保障机制等七大长效机制，不断巩固提升脱贫攻坚成果。三是在长效管理上，持续完善基础设施，改善农村发展条件。上犹县投入2620万元资金改造农村公路，进一步提升了道路通行效率；投入2799.18万元资金实施10千伏中低压配电网改造，进一步完善通信电力设施；持续开展农村人居环境整治，对全县131个行政村2449个自然村组进行全面治理，农村村庄环境实现了质的提升。

此外，按照中央、省、市工作部署，上犹县推进"春季整改""夏季提升""秋冬巩固"，聚焦"两不愁三保障"突出问题，扎实开展脱贫质量"回头看"，积极探索稳定脱贫的长效机制，进一步巩固提升脱贫攻坚成果，稳妥推动扶贫工作体制转型。具体来说，上犹县一以贯之坚持党建引领，落实攻坚责任，坚持三级书记抓扶贫，严格督查、考核、问责，狠抓责任落实、政策落实和工作落实；一以贯之加强工作力量，持续推进基层组织建设，继续执行驻村帮扶制度，大力培养农村创业致富带头人，推动帮扶重点由解决基本生活保障向高质量、可持续发展转变；一以贯之强化政策扶持，按照"脱贫不脱政策"的要求，"扶上马、送一程"，全力化解新冠肺炎疫情影响，继续实施好十大扶贫工程，进一步加强基础设施建设，提升公共服务水平，完善巩固提升长效机制，让上犹人民与全国人民同步奔小康；一以贯之衔接乡村振兴，将脱贫攻坚理论成果及实践经验有机融入乡村振兴政策体系和制度框架，将以精准扶贫为目的的产业扶贫、易地搬迁、转移就业等接续性工作融入乡村振兴战略。有序推动特惠性政策向普惠性政策转变、临时性帮扶政策向常态化支持政策转变，实现脱贫攻坚与乡村振兴"同频共振"，"一张蓝图绘到底"。

五、小结

习近平总书记在党的十九大报告中指出，要动员全党全国全社会力量，坚持精准扶贫、精准脱贫，确保到 2020 年我国现行标准下农村贫困人口实现脱贫，贫困县全部摘帽，解决区域性整体贫困，做到脱真贫、真脱贫。[1]摆脱贫困是中华民族千百年来的梦想与期盼，中国共产党将脱贫攻坚作为全面建成小康社会的底线任务和标志性指标。破解绝对贫困问题，创造了中华民族发展史上的奇迹，并为世界解决贫困问题提供了中国经验、中国智慧和中国方案。党的十八大以来，在以习近平同志为核心的党中央坚强领导下，新时代脱贫攻坚成就显著，充分彰显了中国特色社会主义制度的优越性。我国不断加大脱贫攻坚力度，推动了一系列伟大实践，积累了许多宝贵经验，为开启全面建设社会主义现代化国家新征程创造了有利条件。上犹县的脱贫攻坚就是其中之一，回顾脱贫攻坚实践，深刻总结经验，对于与乡村振兴的衔接具有重要的现实意义。

党的十八大以来，在与贫困艰苦抗争的伟大实践中，上犹人民深入贯彻落实党的精神，以习近平新时代中国特色社会主义思想为指导，以昂扬的斗志、豪迈的激情、不懈的奋斗，扎实推进精准扶贫精准脱贫工作，决战决胜脱贫攻坚。上犹县群众住房难、饮水难、上学难、就医难、出行难、用电难等问题得到系统解决，群众生产生活条件大为改善，公共服务水平全面提升。除了看得见的变化，更为重要的是看不见的变化。广大干部在脱贫攻坚一线战场上锤炼了作风、提升了能力，收获了实现价值的荣誉感、自豪感，锻造了一支能吃苦、素质高、业务硬的干部队伍。同时，上犹县在脱贫攻坚的实践中形成了独特的精神特质："不达目的不罢休"的攻坚克难精神、"不破法规破常规"的改革创新精神、"精益求精创一流"的能工巧匠精神、"立说立

---

[1] 参见习近平：《决胜全面建成小康社会 夺取新时代中国特色社会主义伟大胜利——在中国共产党第十九次全国代表大会上的报告》，人民出版社 2017 年版，第 48 页。

行不拖延"的只争朝夕精神、"众人拾柴火焰高"的团结协作精神、"执政为民守规矩"的无私奉献精神。

未来的新发展阶段，如何做好全面脱贫与乡村振兴战略的有效衔接，如何推动扶贫工作方式从集中作战向常态化推进、扶贫政策从特惠性向普惠性转变、扶贫目标从实现精准帮扶向推动共同富裕发展等，都有待理论和实践的结合。我们有理由相信，在中国共产党的领导下，"产业兴旺、生态宜居、乡风文明、治理有效、生活富裕"的中国乡村振兴必将到来，党的十九届五中全会提出的2035年远景目标必将实现。

六、上犹县脱贫攻坚的特色典型案例

（一）传统地方产业与乡村旅游扶贫的结合——犹江绿月食品有限公司的发展

好山好水出好茶，上犹县属于丘陵地带和亚热带季风区，气候温和，日照充足，山地资源丰富，生态保存完好。全县有山地面积18.0万亩，森林覆盖率达81.8%，有林地面积19.96万亩。这里土壤肥沃、气候湿润，形成了适宜茶叶种植的优质条件。上犹茶叶以其悠久的历史和卓越的品质闻名，绿茶种植更是当地传统地方产业。早在明朝，上犹茶就被列为贡品，茶乡茶韵特色鲜明。上犹旅游资源也相当丰富，拥有五指峰、陡水湖两个国家级森林公园以及162处达到国家1—5级标准的景点。尤其是茶园风光秀丽，为乡村旅游休闲提供了丰富的资源。

自打响脱贫攻坚战以来，上犹县委、县政府把"上犹绿茶"茶叶产业作为优先发展的农业首位产业来抓，探索知名品牌企业带动、贫困户参与的模式，犹江绿月就是这一模式的杰出代表。上犹犹江绿月

食品有限公司位于上犹县梅水乡园村。园村是"江西生态新农村"及"江西省乡村旅游示范点",全村共有山地面积13000亩,四面环山,是远近闻名的茶叶专业村。园村距离上犹县区仅20分钟车程,离赣州市区仅1个小时车程,交通十分方便。此外,园村还拥有客家门匾第一村、茶业特色村、九曲生态漂流、千年造纸坊、全国保存最完整的森林小火车等乡村旅游资源优势,是江西省最具魅力的休闲旅游乡村之一。近年来,上犹犹江绿月食品有限公司将传统地方产业与乡村旅游扶贫结合,串联起周边景区及万亩茶园景观带,助力脱贫攻坚。

犹江绿月公司积极探索"公司+合作社+基地+农户"的模式发展茶叶产业,将过去分散低效,质量把控难,对市场反应迟缓的小作坊生产变成育苗、种茶、制茶、销售一条龙产业链。同时,公司采取"基地+合作社+贫困户"的模式,让贫困户通过土地流转的租金、基地务工的报酬、带动发展产业致富等形式增收致富,形成茶产业扶贫路径,助力当地困难群众走上小康路。例如,井头组贫困户吉发育的2亩田都种上了茶叶,每亩每年仅鲜叶就能带来4000多元的家庭收入。在茶叶种植初期,犹江绿月公司针对贫困户自我发展缺项目、缺资金、缺技术以及抗市场风险能力弱等实际问题,采取了一系列措施。公司通过租赁农民耕地和山场600亩,每亩每年支付500元租金,免费提供茶苗、技术,不用村民投入,从而打消了村民的顾虑。这一举措使48户贫困户受益。公司每年每季收购贫困户的茶叶鲜叶6000多斤,支付资金超过50万元。此外,公司60多名员工中,贫困户务工员工28名,年支付工资超过70万元。农民负责管理好茶树,犹江绿月公司负责以市场价统一收购农民采摘的鲜叶。村民在山上、农田、荒地里种茶。到2019年,全村茶叶种植面积达到5680亩,茶叶加工厂15家,人均种植茶叶1.43亩。茶乡茶韵激活了农村经济。2017年,茶园基地通过土地流转租金帮助50户106名贫困户；有20户贫困户在基地务工，带动138户发展致富产业，人均年收入增收达到2700元以上。通过茶园基地产业扶贫，实现脱贫186人，占全村年度脱贫人口的53%以上。

犹江绿月公司生产的"犹江绿月"牌剑绿茶、白茶、仙芽、毛尖、手工茶等系列产品因其自然生态、绿色健康的特点而深受广大消费者青睐。公司名优茶"犹江绿月"以其"形如弯月、扁平挺秀、匀齐光润、茶香若兰、清高持久、滋味鲜爽、汤色清澈、叶底嫩绿"的独特品质而著称。然而，茶产业的传统发展模式往往局限于制作档次不同的茶叶，其价值主要体现在茶叶的单价上。从价格来说，每亩茶叶的收入约3000元，茶叶的附加值并不高，对于脱贫攻坚的整体带动作用也有限。要将茶产业打造为主导和特色优势产业，真正实现产业扶贫，就需要通过精深加工、观光旅游、文化交流、休闲养生等功能的开发结合，走强一产、优二产、活三产的路径，实现三产融合发展。

近年来，在精心种植好茶叶，打造品牌的同时，犹江绿月公司依托得天独厚的自然资源，不断延伸茶产业链，把茶园基地发展成为一处集采茶、做茶、茶艺表演、农家乐、乡村旅游为一体的生态园区，通过科普游、亲子游等茶旅融合，使得茶园每亩收入提升至8000多元。产业链的延伸显著提高了茶叶的附加值，对当地农村脱贫攻坚产生了长效作用。犹江绿月公司在梅水、五指峰、油石、寺下、营前、水岩、陂水等7个乡镇建立了3个茶叶专业合作社，与29个茶叶种植点的5800户茶农签订了茶叶收购协议，合同生产基地19000亩，带动了周边4000多户农户脱贫致富。犹江绿月公司还推动园村新建了茶艺表演中心、茶园游步道和观景台，组建了客家茶艺表演队。景区占地面积已经达到1200多亩，有园村绿茶品茶馆、九曲河漂流、东坑造纸坊、休闲垂钓渔场、森林小铁路、餐饮农家乐等休闲项目，初步形成具有茶乡特色的茶叶观光、体验性旅游项目。犹江绿月公司还推出"互联网＋私人订制茶园"项目，一排排整齐的茶树旁边都立着小木牌，上面写着这一片茶园的订制人。客户只需花 16800 元，就可以在这里选中一亩自己专属的茶园，交给农户培育管理，一年里出产的茶叶都归客户所有。客户可以携亲朋好友到自己订制的茶园中休闲度假，体验采茶、制茶、品茶，了解上犹有机茶园的文化特色，感受中国传统茶文化。

犹江绿月公司基地的固定员工超过百人，在茶叶采摘生产的高峰期员工可达到 400 余人。贫困户忙完采茶后，平时就在茶园兼职旅游服务工作，赚取更多收入，走上脱贫致富路。梅水园村犹江绿月公司被评为全国"一村一品示范村镇""赣州市脱贫攻坚先进帮扶企业"等。小茶叶已然成为村民致富的金叶子。

（二）生态扶贫的安置与后续保持——水岩乡"水上漂"移民村等的发展与规划

上犹是库区移民大县，由于经济建设的需要，国家先后在上犹江上兴建了 5 座水电站，使上犹县形成了五大库区。全县 18 个乡（镇）中有 10 个库区乡（镇），库区面积达 12.6 万亩，库区乡（镇）人口 20 万，有大中型水库移民 8645 户 38334 人。库区乡（镇）离中心村和圩镇较远，贫困发生率高。

在上犹江库区，有这样一个特殊的群体，他们或依水而居，或生活在船上，常年漂泊在水上以捕鱼为生，被称为"水上漂"。还有部分农户居住在深山，外出需要摆渡出库区，形成"双渡"现象。"水上漂"群体出门唯一的交通工具就是船。即便是邻居，相互来往也要划船。至于生病看医生、购买日用品、小孩上学，都要划近 2 公里的船到附近的龙门圩上,非常不方便。因为交通极其不便,很多孩子读了小学就不再上学,形成贫困的代际转移。

上犹县水岩乡井仔村三面环水,是有名的库区村、省级深度贫困村。据几代人都是"水上漂"的村民张育才介绍,20世纪50年代,因为国家在这里建设水电站,村里的大部分房屋和良田被淹,村民们便纷纷在库区水面搭起木棚栖身,以船为家,过着捕鱼度日的"水上漂"生活。夏天酷暑难耐,水面木棚就像蒸笼;冬天寒风凛冽,水面木棚四处漏风。遇到大风大雨,摆渡用的小船就剧烈晃动,非常危险。船上的孩子必须绑上泡沫做成的救生包,并用绳子跟大人系在一起。遇到风浪,他们必须转移到背风水域避风。上犹县的统计数据显示,上犹江库区共有"水上漂"(含"双渡")移民1246户4988人。长期以来,这些"水上漂"和"双渡"农户住在库区简易的木棚和简陋的土坯房中,生命和财产安全存在严重的隐患。

在《国务院关于支持赣南等原中央苏区振兴发展的若干意见》出台后,上犹县政府抓住时机,利用政策优势,结合农村危旧土坯房改造,鼓励和引导符合条件的"水上漂""双渡"人员、深山区移民落户,实现"搬得出、稳得住、可发展、能致富"的目标。2013年,上犹县把移民搬迁集中安置点建设作为改善"水上漂"村民生产生活条件的头号工程,打造了"梦想家园—城南社区"、水岩龙门移民新村等8个集中安置点,使得560多户水上人家全部搬迁上岸,结束了他们艰苦的"水上漂"生活,实现上岸安居乐业。在搬迁安置点建设上,上犹县水岩乡龙门圩建设的中储粮移民新村较为典型。一栋栋白墙黛瓦、极具客家风情的民居,按照统一规划在陡水湖岸错落有致地排列开来,两层半的住宅每层都是85平方米,设施全、品位高、环境优。

上犹县的生态扶贫不仅是搬迁安置,而且具有前瞻性,做好了后续规划。他们确保上岸安置的贫困户不仅有房子住，还能就业，同时解决医疗和教育问题，从而真正实现安居乐业，达到脱贫目标。因此，上犹县在安置点的后续规划投入大量精力，着力解决就学、就医、就业等问题，以阻断脱贫返贫和贫困代际转移的潜在风险。

1. 规划完善安置点周边医疗教育设施

上犹县将"水上漂"群体上岸作为改善农村贫困人口居住环境的重要举措来抓。在为集中安置点选址时，综合考虑群众的生产生活需求，在中心镇和中心村选择交通便利、地势开阔、土地资源集中的区域设立安置点，并向各安置点实行政策倾斜，完善幼儿园、卫生所、文化室等配套服务。群众反映，安置点居住环境好，用电用水方便，学校、诊所等公共设施齐全且离移民新村都很近，孩子再也不用每天划船上学了。"水上漂"农户在实现岸上定居的同时，享受到了政府提供的周到的公共服务，彻底改变了以往住在深山缺医少药、信息闭塞、上学困难、致富无路的落后状况。

2. 妥善安排搬迁后的岸上生活

"水上漂"群体搬迁上岸后，要有活干有收入，才能实现脱贫。上犹县采取了一系列措施来促进他们的就业。针对"水上漂"群体普遍文化程度不高、技能单一的实际情况，上犹县早谋划、早安排，努力解决好移民上岸后的生产生活问题。一是对符合低保条件的移民户做到应保尽保，并为他们提供公益性岗位；二是制定"水上漂"移民产业发展扶持规划和扶持政策；三是对上岸移民劳动力开展就业培训，并依托有实力的企业，鼓励移民户上岸后进企进城务工；四是建立单位定点帮扶和"三送"干部结对帮扶制度；五是协调金融部门对"水上漂"移民建房、发展产业给予贴息贷款支持。

为进一步拓宽"水上漂"移民致富渠道，上犹县多管齐下，或招商引资，或扶持兴办农家乐，或扶持发展乡村旅游，等等，千方百计为移民创造就业和增收机会。一项项帮助"水上漂"移民拓宽致富门路的生动实践火热展开。比如，上犹县水岩乡龙门中储粮移民新村配套建设了水产品交易市场和湖鲜一条街，让上岸"水上漂"移民不仅安居，还能乐业，参与发展各项产业，拓宽增收渠道。

上岸安置后，"水上漂"移民的生产生活方式发生了根本性改变，他们接触的人多了、各种信息多了，视野也开阔了。村民黄义平凭着以前"水上漂"时的养鱼经验，上岸后一边在池塘养鱼一边跑市场，做起了鱼生意，他的妻子胡红英则在村里的脐橙基地上班。一年下来，靠水产经营和务工工资以及土地流转收入，他们家纯收入有6万多元，实现了高质量脱贫。2019年，井仔村退出贫困村，实现了整村脱贫。

（三）中国社会科学院在上犹县扶贫扶智的成功实践

2015年12月8日，习近平总书记就机关企事业单位做好定点扶贫工作作出重要指示。习近平总书记强调，党政军机关、企事业单位开展定点扶贫，是中国特色扶贫开发事业的重要组成部分，也是中国政治优势和制度优势的重要体现。[1]中国社会科学院是中共中央直接领导、国务院直属事业单位，中国哲学社会科学研究的最高学术机构和全国哲学社会科学综合研究中心。党中央对中国社会科学院提出的三大定位是：马克思主义的坚强阵地、中国哲学社会科学研究的最高殿堂、党中央国务院重要的思想库和智囊团。自2015年起，中国社会科学院对接上犹县实施定点扶贫，院领导多次到上犹调研，亲自调度定点帮扶工作。中国社会科学院拥有一支涵盖社会发展各大领域的专家队伍，始终坚持开发式扶贫方针，充分发挥思想库、智囊团在扶贫中

---

[1]《习近平就机关企事业单位做好定点扶贫工作作出重要指示》，新华网，2015年12月11日。

的作用和优势,以"扶贫扶智"为特色,深入实施产业扶贫、教育扶贫、健康扶贫和提供智力支持,为打好脱贫攻坚战贡献智慧和力量。

一是提供智力支持。自开展定点帮扶以来,中国社科院利用丰富的人才优势、平台优势、成果优势、知识优势,为上犹县提供源源不断的智力支持。中国社科院向上犹县连续选派具备一定专业知识水平和实践能力的挂职干部投入脱贫攻坚战一线,同时选派专业人员驻村(蛛岭村、红星村),开展定点帮扶和精准施策,有效促进了当地贫困人口的脱贫致富,受到当地政府和人民的一致好评。中国社会科学院还发挥其学科门类齐全、学术研究深入、知名学者云集的特点,组织专家举办高端讲座,派出专家组开展专项调研,并组织对县乡村干部进行培训。先后9次组织41名专家学者前往上犹县开展扶贫调研和国情调研,并作相关报告。干部和群众普遍反映,通过这些培训和讲座,自身的思想素质和工作能力得到了提升。中国社科院连续向上犹县赠阅《中国社会科学报》,协助上犹县领导班子了解全国扶贫最新进展、吸收有益经验,助推地方发展。组织社会科学文献出版社、中国社会科学出版社、中国社会科学院图书馆和语言研究所向上犹县捐书1.8084万册,价值78.3631万元(折合),还积极协调共青团中央主管的中国光华科技基金会向上犹县捐赠图书3.3028万册,价值93.1万元(折合)。这些举措共同营造了以科研扶贫为引领的良好局面,有效激发了上犹县脱贫攻坚的内生动力。

二是以示范项目带动培育产业,不断增加扶贫资金投入,使得消费扶贫数额大幅增长。中国社会科学院的扶贫扶智工作贯穿了上犹县精准扶贫的全过程,从规划到资金、项目以及持续措施等方面,为上犹县脱贫攻坚提供全面支持。中国社会科学院帮助上犹县解决了一批事关长远发展的节点难点。例如,2018年5月,上犹县元源新材料有限公司等企业因无天然气用气指标，导致玻纤复合材料生产线不能如期投产，发展遇到瓶颈。社科院党组成员一同筹划破解之策，协调相关企业同意每年为上犹县提供806万立方米平价天然气。企业每年降低成本超过1500万元，实现主营业务收入35亿元、税收2.6亿元以上，并提供了1000多个就业岗位，一举成为上犹县龙头企业，带动相关企业规模化、高端化发展。

自2015年以来，中国社会科学院投入近千万元资金、精准实施了近39个扶贫项目，包括紫阳乡秀罗村种植优质稻项目、陡水镇红星村毛竹林低改项目、陡水镇食用菌产业项目、寺下镇珍珠村肉牛养殖产业扶贫项目、五指峰乡茶叶产业项目、水岩乡蕉坑村油茶建园项目、梅水乡上坪村养牛产业项目、双溪乡卢阳村油茶低改项目等，发展了一批稳定可持续增收的特色产业，帮扶贫困村壮大村集体经济，为贫困群众拓宽了增收致富路。

上犹县营前镇蛛岭村是省级贫困村，从2015年底开始，中国社会科学院挂点联系蛛岭村扶贫工作。在反复调研的基础上，中国社科院扶贫工作队扶持资金250万元（县级层面整合配套资金270万元），利用废弃鱼塘兴建了蛛岭村村级光伏扶贫电站。光伏扶贫电站依托江西晶科能源有限公司，采取"公司+合作社+贫困户、产供销一条龙"模式，探索出一条"造血致富、滚动脱贫"的光伏扶贫新路子。该模式主要通过并网输电产生经济效益。自2016年5月并网发电以来，年均发电约55万度，每年产生收益约60万元，主要用于确保全村建档立卡户每年有3000元左右的收益。该项目已帮助蛛岭村297户912名贫困人口脱贫。2017年，蛛岭村顺利退出贫困村行列。村集体在2020年前每年有10万元左右的收益，2020年后有80万元左右的收益，村集体经济得以壮大。中国社科院蛛岭村光伏扶贫项目在整个江西省具有很高的知名度，为上犹脱贫甚至是江西省脱贫建设提供了示范作用。2019年，中国社科院帮助建设的上犹县光伏发电新项目继续落实。消费扶贫是推动农民脱贫致富的重要途径。中国社科院党组协调中国银行，搭建了"公益社科院"电商平台，通过工会为职工购买节日慰问品的方式购买农产品。截至2019年12月底，全院各单位线上线下消费共计247万元。

三是创新思路帮扶就业，扶贫到贫困户、扶贫到贫困人口，引导和支持所有有劳动能力的贫困人群依靠教育和劳动摆脱贫困。中国社科院深入贯彻习近平总书记"脱贫攻坚既要扶智也要扶志，既要输血更要造血，建立造血机制，增强致富内生动力"的要求，对上犹的定点帮扶坚持外部帮扶与激发内生动力相结合，形成正向引导激励机制，把扶贫脱贫和提升贫困群众的自我发展能力有机结合起来。

上犹县寺下镇富足村地处偏远，资源匮乏，如今却有了个远近闻名的"富足之家"，这是中国社会科学院扶持的电商扶贫综合项目。该项目通过改造升级老村部，建立了一个集农副产品收购、销售于一体的消费扶贫平台。平台采用线下订购、线上直播的销售模式，拓宽了当地茶油、笋干、笋衣、辣椒干、香菇、黑木耳、杨梅干等10余种农副产品的销售渠道，从根本上解决贫困群众的购销难题，大幅度提高贫困群众的收入水平，实现贫困户"收入有提升、收入能稳定、收入可查询"。自2018年6月底运营以来，"富足之家"逐步完善农副产品销售、贫困户就业、技能培训、扶贫车间等一体化建设，践行"供销社+村'两委'+综合服务站"的村庄发展模式，汇集农村电商、农资供应、日用品销售、农产品购销、医疗及信息中介等服务功能，将服务终端延伸到田间地头。"富足之家"通过与全国供销总社的"供销e家""扶贫832"电商平台对接，进一步拓展了农产品销售渠道。截至 2020 年 10 月，"富足之家"电商服务平台共帮助农户销售农副产品 46.8 万元，惠及建档立卡贫困户 46 户。同时，开展了 10 余次就业培训，有效提升了贫困户的工作技能，近 20 名贫困人口在扶贫车间就业，每人每月可增收 800 余元。2019 年 10 月，江西省农副产品消费扶贫对接会在南昌举行。"富足之家"农副产品受到南昌市民高度欢迎，所有样品销售一空，现场成交超 3000 元，还成功预购茶树菇、笋干、辣椒酱、牛肉等总额万元的产品，并建立起长期供货意向协议。2019 年 12 月，经村级申请、乡镇自查验收、县级复核验收，寺下镇富足村退出深度贫困村行列。

四是注重健康扶贫、教育扶贫，解决了一批就学就医的实际问题。为满足基础教育发展的迫切需要，上犹县计划兴建上犹中学南湖校区，但经费一直未能解决。2019 年上半年，中国社科院党组积极协调，成功从央企银行获得 3 亿元低息贷款，学校基础建设资金短缺难题迎刃而解。同时，中国社科院干部群众积极捐资助学。其中，中国社科院离休干部夏森同志创立的"夏森助学金"捐资 44.5 万元，资助家庭贫困大学生 56 名（人次），确保他们不因家庭经济困难而失学，并捐资为县社溪中学配置教学广播设备。此外，中国社科院还设立了"社科育才助学金"，文学研究所一位知名学者和中国社会科学出版社分别捐资 10 万元和 20 万元。2019 年，为支持上犹县驻村第一书记创办乡村公益图书馆，全院职工踊跃捐献书刊 8000 多册。社科院还多次组织首都医疗专家对上犹县医护人员进行培训，并在营前镇、东山镇等边远山区为群众义诊，为贫困群众送医送药。

附录二 调研札记

从国情出发，从中国实践中来、到中国实践中去，把论文写在祖国大地上，使理论和政策创新符合中国实际、具有中国特色。

——《习近平在经济社会领域专家座谈会上的讲话》，新华网，2020年8月24日

亚的斯亚贝巴的一日

> 埃塞俄比亚位于非洲东部，是世界最不发达国家之一，以农牧业为主，工业基础薄弱。中国一直帮助埃塞俄比亚降低极端饥饿和贫困水平。中国企业与埃塞俄比亚相互合作，促进了埃塞俄比亚基础设施建设。

初见亚的斯亚贝巴，是因为一个偶然的行程，并未做太多准备。我对它的了解仅仅知道是世界最不发达的国家之一埃塞俄比亚的首都，建在海拔 2400 米的东非高原上，是非洲最高的城市。它靠近赤道，扼守着红海要冲曼德海峡，堪称战略要地，是非洲联盟及其前身非洲统一组织的总部所在地。若说再直观一些的了解，则是 2010 年参观上海世博会非洲联合馆，那里展出了一具 320 万年前南方古猿骨骼化石 Lucy 的唯一复制品，这具骨骼化石是美国考古学家 1974 年在埃塞俄

比亚阿法尔凹地发现的，被认为是目前全世界已知最早直立行走的人。虽然化石仅残余40%的骨架，只能看出娇小的人形轮廓，但引得我驻足许久。尼日利亚的沃莱·索因卡，是非洲第一位获得诺贝尔文学奖的作家，被评论家称为"黑非洲的眼睛"。在观看人类祖母Lucy遗骸化石时，我没来由地想起索因卡的几句诗："汗水是酵母，面包，乌扎麻—/为土地所有，所治。/所想，大地是全人类。"

亚的斯亚贝巴的博莱国际机场不算大，但是明亮宽敞。我们抵达的时候已是凌晨，机场仍然灯火通明。据说，90%前往非洲其他城市的旅客要从这里转机，非洲东部最繁忙的机场名不虚传。也许是由于中国对非洲的援建，近年来，到非洲工作投资的中国人也多，机场内中文标识众多，还配备了中国工作人员。顺利走出机场，晚风凉爽宜人，令人精神一振。有点儿像北京的初秋，空气则比北京还要潮润一些，透着微微寒意。据说非洲地区没有春夏秋冬之分，只有旱季与雨季。雨季通常从3月开始，持续到6—9月。那么，这会儿应当是雨季和旱季的过渡期了。

第二天一早醒来阳光明媚，没有想象中非洲阳光的厉烈炽热。站在窗前远望，亚的斯亚贝巴被群山环抱，是一座依山势建造的山麓城市。北面的山脉在一片连绵山丘中高拔出来，颇有几分层峦叠嶂的山地风情。无数高大的绿树从低矮破旧的土房茅屋间隔处奋力生长。远远望去，树干修长，身姿分外挺拔，树冠茂密又紧紧相挨，密密麻麻，增添了绿的气势。另一面地势平坦许多，有成片的楼房和柏油马路，几座现代化的高楼矗立其间，但间杂着大量铁锈红棚顶、草地等，绿树便不太显眼了。整个城市在一片片分割的绿色中显得斑驳而杂糅，散漫而随意。

下楼在路边候车，我近距离地观察了这些高大的乔木。树干银灰，三角形的树叶也略带灰霜，甚是奇特。当地导游大龙告诉我们，这就是亚的斯亚贝巴的城市名片之一桉树。1889 年，孟尼利克二世统一全国后称帝，近现代埃塞俄比亚的首都亚的斯亚贝巴建立。从 1905 年开始，孟尼利克二世大规模引进种植易栽易活的桉树以解决燃料问题。采取由政府提供树苗、免征种植树木的土地税等措施，鼓励百姓种植。到现在，过去 100 多年了，亚的斯亚贝巴的桉树林发展到了五六十平方公里，形成了桉树绿化带，城市建设所需木材的 90% 都来自桉树。有了长期的森林资源，埃塞俄比亚的首都再没有搬迁，成为"永久之都"。亚的斯亚贝巴的桉树林以城市正北恩托托山的桉树森林最为壮观。我们原计划的第一站是国家博物馆，听了大龙的介绍，我们决定先去恩托托山看桉树林。一番翻山越岭后，我们来到了恩托托山自然公园的观景台。那日无风，高原特有的云量，大片白云凝滞不动，如同漫画般久久保持着同一种形状，衬托得桉树森林翠色无边。天空有雄鹰飞过，盘旋之后又升入高空。

我们信步而行。与为游客准备的设施齐全的现代公园不同，在恩托托山上有不少传统尖顶草屋的居住点，就是木头支出一个简单的茅草棚子。妇女和儿童散在林间，负重成捆的桉树枝行走，也有当地居民摆个小摊卖桉木做的照片框等小玩意儿。破烂的衣衫、瘦弱的儿童，是贫困最普遍常见的模样。阳光打在他们脸上，微笑明亮而干净。

从恩托托山下来，我们穿过城市中的传统服装市场 Shiro Meda。那里以中国 20 世纪小城镇风格的简单的沿街棚摊方式售卖裙子、头巾等纪录片里出现过的古老非洲服饰，颜色热烈直白。居然有戴着羽毛帽子、身着半包彩裙的主顾。亚的斯亚贝巴民族众多，有 80 多个不同的民族。当然，就我们一日所见，市民日常穿着还是以 T 恤、牛仔裤、西裙等现代时装为主，简便而不失潮流。也有不少人会添上头巾小帽、白色外袍等简单的当地服饰。市场也卖些瓜果白菜之类，并不特异，也算是乱而有序。在这里，大龙请我们喝了一杯果汁，大芒果、牛油果还有木瓜的混合，清甜可口。

很快我们到了国家博物馆，是一幢小楼。小楼看上去很是质朴，馆藏了不少非洲本土的美术作品。陶器、石像、青铜器、刻有古文字的石碑、阿克苏姆古帝国时期的金银币等文物，数量不多，摆放随意。我们匆匆一瞥，便赶去古生物展区，Lucy 骨骼化石在灯光下有些发黄，静静躺着，看上去与十多年前并无二致。想想在这块人类起源的土地上，十多年确实是弹指一挥间。Lucy 的旁边有一具较为完整的古人类骨架，手掌脚掌的骨头仍有明显的猿类特征。在古人类的故乡，看着一具具人类最初起点的生命痕迹，想象他们也曾饮食男女过一生，人类世界连续繁衍分布的密码与链条忽然就鲜活起来。古生物展区的展示牌提取了许多形象的历史元素。大龙说，埃塞俄比亚国家博物馆与中国国家博物馆有交流合作，这些会在中国国家博物馆的活动网页上展示。

第三站是参观亚的斯亚贝巴下城区的非洲联盟总部的会议中心和办公综合体。穿过亚的斯亚贝巴的市中心，街上很多宝蓝色的小型巴士，破旧得很，车尾冒着滚滚黑烟，车厢挤着满当当的人。很多道路正在施工，红绿灯只在几个主要路口设置，堵车是常态。沿途经过孟尼利克二世广场，高大的孟尼利克二世铜像矗立于广场。一人一马，战马前蹄腾空，马首低垂，似在蓄力飞奔。铜像设计巧妙，巨大的马尾形成雕塑的一个力量支点。孟尼利克二世穿着传统服饰，稳坐其上，英雄气概跃然而出。1896 年，1.77 万人的意大利军队侵略埃塞俄比亚。孟尼利克二世率领长矛短剑装备的军民奋起抵抗装备精良、训练有素的意大利军队，最终在阿杜瓦战役击退意军，迫使意大利签订合约，承认埃塞俄比亚的主权和独立。在那个列强瓜分非洲的时代，除美国扶持的利比里亚之外，埃塞俄比亚成为非洲大陆唯一独立自主的国家。孟尼利克二世抗拒异族入侵、维护国家统一的强烈决心和勇气永远受到后人尊敬。

我们还经过一座意大利风格的黄色建筑，那是巴洛克风格的圣三一教堂。石头墙壁上的彩绘玻璃很是耀眼，埃塞俄比亚末代皇帝海尔·塞拉西及王后即安息于此。1935—1942年，意大利法西斯占领了埃塞俄比亚一些主要城市，海尔·塞拉西流亡海外。但热血的埃塞俄比亚人民从未放弃抵抗，皇帝也不断游说英法等国参战，最终1942年1月，埃塞俄比亚复国。

沿途，我们边看边聊，讲了许多中国的现代化之路为全球南方国家提供经验和借鉴的故事。我们瞥到不少土路露石头的小巷，以及小巷里的各种铁皮房子。突然，一片造型优美的棕色现代大楼群兀然出现在眼前，非洲联盟总部到了，其U字形建筑，寓意中非人民的手合握一起，携手承托非洲的未来。这是目前中国在非洲最大的援建项目。大楼原址是埃塞俄比亚最古老的监狱，仅用了3年时间，中国人就建造出了这座现代大厦。门口的照片记录了2012年1月大楼落成启用时，一把巨大的金色钥匙被交到非洲领导人的手中。楼群有高有矮，主楼共20层，高度为99.9米，象征着1999年9月9日的"非盟日"。大龙告诉我们，它曾经是亚的斯亚贝巴的最高楼，但在这个不断变化的城市中，最高楼的高度不断被刷新，现在是209米的埃塞俄比亚商业银行大厦，不久后将会是62层327米的埃塞俄比亚电力公司新总部。

大龙不停地赞叹："这座楼已经成为亚的斯亚贝巴的一个景点了，象征着非盟的美好未来，也象征着埃塞俄比亚的美好未来。"非盟总部的设计主题为：中国与非洲携手，共促非洲大陆的腾飞。总部内部安静美丽，能看到不少西装革履的非洲人，一面名人照片墙排列着为非洲振兴奋斗过的人们。象征非洲团结的圆形大会议厅明亮端正，在设计时为满足非洲人的审美，特意听取了很多非洲在华留学生的意见。2007年中国设计师在非盟首脑会议上汇报方案时，获得了非盟和非洲国家领导人的一致好评。为把该项目建成高质量示范工程，中国政府实施了不少在援外历史上从未有过的做法：实行设备、材料联合封样制度，即在设备、材料选择经设计、施工、监理和业主各方确认满意后封存；对只看样品看不出效果的设备、材料，实地考察厂家生产和技术能力；在装修前，施工方还特意在北京做出样板间，请有关人员观摩，以集思广益。

在大龙的带领下，我们又去了友谊广场。友谊广场是亚的斯亚贝巴的最新地标，拥有绿地、水池、喷泉、浮雕墙，成为当地人拍摄婚纱照的热门地点。在当地阿姆拉哈语中，"亚的斯"的意思是"新鲜"，"亚贝巴"则是"花朵"，亚的斯亚贝巴的意思就是"新鲜的花朵"。据说这里的雨季鲜花种类繁多，由于季节的原因，我们一路走来花朵并不多见，但广场上随处可见的拍照情侣们，花朵般的美人的确不少。埃塞俄比亚是"美人窝"，人种以美貌闻名世界。他们美目盼兮，头小身长的比例，符合东西方的共同审美。

大龙是亚的斯亚贝巴大学的年轻老师，他带我们参观了亚大的孔子学院。亚的斯亚贝巴大学是埃塞俄比亚规模最大的综合性大学，曾是埃塞俄比亚末代皇帝海尔·塞拉西一世的一座宫殿，校园保留着很多遗迹。气势恢宏的校门是当年的皇宫拱门，校园中央的喷水池则是御花园的一部分，繁美古老。孔子学院是由天津职业技术师范大学与亚的斯亚贝巴大学合办的，它的建立满足了埃塞俄比亚社会，特别是埃塞俄比亚青年学生学习汉语和了解中国文化的需求。到 2023 年 12 月，近万名埃塞俄比亚学生参加了亚大孔院不同的中文教学项目。

埃塞俄比亚是咖啡的故乡，空气里常常弥漫着不知何处而来的烘烤咖啡豆的香味。街面上的中餐也真的太多了，川菜、粤菜、湖南菜，什么口味的中餐都有。我们的最后一站自然是最传统的咖啡馆，传统食物发酵过的谷物薄饼英吉拉，搭配着咖啡，简单而别有风味。煮咖啡的妇人坐在一个炭炉后面，炉子上有圆肚长颈的陶壶。咖啡煮好，倒入排成一排的白色小瓷碗中，味道微苦回甘，厚重醇香。

暮色渐沉，亚的斯亚贝巴街道的氛气灯慢慢亮起来，呈现出最原始的黄橙色，一些高楼装饰了蓝色和绿色的廓形灯。夜色中的行人不少，据说中国援建 31 公里的轻轨延长了当地的夜生活。亚的斯亚贝巴城市轻轨项目是埃塞乃至东非地区第一条城市轻轨，也是中国公司在非洲承建的首个城市轨道交通项目。有的中国工地在晚上仍灯火通明，远远就能看到电焊飞溅出的火花，"中国速度"让当地人觉得不可思议。

作别大龙，回想这匆忙而充实的一天，我们看到了亚的斯亚贝巴向现代化城市迅速发展的实践，看到了形形色色的人们，感受到了非洲人民走向未来的决心和对获得帮助的渴望。这真是一座生机勃勃的城市。"汗水是酵母，面包，乌扎麻—/ 为土地所有，所治。/ 所想，大地是全人类。"人类拥有同一片土地和天空，埃塞俄比亚这个历经磨难的古老国家，神奇地与遥远的中国携手同行，共同挥洒汗水，向各自的复兴目标迈进。

暹粒的新年

柬埔寨是世界上最不发达国家之一。近年来，中柬合作减贫援助项目不断取得进展，中国减贫经验惠及柬埔寨农村，为当地经济社会发展带来了实实在在的利益。中国积极参与由柬埔寨政府和联合国教科文组织发起的"保护吴哥行动",为柬埔寨文化遗产保护和修复作出了积极贡献。

那一年去暹粒,我们挑选了四月中旬,恰逢暹粒最冷的旱季的尾声和雨季的前夕,白天30多摄氏度,据说这是终年炎热的暹粒最好的时节。北京的四月,玉兰花盛开了一大半,已然一派花红柳绿,春正热闹。农历春节的脚步渐行渐远,人们的工作和生活从节日的尽情欢乐中回归平淡与日常已久。家乡往返,亲朋小酌,五色菜肴,那些人情与美食混杂出的浓浓年味,似乎变得有些遥远了。因此,走出吴哥国际机场,红色金色的柬文英文对应的新年标语和湿热气息一道扑面而来,着实令我有些穿越之感。一问方知,我们的这趟暹粒之行居然赶上了柬埔寨被称为"宋干节"的传统新年。柬埔寨信仰小乘佛教,他们以佛历5月的释迦牟尼诞辰日为新年之始,即每年公历的4月14—16日。新年假期一连三天,在柬埔寨的全年节日中最为隆重热闹。

辞旧迎新总是令人心情愉悦,何况暹粒古迹星罗棋布,能在近40摄氏度的异域高温中度过一个新年,真是意外之喜。在暹粒市中心游览时,我发现建筑风格都极富特色,红色的房顶上屹立有金色的带有浮雕图案的三角形尖顶,色彩温暖明快。暹粒河也为新年做了一番装饰,河水温柔洁净,粼粼波光倒映着岸边一层又一层的金色与红色,蓝色、黄色的小游船穿梭其间,让人想起很多影视剧的情节和画面。据说,暹粒河综合治理及沿岸开发是东盟重点的"一带一路"项目,目的是城市更新、生态修复、旅游规划拓展和历史文化保护,这一段正是完成设计施工后的河道景观。

我们到著名的皇家独立运动花园时,正遇上举行新年庆祝活动。

花园面积不小，树木繁茂，绿草如茵，在刚刚修剪过的花草和高耸的树木间，满是来参加活动的人们，显得异常拥挤。花园新换了簇新的国旗，挂着五角星形状的灯笼。五角星灯笼似乎是当地一种必不可少的特色新年装饰品，色彩斑斓很是漂亮。人们身着明艳的民族服装，手里拿着新鲜的荷花，成群结队，时舞时歌，不时为自己和他人的舞姿、歌声鼓掌欢呼。歌声腔调悠扬，舞姿优美繁复又不失生动活泼，每个动作都透露出浓郁的高棉古老风韵。花园的中心，放着很多免费的柬埔寨特色水果糕点，还有类似炒面的食品，旁边放着供人自取的香料。柬埔寨盛产香料，每种香料都有不一样的味道，如胡椒、干辣椒、香草等，放入炒面，滋味也各有不同。我们还品尝了一种看起来像果冻的甜品，有薏米、红豆点缀，再学着当地人的样子淋上椰汁，味道极为香甜。虽然这是一个集中的庆祝活动，但并没有什么特别的组织安排，看起来颇为自由随性，人们更像是在享受好天气的轻松快乐和假日的闲暇惬意。

我们正待离开时，某处树影中忽然传来熟悉的《大家恭喜》的旋律，周围掌声雷动。原来是在暹粒的中国人入乡随俗，也来参加这个当地人的活动。中柬两国的友谊源远流长，已有上千年的友好交往历史，在柬的二代、三代华裔华侨不少。近年来，中国成为柬埔寨第一大贸易伙伴和第一大投资来源国，包括援助建设道路、桥梁、医院、学校、农业水利等基础设施，开展技艺学习等许多扶贫开发项目。随着中柬友谊的加深，越来越多的中国人在暹粒工作、生活和定居。我们在烈日炎炎下驻足，听了一段中国春节歌曲大联唱。人间烟火，至味清欢，岁序更新的寄托与愿望，是人类相通的心理。尽管战争结束才不到 30 年，1300 万高棉人依然充满着对美好生活的向往，努力建设着自己的国家。

几日间，我们在暹粒的宫殿和寺庙、庭院和佛塔间参观。柬埔寨是东南亚最古老的文明之一。作为柬埔寨标志的吴哥寺，梵语意为"寺之都"，建筑宏伟，雕刻精细，形成了辉煌的奇观，昭示着暹粒曾有过的盛世繁荣。1992年，这个吴哥艺术鼎盛时期的代表建筑、同一时期兴建的世界最大的石建筑和宗教神堂遗址被列入世界文化遗产。在1863年以来的绝大部分历史时期里，柬埔寨国旗包含着吴哥寺形象。1993年，从战乱中解脱的柬埔寨王国恢复使用西哈努克时期的国旗，白色三塔吴哥寺的形象被置于中心位置，与象征民族的红色条块和象征国王的蓝色条块组成国旗图案。看得出来，如今的吴哥寺也是柬埔寨努力打造的旅游胜地。政府特意搞了一些面向游客的新年庆祝活动，有音乐表演，也有许多展位销售棕榈糖、水果干、披肩、藤编包、三角靠垫，以及大大小小的木雕、皮雕、银器等柬埔寨特产。展位上游客们讨价还价，摊主们忙得不亦乐乎，是热热闹闹的模样。几套独具异域风情的餐具引起了我们的好奇，餐具的原料是普普通通的椰壳、棕榈，经过柬埔寨人民巧手加工，木材或者椰壳上特殊的天然纹理和质地被巧思利用，美感大增。

巴戎寺"高棉的微笑"举世闻名，216张笑脸历经千年沧桑，穿越时光的尘埃眉眼模糊，但微笑如初，古朴浑厚中鲜活的生命力跃然而出。微笑，它所代表的勇气和信心，总在绵绵不断地传递。这使我们想起在仰光的校园里，当地孩子穿着"微笑儿童"字样的衣衫领取食物的情景，他们沐浴在阳光里笑容纯净灿烂。"微笑儿童"是中国农村发展基金会的一个国际项目，通过为贫困地区的儿童提供膳食或分发食物，帮助他们免受饥饿之苦，使他们能够健康成长。艳丽精美的女王宫精雕细琢，匠人的精湛技艺令人叹服。即使在热带雨林的侵蚀下石块四散崩裂，断壁残垣间仍吸引着众多游客，他们在此探险，寻找着《古墓丽影》电影中的神秘感，被树木缠绕的神秘之门前总有游客排队等待合影。

也许是常年游客如织，暹粒的新年虽然热闹，但并不算张扬。偶尔能看到人们在大门口摆出放满香烛、茉莉、水果等的供桌。据说"宋干时"到来的那一刻，每家每户要烧香点蜡烛，敲锣打鼓地迎接新年宋干女神下凡赐福。宋干女神共有七位，衣饰、武器和喜好特征明显，各不相同，分别对应星期日至星期六。仙女下凡称为"宋干时"，精确到分，标志新年正式开始。这一年柬埔寨新年的第一天恰逢星期天，降临人间的是大仙女彤德维。她耳朵上别着一朵石榴花，左手拿武器，右手拿权杖，身着红色绸缎衣，骑着鲲鹏，喜爱杏仁等食物。

暹粒的新年街头也张灯结彩，但装饰品数量不多，也算不上华丽张扬，以气球、竹编和塑料制品为主。沿途的佛寺悬挂着五色佛教旗及白色鳄鱼旗，人们在佛寺布施斋饭，安静地听诵经，给佛像施沐浴礼。其中，很多人将细沙撒到五座或七座沙堆上堆沙塔。也有现代的新年庆祝方式：一家人开了车停到路边，吃饭睡觉，自在消磨假日时光。热闹的是宾馆附近的一个大型露天体育场，那里彻夜欢唱，喧闹不已。还有路过的各种集市，大喇叭里放着当地风情的音乐，但人声的嘈杂盖过了喇叭声。集市上的物品新鲜丰富，多是食品饮料，还有专门的摊位售卖大大小小的五角星灯笼。我拿了一个仔细观看，灯笼由竹片和不同颜色的玻璃纸拼贴而成，上面印有柬文和动物图案，可能是新年祝福词语。简单的用料、简单的构造，没有过多的装饰，却让人感受到新年的传统气息。摩托车、三轮车拖家带口，穿梭在低矮小摊位间，实实在在有着办年货的热闹。

最令人印象深刻的，是在周萨神庙（Chau Say Tevoda）外空地上的一大群做新年民间游戏的男女老少。先是一场势均力敌的拔河比赛,双方用尽全力拉扯绳索终于决出胜负,再是青年男女的"抛布球"游戏。我们一眼认出,布球是由柬埔寨人称为"水布"的特色花格围巾缠绕而成的球形。"水布"是高棉的传统民俗工艺,古代高棉人用最原始的方式制作出充满民族特色的布料。几天前,参观联合国科技文教组织负责开发和管理的柬埔寨技艺学习郊区分院,不少柬埔寨妇女被招募来学习古代高棉的古法制作工艺,各种布料图腾奇异,精美绝伦。

"水布"色彩艳丽,抛来抛去的布球犹如各色各样的花蝴蝶在空中飞来飞去,令人眼花缭乱。他们玩耍得十分开心,我们也看得津津有味,逐渐领悟了游戏规则:被布球击中的人需要拿着布球载歌载舞递还给对方,队友则需要附和歌舞。柬埔寨历史上战乱频发,人民饱受战争之苦。20世纪70年代,吴哥古迹与暹粒一起历经了近20年的战乱,遭受了严重的破坏。直至1993年,柬埔寨政府和联合国教科文组织发起了拯救吴哥古迹的国际行动,呼吁世界各国参与吴哥的保护和维修。周萨神庙、茶胶寺和空中宫殿都是中国政府援助柬埔寨吴哥古遗迹修缮保护的成果。

没有任何文献记载和碑铭的周萨神庙,不知为何而建,经历若何。中央圣殿主塔气势峻伟,建筑上描绘《罗摩衍那》场景的浮雕默默无言。经过中国文物研究专家和工程技术人员修复还原的石头痕迹犹新,注视着这欢乐的新年传统游戏周而复始,生生不息。

云南调研记

云南曾经是中国贫困县数量最多的省份。2020年11月,云南88个贫困县全部脱贫摘帽,933万农村贫困人口全部脱贫,8502个贫困村全部出列,历史性地消除了绝对贫困,解决了区域性整体贫困问题，11个"直过民族"和人口较少民族整体脱贫。脱贫攻坚取得决定性成就。

2022年暑期，我参加了中国社科院妇女研究中心组织的国情考察活动，前往云南。在那里，我深切感受到了女性在新时代脱贫攻坚、乡村振兴道路上的"她力量"。

七月的西双版纳，新冠肺炎疫情的阴霾逐渐散去，游人渐多。西双版纳街头，孔雀造型装饰随处可见，在热闹的澜沧江畔还能看到孔雀开屏形状的孔雀城，颇有古老民族的神秘风情。西双版纳是一个多民族聚居的地区，傣族、汉族、哈尼族、拉祜族、布朗族等民族和谐共处。在这里，孔雀代表着美好、幸福和自由。婉转动听的《月光下的凤尾竹》的旋律，令人对这片土地生起无限遐想和向往。我们前往勐海县调研，勐海在傣语意为"勇敢者居住的地方"。勐海县是著名的普洱茶之乡、世界茶树原产地的中心，保存着面积最大、茶树品种最多的古茶区，被誉为"世界茶王之乡"。千百年以来，勐海地区居民世代住在莽莽茶山上，与茶相伴。现今在勐海地区的35万人口中，涉茶人口达到28万。勐海也是典型的"老、少、边、穷"地区，是滇西连片特困县之一，交通不便，贫困发生率高达10.7%，妇女群体的贫困问题尤其突出。

走进勐海，仿佛置身茶的海洋。白云守护在漫山遍野的茶园之上，山坡下是层层叠叠的台地茶，山腰上是自由生长的乔木茶，深山幽僻处，一株株数百年甚至上千年的古茶树昂然挺立。脱贫攻坚战打响后，勐海县乡村的基础设施得到了极大改善，完成了电网改造，村民小组通电、通移动电话100%，村小组广播电视覆盖率达到100%，光纤宽带网络和4G网络实现全覆盖。正是在基础设施和经济社会发展基础改善的条件下，世居丛林深处的农户从此打破了与外界的隔绝，迈上了跨越发展的轨道。通过技能提升、科技培训和电商服务，当地居民逐步成为新型职业农民。他们从自种茶园到创办绿色生态现代茶园，从卖鲜叶变成卖加工的有机茶，经营模式逐步变为"公司+合作社+农户"。

茶山的家家户户都种茶、烤茶、卖茶，各民族的妇女们从此有了用武之地。她们积极地接受新事物、学习新技能，不再局限于采摘茶叶、分甄茶叶的活计；她们还能在茶叶工厂、直播间、营销点制作茶品，展示茶艺，介绍美丽家乡，讲解茶的加工制作。鲜叶的价格翻了几番，茶叶成为巩固脱贫成果的产业之一。如今，由于勐海县在西双版纳州率先实施普通高中免除学杂费，实现学前教育全覆盖，女孩们普遍接受了完整教育，对就业创业技能的掌握更加得心应手。对于中老年妇女，很多村也办起了扫盲班，大多数村民能听懂汉话了。

入夜的勐海宁静而安谧，与大多数村庄在星光中逐渐睡去不同，勐海的许多村民小组的妇女组长拿出手机，开启一天的视频直播。避开白天的炎热和嘈杂，她们虽然劳累，但满怀喜悦和希望。勐海茶声名远扬，每逢春茶上市之际，全国各地的茶商都会蜂拥而至。然而受新冠肺炎疫情影响，近几年茶叶也面临着不同程度的滞销困境。面对挑战越来越多的妇女一门心思扎进去，兢兢业业地提高做茶水平，心无旁骛一心宣传家乡茶。不少人从对电商一无所知的直播小白，变成了流量带货大咖，成为悠久茶文化的传播人。"我们版纳的妹子，都叫作金孔雀。如今会赚钱，能养家，真正是竹楼里飞出的金孔雀了！"一块儿参加调研的当地同志笑着说。正在忙活的"金孔雀们"闻言也笑了，笑得生动朴实，笑得自信自豪，笑容里寄托着对未来的无限向往。是啊，连孔雀都喜爱眷恋的这片神奇热土，人们当然会因为了解而爱上她。

　　大理，临洱海，倚苍山，以其风花雪月之美而闻名遐迩。但大理也是全国 14 个扶贫片区中的滇西边境片区的主战场，脱贫攻坚战的前 12 县市中有 11 个县是贫困县。大理人对当时的贫困深有感触："以前，地里种的都是苞谷、小麦，靠天吃饭。一年到头赚不了多少钱，生活一直紧巴巴的。"在大理城乡的调研中，我们看到了脱贫以后的新起点。脱贫摘帽后的大理与贫困渐行渐远，与幸福越来越近。经过环境治理和生态改善，洱海一年四季几乎都美到不可言说。雨雾中的洱海有一种朦胧的美，远远望去云烟浩渺，如同披上了一件轻云仙纱。晴空下的洱海则热情奔放，洁净明朗，是个天然摄影棚和外景地。洱海两岸村庄的路修通了，越来越多的人愿意走向"三家一眼井，一户几盆花"的白族特色乡村，感受诗情画意的村风民俗，享受惬意休闲的田园生活。大理女子头佩绚丽多彩的头饰，身穿明快动人的白族服装忙进忙出，学会了说普通话甚至外语，学会了介绍自己的扎染、剪纸、刺绣、编织等特色手工品，学会了打造白族村落别样风情的美食和民宿，成了乡村旅游的主角。

　　在大理白族，女孩子被唤作金花。好些村里的金花都有一两项绝活，来自祖祖辈辈技艺的非物质文化遗产传承人也不少。在大理古城，我们遇见一家古色古香的白族手工艺品小店，里头是年轻的店主金花亲手制作的一幅幅剪纸刺绣，令人目不暇接，民间工艺的独特鲜活扑面而来。在大理的祖母、外婆和母亲们看来，这些在巧手中飞转的针线扎染小工艺，不过是闲暇时打发时间的活计。哪怕手艺再好，一辈子剪剪绣绣，也只能得到零碎的微薄收入，挣到一点花粉钱买菜钱。近年来，政府对于传统技艺的传承越来越重视，组织了"扎花布"等多项非遗手艺人培训活动。年轻的金花们比祖辈走得远，发现了商机和平台，把祖母手里这些做头饰、围腰的活计作为主业来做。有的金花还专门去学了设计，不断捕捉市场新需求，作品推陈出新更加活泼时尚，发展成了工作室。现在，规模不等的扎染企业遍布大理，不少金花开始进厂做工。也有不少扎染企业采取了厂家联农户的方式，即厂家生产坯布，然后把扎花、拆线交由金花完成，金花完成后再交回扎染厂完成其他工序，实现农户和企业的双赢。政府也帮忙推广，在世界各地的非遗交流活动和展示会上，大理金花带着这些工艺品，以另一种方式展示家乡的魅力。脱贫摘帽后，大理已经培育出了一批规模大、带动强、支撑好的项目，正在建立品牌矩阵。从文旅融合中，大理金花们各展风采。在大理舞蹈季、火把艺术节、"为爱奔跑"马拉松等对外宣传活动中，处处有大理金花热烈如火的曼妙舞步、欢快澄澈的歌声，她们是大理最美的风景线。她们中有易地搬迁而来的新村民，也有热爱家乡受到脱贫攻坚的感召回乡创业的大学生。她们是老板、员工，也是传统的手艺人、民间舞蹈爱好者，她们不仅有了稳定的收入，富裕了自己和家庭，也实现了自我价值，赢得了社会尊重。"大理三月好风光哎，蝴蝶泉边好梳妆，蝴蝶飞来采花蜜哟，阿妹梳头为哪桩？"1959年，在新中国成立10周年之际，轻松活泼的电影《五朵金花》打动了亿万观众，大理金花成为一代人记忆中最美的风景。60多年过去了，金花们依然盛开在大理。苍山洱海之间，那些秀丽万方、内涵丰富的资源，开始走向"转型融合、品牌富集"的整合。凝聚着一代代大理金花情感与希望的种子，焕发出新的生机，发芽与生长。

果东村在昆明远郊的阿子营乡，全村人均为苗族，是昆明市第二大苗族村。苗族习惯称呼女子为"阿姐阿妹"。果东村的阿姐阿妹出了名的勤劳，种植玉米、烤烟等农作物都是一把好手。在2016年底，果东村成功实现了脱贫摘帽。阿子营乡古称"彩云乡",沿着蜿蜒的盘山公路,我们爬上了云雾包裹的龙嘴石少数民族传统村寨。在这里,每户人家都新建了砖混结构房屋,道路便利整洁,门前花朵红白嫣然。龙嘴石的阿姐韩艳华的蜡染技艺水平很高,在她家的作坊里,我们看到了苗族土布百褶裙、手帕巾帽、荷包鞋履等,上面绣着龙、凤、花、草的图案,寓意丰富,栩栩如生。苗族服饰特色鲜明,据说苗族只有语言没有文字,为了保留和传承苗族历史记忆,智慧的苗族先人便将它们转换成几何图纹、花鸟图案等,并通过服饰一代代传承下来,形成了多姿多彩的苗族服饰文化,这可谓是穿在身上的民族历史。作坊里的服饰色彩丰富,既有适用于日常的淡雅色泽,也有节庆时的艳丽色彩,用色精巧有致。阿姐阿妹们各司其职,熟练地操作着各个工序,忙得不亦乐乎。韩艳华乐意传授技艺给阿姐阿妹们,龙嘴石小组也支持她扩增厂房面积,带领阿姐阿妹走"电商+非遗+扶贫"的路子。她们制作销售的苗族云裳手工裁制服饰,成了村寨留守妇女就业增收致富的产业。未来她们还计划扩大生产规模,建成农民专业合作社。

在古老而又现代的彩云之南,从来都是风景优美的,但人民曾经深受贫困之苦。中国人民自古以来最朴素的梦想,就是用自己的双手建设美丽家园,创造幸福生活,这一点不分民族、不分性别。在云南的国情考察之行,我们欣喜地看到,无数的"金孔雀""金花""阿姐阿妹"们通过自己的劳动和奋斗,融入新时代的洪流,实现着这个最朴素的梦想。

富足村的"富足梦"

江西省是著名革命老区,也是脱贫攻坚的主战场。全省100个县(市、区)中,有原中央苏区和特困片区县(市、区)58个,其中罗霄山连片特困县（市、区）17个、贫困县（市、区）25个（含1个省定贫困县）；"十三五"期间贫困村3058个，其中深度贫困村269个。2013年底，全省建档立卡贫困人口346万人，贫困发生率9.21%。2020年4月，江西如期完成了脱贫攻坚目标任务，25个贫困县全部脱贫退出，"十二五"期间3400个贫困村和"十三五"期间3058个贫困村全部退出，在现行标准下346万农村贫困人口全部脱贫，消除了绝对贫困和区域性整体贫困。

在去往富足村的路上，望着车窗外那被山水环绕的翠绿茶山与田地，我想，这真是一个极好的名字。富足，生活富裕、令人满足，是多么古老的人间理想。政治家小康大同的社会秩序追求，正是基于此。富足村在江西省赣州市上犹县的寺下镇，自2015年起，中国社会科学院负责对接这个革命老区贫困县，实施定点扶贫。

从上犹县城到富足村的道路遥远，让人怀疑"富足"这村名是否名副其实。在我的经验中，被山林重重包围的偏远乡村，大抵意味着贫中之贫。基础设施落后、集体经济薄弱、无特色优势产业，正如这山林的阻隔，传统的"靠山吃山，靠水吃水"的方式难以实现真正的"富足"。然而，当我们到达富足村时，村党支部书记已经在"富足之家"等候我们了。他一见面就说："我们富足村几年前还是省里认定的深度贫困村，脱贫攻坚的任务很重。在党中央脱贫攻坚部署后，才知道什么是'好日子'。""这个'富足之家'是社科院扶持的电商扶贫综合项目，有了它以后，村里人的收入增加了！"村党支部书记是普通农村基层带头人的模样，直爽而能干。他说的好日子，大约也就是既富且足吧。

"富足之家"利用老村部进行改造升级，黄色的墙面、灰色的墙基，很是漂亮也很有活力，不断有老乡来来去去。自 2018 年 6 月底开始运营以来，"富足之家"已成为一个集农副产品收购、销售为一体的消费扶贫平台。通过线下订购、线上直播的销售模式，拓宽了茶油、笋干、笋衣、辣椒干、香菇、黑木耳、杨梅干等 10 余种农副产品的销售渠道。这确实从根本上解决了贫困群众销售难的问题，更为这个贫困乡村引入了互联网经济。在"富足之家"点缀得颇有山乡特色的直播间里，年轻的姑娘小伙正在忙着介绍山货。

我们第一次见到葛金莲的时候，她刚做完直播，在宽敞明亮的厅堂里计算处理刚从村民家收购来的农副产品，看到我们来参观，忙擦手站起身来打招呼。她是一位很秀丽的南方女子，有着热情爽朗的笑容，短短的额发因汗水而湿润。地上黄澄澄的茶油、香喷喷的笋干笋衣、红艳艳的辣椒干、黑油油的木耳，都是老乡们脱贫致富的期望。"金莲是'富足之家'的站长，我们富足村的媳妇，能干的大忙人！"村党支部书记介绍说。打过招呼后，葛金莲又蹲在一大堆的山货间，专心地分拣、称重、打包。"等会儿老乡们又要送山货过来"，村党支部书记说，"有时还要到只有老人小孩的老乡家上门去收。有点空闲，就要去直播间组织姑娘小伙子们线上卖货。"

当我们参观完线上直播间出来时，葛金莲已经拿着个大竹篓出门去了，说是一位老乡拿来的山货太多，还有怕碰碎的土鸡蛋，老乡年纪大了，要去接应一下。

第二次见到葛金莲，是在调研的主题会议上。这回，葛金莲给我们介绍了她的"富足梦"。寺下镇富足村地处偏远，资源匮乏。2014 年，葛金莲被确定为富足村建档立卡贫困户，一系列的帮扶政策接二连三落实在她家。婆母看病吃药有了着落，丈夫也经过培训推荐到广东一家企业务工。家里建起了红砖瓦房，顺利实现快速脱贫摘帽。家庭经济状况的好转，让葛金莲满是感激。她说："是党的好政策让我们脱了贫、致了富，我也想加入党组织，更好地为村里发一分光、尽一份力。"2017年3月，葛金莲递交了自己的入党申请书。

"富足之家"的目标是实现贫困户"收入有提升、收入能稳定、收入可查询"。葛金莲一直热心公益事业，常参加镇村两级组织的各项志愿活动。2018年6月，经过村委会的选聘，葛金莲担任富足村的扶贫专干及电商平台"富足之家"站长。葛金莲经常走家串户登记村民家中需要售卖的农副产品，再采取线上线下同步销售的方式，解决村民购买和销售难的问题，帮助村民打开致富路。"富足之家"电商平台不到两年的时间里就帮助村民销售了农副产品6万余元。

"我有一个'富足梦'"，葛金莲激动地说，"我们村虽然名叫富足村，却是个贫困村，我想让全村人都达标'一收入两不愁三保障'，都富足起来。"2019年10月，葛金莲正式成为一名中共党员，干劲更足了。"富足之家"也逐步完善农副产品销售、贫困户就业、技能培训、扶贫车间等一体化，践行"供销社+村'两委'+综合服务站"的村庄发展模式，汇集农村电商、农资供应、日用品销售、农产品购销、医疗及信息中介等服务功能，将服务终端延伸到田间地头。

在中国社科院的帮扶下，"富足之家"与全国供销总社"供销 e 家""扶贫832"电商平台对接，进一步拓展了农产品销售渠道，共帮助农户销售农副产品46.8万元，惠及建档立卡贫困户46户；开展就业培训10余次，有效提升了贫困户的工作技能。近20名贫困人口在扶贫车间工作，每人每月可增收800余元。2019年10月，江西省农副产品消费扶贫对接会在南昌举行，寺下镇富足村富强专业合作社应邀参加对接会。"富足之家"农副产品受到高度欢迎，所有样品销售一空，成功预购茶树菇、笋干、辣椒酱、牛肉等产品达万元，并建立起长期供货意向协议。葛金莲负责向顾客推介产品,虽然累,但她高兴极了。2019年12月,经村级申请、乡镇自查验收、县级复核验收,寺下镇富足村脱贫退出深度贫困村。"感谢党和政府的关怀,感谢社科院的帮扶,梦想可以成真!"葛金莲说。

富足有梦,脚下有路。脱贫攻坚战略部署后,祖国大地上有了无数个"富足村",实现了无数人的"富足梦"。

扶贫莲

盛夏酷暑,我意外地接到一位久未联系的老友从江西家乡某县某村寄来的快递。扁扁长长的盒子上绘着荷花塘,印着漂亮的"扶贫莲"三个大字,盒子不轻,却也不重。打开一看,原来是六束尚还留着长长绿茎的莲蓬,五蓬一束,新鲜饱满,真好。如今家乡该又到荷花正闹莲蓬嫩的季节了。和江南大部分地区一样,我的家乡盛产荷花,路旁村边的江河湖池,年年知了无尽声中盛开的粉红轻白,是夏日最常见的风景。李白写过的"笑隔荷花共人语,烟波渺渺荡轻舟",白居易写过的"小娃撑小艇,偷采白莲回。不解藏踪迹,浮萍一道开",辛弃疾写过的"最喜小儿无赖,溪头卧剥莲蓬",都在那些个年少嬉戏的晨昏日常,看旁人做过,自己也做过。

莲蓬是莲花的果实,乡人叫它"莲子肉""蓬肉""莲实",俗则俗矣,却实实在在。莲蓬多莲子,一个莲蓬多的能有二三十粒,少的也有十五六粒。因此,江南民间的婚庆常有金银莲蓬、金银莲子的饰品,传统的熏炉紫砂壶上也喜欢点缀莲蓬、莲子。莲子莲心取"怜""连"同音双关,多了一层浪漫的意境。最典型的便是南朝的《西洲曲》"低头弄莲子,莲子清如水。置莲怀袖中,莲心彻底红",晋代的《子夜歌》"雾露隐芙蓉,见莲不分明",隐约的爱恋、难言的心事,见莲而怜。莲心苦涩，更是"莲心苦，知为谁苦""藕丝不断莲心苦"之类相思曲中的常客。

莲的一生分为几个阶段，"小荷才露尖尖角，早有蜻蜓立上头"的清新俏皮很快就惊艳于"出淤泥而不染，濯清涟而不妖"。至于莲蓬，我以为在花心中幼稚嫩黄时最美，虽然小巧，但已初具莲蓬的形象，尽显造物的精致。在重重荷花瓣下，红黄相映则雅致，白黄相映则别致，配色极美。花瓣终要凋谢落去，莲蓬也终须慢慢膨大，脱去嫩黄换成由浅入深的碧绿。夏日常有骤雨疾风，莲蓬的茎干极有韧性，超凡脱俗地独立水面，亭亭姿态极少变化。荷塘里莲们不同阶段的生命共生，一如《群芳谱》里所说："凡物先华而后实，独此华实齐生。"一面莲花过人头，一面翠盖离离，莲蓬碧碧。

九月后，秋风吹襟，荷塘景致一色深暗起来。荷花已尽，荷叶也委顿，再无擎天盖的气势。倒是长茎干枯中折的老莲蓬外形不改，只渐渐地由绿转黄。历了霜染，再或呈灰褐色，或呈古铜色，或呈黑褐色。莲房干缩，莲子变黑，愈益斑驳坚硬。有的残落留下莲蓬上干黑的孔洞，有的枯萎但还坚持在莲蓬里。敏锐的美术家捕捉出其中清寂朴拙的禅意美，作为艺术品或者清供的莲蓬，多属秋日。

吾邑八大山人画的莲蓬就是干湿浓淡的杰作，据说他常住的南昌鹤林寺旁，荷塘蜿蜒十里。在他笔下，莲蓬形象化繁就简，与具化的莲蓬相去甚远，花托往往扁平化，甚至简化为浓墨重彩的三角形。莲子也不是圆形，而被洗练为沉郁幽深的两三条短弧线。这种艺术的表现方式出尘近禅，正是他所写的"实相无相一颗莲花子，吁嗟世界莲花里"。或许，秋日莲蓬的风骨不坠写照遗民人格的倔强与坚持，"一见莲子心，莲花有根柢。若耶擘莲蓬，画里郎君子"，得到八大山人的钟爱。多思的文学家则以拟人化的语言描绘莲蓬秋寒净植的风貌与精神,鲁迅的诗《莲蓬人》所说的"扫除腻粉呈风骨,褪却红衣学淡妆"即是。

　　北京也多莲花,北海公园、圆明园、莲花池公园的莲花都很有名。据说莲花池还是金朝地名,古韵幽幽。寻找湖冰莲蓬是我冬日的乐趣。黄黑的莲蓬千姿百态,或被完全冰封,或只余冰上蓬顶,或逸出半身,等待来年的重生。北国多雪,白雪覆盖老莲蓬的枯萎盘面,萧瑟极了,但依然是等待期盼的姿态,似已无生命表征,又似蕴藏着无限生机。这是江南见不到的风景,别具一种苍茫迷离的生命之美。

　　沾露带水的荷花、荷叶、莲蓬、嫩藕,小三轮载来的荷品是江南夏日摊贩必有的。也不必叫卖,粉扑扑、水灵灵的,往地上一铺。更古雅的,当然是竹筐挑担而来,就在街市停停走走、走走停停,所经过的路上,荷香流动。主顾来了,小贩们赶紧殷勤地递上一枝莲蓬,让主顾们先解个渴,边剥边吃边问价。

　　有时主顾少,手头闲不住,小贩们也会现剥出莲子单卖给愿意偷懒的人们。圆鼓鼓的莲子从指尖蹦出来活泼得很,那是种子的活力——辽宁大连普兰店的千年古莲子竟能发芽、开花又结出新莲子。当然,爱那口新鲜劲又不偷懒的家庭都是买整支,清晨午后老老少少齐动手,聊聊天就剥上了一大碗,竹簸箕里绿油油的一片,看看都觉得养心安神,解了几分暑气。饿了渴了抓上一把,方便又可口。要是不嫌烦,做一碗新鲜的莲子银耳汤或者煮一锅莲子粥就更美妙了。莲子不容易保鲜,吃不完的需用湿白纱布罩住以保持水分不氧化,剥出来才白嫩鲜润。

　　三伏天时挑选莲蓬,碧绿是首要的,那是新鲜的标志。倒圆锥的形状要扁平松蓬,扁莲蓬底盘大,莲子就多。同样的大小则以重为佳,重的莲蓬莲子饱满度更高。若莲蓬尖轻,里面的莲子多半还没有成熟。

但太重了也不好，会是偏老的莲子，莲芯长粗生涩，影响口感。虽说莲芯是清热降火的好东西，也有人专门用铁丝勾出来泡水喝，但清苦的滋味不是人人能够消受的。就是干制的莲子也分成有芯和无芯的品类，以适应人们不同的口味。我和这位快递莲蓬的老友都爱吃极粉嫩的莲子。只是，小贩们绝不会采摘嫩莲蓬，须自己到荷塘寻出一蓬蓬的淡绿。挑好了坐在岸边，剥开嫩到鹅黄微红的外壳，莲芯只一点，口感娇嫩又清甜。少年无猜，嬉笑间总有说不完的话题与梦想，关于未来，关于职业，关于脚下的这片土地。

晚上电话感谢老友的馈赠，才知道数年不见，他现在是工作在脱贫攻坚一线的扶贫工作队干部，县里万余亩荷花采取"公司（合作社）+基地+种植户"的经营模式，形成了"一县一品"的扶贫产业——快递盒上"扶贫莲"的由来。这时节，扶贫干部正带领乡亲们大批量采摘莲产品供应市场，俏销粤港澳大湾区。老友滔滔不绝地介绍他们的计划，包括栽植荷藕、菱角、芡实等水生植物的"水上生态牧场"，"赏莲花、采莲蓬、制莲子、创莲艺"的农旅融合，还有生态、高产、高效的生产标准化，每亩藕池放养泥鳅，形成藕鱼共生立体种养技术。老友还介绍了年初特色产业扶贫基地种植的优质莲花丰收，建设高标准土工膜莲藕种植基地的过程，比采用传统方法节约肥水 25% 以上。老友的声音显而易见的疲惫嘶哑，干劲却足："我们正在建设水生蔬菜产业核心示范区，引进瑞羊、嘉宝、润荷等农业龙头企业提高'扶贫莲'的含金量，不仅要做成'扶贫莲'，将来还要做成'致富莲''振兴莲'！"

看来，故乡的莲在扶贫春风下走出了深闺，在红香世界、清凉国里"旋折荷花剥莲子"，大快朵颐的人们会越来越多。